A Teoria Let Them
DEIXA PRA LÁ

A Teoria Let Them

DEIXA
PRA LÁ

Mel Robbins
com *Sawyer Robbins*

A Teoria Let Them

DEIXA PRA LÁ

Tradução
Alessandra Bonrruquer
Ivanir Callado

2ª edição

Rio de Janeiro | 2025

TÍTULO ORIGINAL
The Let Them Theory

DESIGN DE CAPA
Pete Garceau

TRADUÇÃO
Alessandra Bonrruquer e Ivanir Callado

PROJETO GRÁFICO E ILUSTRAÇÕES
Julie Davison

CIP-BRASIL. CATALOGAÇÃO NA PUBLICAÇÃO
SINDICATO NACIONAL DOS EDITORES DE LIVROS, RJ

R545d Robbins, Mel
  Deixa pra lá : a teoria let them / Mel Robbins, Sawyer Robbins ; tradução Alessandra Bonrruquer, Ivanir Callado. - 2. ed. - Rio de Janeiro : BestSeller, 2025.

  Tradução de: The let them theory : a life-changing tool that millions of people can't stop talking about
  ISBN 978-65-5712-495-6

  1. Autorrealização (Psicologia). 2. Escolha (Psicologia). 3. Controle (Psicologia). 4. Conduta de vida. I. Robbins, Sawyer. II. Bonrruquer, Alessandra. III. Callado, Ivanir. IV. Título.

25-97478.1

CDD: 158.1
CDU: 159.947.5

Gabriela Faray Ferreira Lopes - Bibliotecária - CRB-7/6643

Texto revisado segundo o novo Acordo Ortográfico da Língua Portuguesa.

Copyright © Mel Robbins, 2024
Este livro foi publicado mediante acordo com The Foreign Office Agència Literària, S.L. e Hodgman Literary, LLC.
Copyright da tradução © 2025 by Editora Best Seller Ltda.

Todos os direitos reservados. Proibida a reprodução,
no todo ou em parte, sem autorização prévia por escrito da editora,
sejam quais forem os meios empregados.

Direitos exclusivos de publicação em língua portuguesa para o Brasil
adquiridos pela
Editora Best Seller Ltda.
Rua Argentina, 171, parte, São Cristóvão
Rio de Janeiro, RJ — 20921-380
que se reserva a propriedade literária desta tradução.

Impresso no Brasil

ISBN 978-65-5712-495-6

Seja um leitor preferencial Record.
Cadastre-se e receba informações sobre nossos lançamentos e nossas promoções.

Atendimento e venda direta ao leitor:
sac@record.com.br

Para minha filha Sawyer, que escreveu este livro comigo.

Adorei dividir essa experiência com você, mesmo que em alguns momentos sua vontade fosse me matar.

Como se diz por aí, *deixa pra lá*.

Sumário

Introdução: Minha história   9

A Teoria Let Them

1   Pare de desperdiçar sua vida com aquilo que
não pode controlar   25

2   Começando: *Deixa pra lá + Deixa comigo*   39

Você e a Teoria Let Them

Administrando o estresse

3   Uma grande revelação: A vida é estressante   61

4   Deixe que eles o estressem   73

Temendo a opinião alheia

5   Deixe que eles pensem mal de você   85

6   Como amar pessoas difíceis   99

Lidando com as reações emocionais dos outros

7   Quando adultos fazem birra   113

8   A decisão certa muitas vezes parece errada   125

Superando a comparação crônica

9   Não, a vida não é justa   133

10   Como transformar a comparação em
fonte de aprendizado   141

Relacionamentos e a Teoria Let Them

Dominando as amizades na vida adulta

11 A verdade que ninguém conta sobre amizades
na vida adulta   159

12 Por que algumas amizades simplesmente acabam   169

13 Como fazer as melhores amizades da sua vida   177

Motivando outras pessoas a mudar

14 As pessoas só mudam quando querem   191

15 Desbloqueie o poder da sua influência   207

Ajudando uma pessoa que está passando por dificuldades

16 Quanto mais você os resgata, mais eles afundam   225

17 Como apoiar do jeito certo   237

Escolhendo o amor que você merece

18 Deixe que as pessoas mostrem quem são de verdade   249

19 Como levar seu relacionamento ao próximo nível   259

20 Todo fim é um lindo início   267

Conclusão: Sua era *deixa comigo* chegou   289

Apêndices

Como aplicar a Teoria Let Them na criação de filhos   295

Como aplicar a Teoria Let Them em equipes   297

Deixa comigo: Agradecimentos   299

Bibliografia   307

Onde acompanhar meu trabalho   319

INTRODUÇÃO
Minha história

Aos 41 anos, eu tinha uma dívida de 800 mil dólares, estava desempregada e sabia que o restaurante do meu marido estava prestes a falir. Sentia que havíamos fracassado, sem qualquer esperança de algum dia pagar nossa dívida.

Nessa época, minha principal estratégia para lidar com a ansiedade e a falta de autoconfiança se tornou a esquiva. Esquivar-me de acordar apertando eternamente o botão de soneca. Esquivar-me de sentir a dor me entorpecendo com álcool. Esquivar-me da responsabilidade culpando meu marido. Esquivar-me de procurar emprego procrastinando sempre que possível.

Eu sentia inveja dos meus amigos progredindo em suas carreiras enquanto eu e meu marido tínhamos dificuldade para colocar comida na mesa. Eu tinha acabado de ser demitida e não fazia ideia de que rumo tomar na vida: já havia trabalhado como defensora pública da Legal Aid Society em Nova York e como advogada de um grande escritório em Boston, também tinha trabalhado para algumas startups, atuado na área de desenvolvimento comercial em uma agência de publicidade, passado algum tempo como *life coach*, apresentado um programa de rádio com participação do público e até montado um ateliê de cerâmica no qual os clientes pintavam as próprias peças. Eu me sentia completamente perdida, como se nada do que fizesse fosse suficiente para nos tirar do buraco.

Se você já esteve nessa situação, sabe como mesmo a tarefa mais simples pode parecer impossível: levantar-se da cama, organizar as contas, estar completamente presente nos momentos em família, preparar uma boa refeição, candidatar-se a uma vaga de emprego, sair para caminhar, cancelar a assinatura de um serviço ou apenas ser sincera sobre o tamanho das dificuldades com que está lidando... Tudo parece impossível. Todos os dias, quando eu acordava, a ansiedade corria em minhas veias, e eu pensava: *Então é assim que vai ser pelo resto da minha vida?*

Quer saber o que existe de mais curioso em estar empacada? Eu sabia exatamente o que precisava fazer: me levantar, lidar com a temida pilha de boletos, aprontar as crianças para a escola, dar uma volta, pedir ajuda aos amigos, montar um planejamento financeiro, procurar um emprego. Mas não conseguia fazer nada disso.

Como transformei minha vida

Nunca vou me esquecer da manhã em que tudo mudou. O alarme tocou e lá estava eu, deitada na cama e soterrada pelos problemas. Como acontece com tanta gente, eu estava paralisada por meus próprios pensamentos, e a última coisa que queria fazer era me levantar e enfrentar outro dia.

Mas, então, algo estranho aconteceu. Tive uma ideia que, no fim das contas, mudaria minha vida. Ela era simples, quase boba. Eu me lembrei de ter assistido ao lançamento de um foguete e da maneira como a Nasa fazia a contagem regressiva: *5-4-3-2-1. E se eu fizesse uma contagem regressiva e me lançasse para fora da cama?*, pensei.

Parece ridículo, mas eu estava desesperada, então tentei. Contei de trás para a frente — 5-4-3-2-1 — e saí da cama. Simples assim. Não pensei em como estava cansada nem em como a última coisa que eu queria era enfrentar os problemas. Só me movimentei antes que meu cérebro tivesse a oportunidade de me convencer do contrário. Foi como o lançamento de um foguete: depois que você inicia a contagem, 5-4-3-2-1, não tem volta.

Naquela fase da minha vida, eu estava tão acostumada a deixar que os pensamentos me paralisassem e que o medo e o estresse me consumissem, que esse conceito pareceu diferente. Eu me lembro de como foi revelador pensar: *Espera aí! É possível se sentir péssima e mesmo assim fazer o que precisa ser feito? Sim, Mel, é possível.* E deu certo.

Naqueles cinco segundos, eu interrompera o ciclo de paralisia. Parecia uma pequena vitória, mas também uma grande descoberta. Se eu tinha conseguido superar aqueles cinco segundos de medo, talvez conseguisse superar qualquer outra coisa.

Então, comecei a contar de trás para a frente, 5-4-3-2-1, sempre que eu precisava fazer alguma coisa mas não me sentia motivada.

5-4-3-2-1 — Levantar quando o alarme tocar.

5-4-3-2-1 — Pegar o telefone e acionar minha rede de contatos para achar um emprego.

5-4-3-2-1 — Abrir o envelope com os boletos que se acumulavam havia meses.

Comecei a chamar essa técnica de Regra dos 5 Segundos. É muito simples: no momento em que sentir o instinto de agir, você deve se mover dentro de cinco segundos ou seu cérebro vai desencorajá-lo a fazê-lo. Apenas comece a contagem de maneira regressiva: 5-4--3-2-1 e mova-se. Tome uma atitude antes que a hesitação o atinja.

Eis o motivo para essa técnica funcionar: fazer uma contagem regressiva requer foco e o tira do piloto automático, dando o ímpeto necessário para se manter em movimento. Ajuda você a atravessar a barreira do medo, da dúvida ou da procrastinação. É como se, toda vez, ao contar 5-4-3-2-1, você estivesse colocando o primeiro dominó, a oportunidade chega e você já não está mais pensando no que precisa ser feito — já está fazendo. E sabe qual é a melhor parte? Quando você começa a se mover, fica mais fácil continuar.

Cinco segundos de cada vez, eu me forçava a colocar um pé na frente do outro e, lentamente, retomar o controle da minha vida. Não vou mentir: não foi fácil. Os dois anos que se seguiram estão entre os mais difíceis da minha vida.

Não é fácil livrar-se das dívidas ou enfrentar os problemas no casamento. Não é fácil silenciar a ansiedade ou superar a falta de autoconfiança. É difícil atualizar o currículo e procurar emprego quando você questiona seu próprio valor. É muito difícil forçar-se a ficar novamente em forma e criar hábitos mais saudáveis depois de ter se deixado de lado.

E definitivamente não é nada glamoroso trabalhar o dia inteiro, chegar em casa, cuidar de três filhos, passar alguns minutos com o marido e então ficar acordada até tarde tentando encontrar maneiras de ganhar mais dinheiro.

Mas foi o que eu fiz.

A Regra dos 5 Segundos me ensinou que a ação é a resposta. Pensar nos problemas nunca irá solucioná-los. Esperar ter motivação para fazer algo significa que você vai fazer nada. A regra me ensinou que ninguém viria me salvar. Eu precisava me salvar de mim mesma. Precisava me obrigar a avançar um pouquinho, todos os dias, especialmente quando não estava com vontade.

Ao dizer 5-4-3-2-1, superei as desculpas, a ansiedade, a sensação de estar sobrecarregada e o medo. E, aos poucos, dia após dia, uma semana após a outra, fui iniciando gradualmente as ações que recolocaram minha vida e carreira nos eixos. Meu marido começou a fazer o mesmo para encarar os problemas que enfrentava no restaurante, e deu certo para ele também. No entanto, levaria mais três anos até que eu contasse a qualquer outra pessoa sobre a Regra dos 5 Segundos. Eu relutava em compartilhá-la, porque, primeiro, não sabia por que ela funcionava. E, segundo, não me sentia qualificada para aconselhar ninguém.

Mas isso mudou no fatídico dia em que uma antiga colega de quarto me recomendou como "a pessoa perfeita" para dar dicas sobre guinadas profissionais em um pequeno evento. Suponho que ela tenha pensado em mim porque eu tinha mudado de carreira tantas vezes que já perdera a conta. Os organizadores pagaram pelas passagens de avião e hospedagem em São Francisco para mim e meu marido. Com nossas dificuldades financeiras, soava como férias grátis, então aceitamos. Seria a primeira vez que eu falaria em público, em um palco, durante um evento. Só havia tido aula de oratória no ensino médio, então, assim que embarquei no avião, entrei em pânico: *Onde fui me meter?*

Quando subi no palco e fiquei diante das setecentas pessoas na plateia, tive um branco total, e senti meu peito e pescoço esquentando.

Então tive uma crise de ansiedade no palco que durou 21 minutos. Faltando dois minutos para terminar, esqueci como pretendia encerrar a palestra sobre mudanças de carreira, então acabei soltando o que sabia da Regra dos 5 Segundos e de como usá-la, já que não conseguia pensar em mais nada para dizer. Minha memória deve ter sofrido um apagão, porque também não me lembro da parte em que passei meu endereço de e-mail para todos na plateia. Quando desci do palco, pensei: *Essa foi a pior experiência da minha vida. Graças a Deus acabou.*

Acontece que aquele pequeno evento foi uma das primeiras conferências TEDx. Eles filmaram tudo e, um ano depois, postaram o vídeo, que não só viralizou, como se tornou um dos mais assistidos de todos os tempos. A Regra dos 5 Segundos se disseminou pelo mundo todo, através do boca a boca. As pessoas começaram a me enviar e-mails, compartilhando como o conceito mudara a vida delas. Essas histórias me comoviam tanto que eu ficava acordada até tarde, depois de ter colocado as três crianças para dormir, respondendo uma a uma.

Quando estava me afogando em problemas, sentia que era a única com dificuldades para fazer o que precisava ser feito. Isso não é verdade. Obter motivação é um desafio para todos. É um problema universal, e a Regra dos 5 Segundos parecia ser uma solução não somente para mim, mas também para gente do mundo inteiro.

As histórias eram incríveis: as pessoas usavam o 5-4-3-2-1 para superar o medo, a procrastinação e as desculpas que as impediam de mudar de emprego; para emagrecer; para manter a sobriedade; para criar e vender empresas; para melhorar a saúde e o casamento. Os usos clínicos me deixaram pasma. Médicos e psicólogos usavam a regra para tratar transtorno de estresse pós-traumático, transtorno obsessivo-compulsivo e depressão.

Enquanto escrevo, sei de mais de mil pessoas que usaram a Regra dos 5 Segundos para não tentar o suicídio e procurar ajuda.

Conforme a apresentação no TEDx se popularizava, comecei a ser chamada para outros pequenos eventos. Eu me lembro de ser convidada para dar uma palestra a um grupo de corretores em um bar. Foi constrangedor ficar lá em pé com uma cerveja na mão, tentando falar mais alto que a música e as pessoas tagarelando no salão ao lado. Mas sobrevivi. Dei palestras em porões de igreja, em salas de aula e na empresa de uma amiga durante o horário de almoço, e as coisas só aumentaram a partir daí.

Eu começava a me coçar toda quando pegava o microfone, e não estava ganhando dinheiro com aquelas apresentações. Mas, quanto mais falava sobre a regra e via como ela era poderosa para todos que testavam, mais ficava obcecada em entender por que um truque tão simples levava a resultados tão expressivos.

Então incorporei meu lado advogada e comecei a pesquisar hábitos, comportamento humano e ciência da motivação. Eu precisava montar minha argumentação: por que contar 5-4-3-2-1 funcionava? Reuni evidências a partir das experiências de pessoas comuns que a empregavam. Encontrei precedentes convincentes nos relatos de terapeutas, especialistas em adicção e médicos que a haviam recomendado aos pacientes, e tudo apontava para uma explicação simples.

Ações pequenas e persistentes mudam tudo

Nesse meio-tempo, meus amigos e familiares não tinham ideia do que eu estava fazendo, porque eu estava com medo de contar. *Mel? Dando conselhos? Ah, conta outra! Ela quase destruiu a própria vida.*

Neste ponto da história, meu marido saíra do ramo de restaurantes e estava passando por uma depressão. Ainda estávamos atolados em dívidas, então eu trabalhava o dia inteiro tentando sustentar nossa família de cinco pessoas, e, em paralelo, dedicava as noites e os fins de semana a falar em pequenos eventos e basicamente escrever uma dissertação sobre a ciência da motivação.

Eu sabia que queria ensinar a Regra dos 5 Segundos em tempo integral e transformar isso em algum tipo de carreira, mas não sabia como. Relembrando, percebo que estava paralisada pelo fenômeno da impostora. Que direito eu tinha de me apresentar como especialista em alguma coisa? Acho que estava esperando algum tipo de permissão para começar.

Talvez você esteja fazendo isso agora. Esperando pelo momento certo. Esperando estar pronto ou sentir menos medo. Esperando alguém chegar e lhe dizer que hoje é o dia. O problema de esperar é que ninguém está vindo ao seu encontro. A única permissão de que você precisa é a sua.

Levar a sério a ideia de ganhar dinheiro como palestrante motivacional foi uma das melhores decisões que já tomei. Falarei mais sobre o que motivou essa decisão ao longo deste livro.

Quando comecei a ser paga, guardei cada centavo para amortizar nossa dívida. No primeiro ano, fiz 17 palestras pagas. No ano seguinte, 47, e consegui largar meu emprego. Não acreditava no que estava acontecendo. No terceiro ano, foram 99 palestras em uma turnê por 24 cidades com o banco JPMorganChase. Eu me tornara a palestrante mais requisitada de todo o mundo. Estava sendo contratada por empresas que admirava.

Como isso aconteceu? Obrigando-me a sair da cama nas manhãs em que eu não queria fazer isso. Forçar-se a agir mesmo estando com medo, cheio de dúvidas ou soterrado por desculpas é uma habilidade que se pode aprender. Quando o fizer, você vai entender que é capaz de realizar qualquer coisa por meio de pequenos e consistentes progressos.

Eu me vi na estrada 150 dias por ano, subindo ao palco para ensinar ciência da motivação e a Regra dos 5 Segundos, enquanto meu marido se dedicava ao cuidado com a casa e com nossos três filhos. Por meio do boca a boca mais gente ficou sabendo sobre a Regra dos 5 Segundos e sobre minha habilidade no palco. Um dos eventos reuniu 27 mil pessoas. CEOs das principais marcas internacionais, atletas profissionais, médicos, neurocientistas e autores de sucesso começaram a recomendar meu trabalho. Lancei uma newsletter porque já não tinha tempo de responder pessoalmente às mensagens que recebia. Por fim, escrevi para a equipe do TEDx e pedi que removessem meu endereço de e-mail do vídeo.

Quando as pessoas perguntavam se eu tinha ph.D. ou era terapeuta, eu respondia que não, que aprendera tudo da maneira mais difícil: arruinando minha própria vida e tendo de consertá-la.

Com anos de experiência, evidências, depoimentos e pesquisas na bagagem, eu finalmente estava pronta para apresentar meu caso em forma de livro. Em 2017, publiquei *O poder dos 5 segundos*.

O poder dos 5 Segundos se tornou o mais bem-sucedido audiolivro autopublicado da história e o sexto livro mais lido daquele ano na Amazon norte-americana. Hoje, ele já foi lido por milhões de pessoas em 41 idiomas.

Durante os anos viajando pelos Estados Unidos e palestrando, aprendi três coisas importantes. Primeira: a maioria das pessoas está dando o seu melhor para seguir em frente, pagar as contas, sustentar a família, conhecer alguém, divertir-se mais e atingir o potencial de sua vida. Estamos procurando maneiras simples de ser um pouquinho mais felizes e ter uma vida um pouquinho melhor. E não buscamos esses recursos apenas para benefício próprio, mas também para quem é importante para nós e precisa deles.

Segunda: ouvi repetidamente que tenho uma habilidade incrível de transformar ideias complexas e pesquisas científicas em conselhos descomplicados e práticos, que qualquer um pode usar para melhorar a própria vida.

Terceira: nada me traz mais alegria do que compartilhar o que aprendo com pessoas como você.

Então, assumi a missão de descobrir e compartilhar muitas ferramentas simples para ajudar todo mundo a criar uma vida melhor. A simplicidade é essencial porque, se você consegue se lembrar da ferramenta, consegue usá-la. Por exemplo, sabia que fazer um high-five consigo mesmo na frente do espelho é uma das formas mais rápidas de reprogramar sua mente para ter mais autoconfiança? Eu também não sabia, e, quando descobri, mergulhei de cabeça na pesquisa, e isso se tornou o tema do meu livro *Um único hábito pode mudar sua vida*, cuja edição original chegou à lista de mais vendidos do *New York Times*.

Quanto mais resultados as pessoas alcançavam usando a Regra dos 5 Segundos e o Hábito do High 5, mais organizações, veículos de mídia e marcas pediam que eu criasse programas para suas equipes e seu público.

Então, em 2019, fundei a 143 Studios, uma produtora de mídia localizada em Boston que produz conteúdo premiado, eventos, séries de áudio, cursos on-line, jornais, livros e ferramentas de desenvolvimento profissional para parceiros como Starbucks, Audible, Ulta Beauty, JPMorganChase, LinkedIn e Headspace.

Em 2022, começamos a produzir o *Mel Robbins Podcast*, que está disponível em 194 países e é um dos mais ouvidos do mundo. Criamos cursos on-line gratuitos acessados por mais de 1 milhão de estudantes. E aquela pequena newsletter que criei no passado atualmente é lida duas vezes por semana por 1,5 milhão de pessoas. Você pode encontrar mais informações sobre minha produtora, o podcast, a newsletter e nossos cursos em www.melrobbins.com.

Em tudo que realizei, eu não tinha experiência anterior nem as credenciais "adequadas". Só me obriguei a realizar.

Eu tinha 41 anos quando cheguei ao fundo do poço e criei a Regra dos 5 Segundos para me ajudar a sair da cama. Tinha 44 quando sofri aquela crise de ansiedade no palco do TEDx. Tinha 46 quando fiz minha primeira palestra paga. Tinha 49 quando publiquei meu primeiro livro, *A Regra dos 5 Segundos*. Tinha 50 quando fundei minha produtora de mídia. E 54 quando dei início ao *Mel Robbins Podcast*, um dos podcasts mais populares e de mais rápido crescimento do mundo.

Minha vida não mudou por causa de uma única coisa; ela mudou por causa das milhares de manhãs em que acordei e não senti vontade de sair da cama, mas contei 5-4-3-2-1 e me forcei a levantar.

Transformar minha vida não foi glamoroso; foi exaustivo

Não conquistei sucesso ou independência financeira por causa de um segredo, e sim porque estava disposta a fazer o que a maioria das pessoas não faz: acordar todos os dias e, independentemente de como me sentia, trabalhar para alcançar meus objetivos. Fiz isso por mais de uma década, em um processo longo e lento.

Em alguns dias, eu tentava ser um pouco melhor do que no dia anterior. Muitas vezes, isso é tudo que você precisa fazer. Não sou especial, diferente, mais talentosa ou sortuda; apenas encontrei e empreguei ferramentas que funcionavam para mim. Hoje, minha carreira e meu propósito de vida são compartilhar essas ferramentas com você.

Não digo isso para me vangloriar. Digo isso para mostrar que você não tem ideia do que é capaz, assim como eu não tinha. Por meio da ação, conquistei coisas extraordinárias, e você pode fazer o mesmo.

Você nunca se sentirá pronto para transformar sua vida. Um dia, simplesmente vai se cansar das próprias desculpas e se forçar a fazer isso. Você nunca terá vontade de ir à academia. Um dia, apenas se obrigará a ir. Você nunca se sentirá disposto a ter aquela conversa difícil. Um dia, apenas ficará de saco cheio de evitá-la e dará um jeito de entrar no assunto. Você nunca terá ânimo para procurar um emprego melhor. Um dia, simplesmente se convencerá a começar.

A Regra dos 5 Segundos o ajudará a superar obstáculos internos e agir quando não se sentir motivado. E, se usá-la por tempo suficiente, você ficará chocado com o que pode conseguir.

Essa técnica funciona porque o ajuda a vencer a batalha interna contra si mesmo. Mas eis o que ela não pode fazer: remover as batalhas externas que você enfrenta todos os dias. Não importa quantas vezes você conte 5-4-3-2-1, isso não porá fim aos engarrafamentos, às pessoas sem consideração, ao chefe microgerenciador, ao julgamento incessante, à culpabilização, aos comentários passivo-agressivos e às demandas de sua família. E tenho certeza de que, quanto mais usar 5-4-3-2-1 e se obrigar a mudar, mais vai desejar que outras pessoas mudem também.

Isso nos traz a este livro.

Na última década, estive focada em descobrir, criar, ensinar e compartilhar maneiras simples pelas quais eu e você podemos melhorar. Mas, durante todo esse tempo, nunca abordei o principal fator (de acordo com as pesquisas) que determina se eu e você temos uma vida saudável e feliz: relacionamentos. É aqui que a Teoria Let Them* entra em ação.

Há dois anos, tropecei em três palavras: *deixa pra lá*, e foi como se uma chave virasse para mim.

A Regra dos 5 Segundos mudou meu relacionamento comigo mesma.

A Teoria Let Them mudou meu relacionamento com outras pessoas. Vou explicar.

A Regra dos 5 Segundos se refere ao aprimoramento *pessoal*. Ela ajuda *você* a sair da cama nos dias difíceis, ir à academia, começar a escrever, abrir aquela montanha de boletos, assumir riscos, assistir às aulas, finalmente analisar seu extrato bancário, lavar a roupa acumulada há duas semanas ou fazer aquele curso de IA que você sabe que precisa.

Todas as vezes em que conta 5-4-3-2-1, você *se* força a enfrentar a hesitação, a procrastinação, a paralisia e a dúvida. Você ensina *a si mesmo* a agir independentemente da maneira como se sente. É por isso que funciona.

---

* Em inglês "Let Them" significa, literalmente, "deixe eles". Ou seja, deixar que as pessoas pensem e ajam como bem entenderem. Para efeitos de tradução optou-se pela expressão "deixa pra lá" a fim de comunicar o conceito por trás da teoria com uma expressão conhecida do público brasileiro. [*N. da E.*]

Mas, ao longo dos anos, eu me perguntava: *Por que preciso constantemente me forçar a avançar? Por que tenho tanto medo do fracasso? Por que fico tão nervosa com a possibilidade de correr riscos? Por que acho tão difícil pedir o que preciso? O que exatamente está em meu caminho?*

Você já parou para refletir sobre isso? Sobre por que você hesita? Sobre o que o faz procrastinar? Ou se sentir tão cansado? Ou pensar demais em cada decisão? Já parou para refletir sobre o que está por baixo de toda essa dúvida? O que o impede de fazer o que precisa ser feito ou viver sua vida do modo como quer viver? Do que você tem medo?

Fiquei chocada quando descobri a resposta: os outros. Ou melhor, a maneira como eu deixava que os outros tivessem impacto em minha vida. Eu gastava muito tempo e energia tendo como foco as outras pessoas. O que elas faziam, o que pensavam e o que esperavam de mim. A realidade é que, não importa o quanto você tente e o que faça, não é possível controlar as outras pessoas. Mas você vive como se pudesse.

Você vive como se, ao dizer as coisas certas, as pessoas fossem gostar de você. Como se, ao aceitar mais trabalho, seu chefe fosse passar a respeitá-lo. Como se, ao agir do jeito certo, fazer o que sua mãe espera e manter seus amigos felizes, você de algum modo fosse encontrar paz. Mas não vai.

Neste livro, você vai descobrir como três palavras — *deixa pra lá* — podem libertá-lo. Libertá-lo das opiniões, do drama e do julgamento alheio. Libertá-lo do exaustivo ciclo de tentar controlar tudo e todos à sua volta.

Existe uma maneira melhor de levar a vida.

A Teoria Let Them é um método comprovado de proteger seu tempo e sua energia, focando o que é importante para você. Você já passou tempo demais buscando aprovação, tentando garantir a felicidade das outras pessoas e deixando que as opiniões delas o restringissem. Aprenda a parar de desperdiçar seu poder e criar uma vida na qual você vem primeiro: seus sonhos, seus objetivos, sua felicidade. E sabe qual é a parte mais legal? A Teoria Let Them não se limita a mudar sua vida para melhor; ela também transforma a vida de todos à sua volta.

Como este livro vai beneficiar você

Este livro fala da Teoria Let Them: o que ela é, como funciona e como usá-la em oito áreas-chave da vida, nas quais você vem tentando controlar coisas que simplesmente não estão no seu controle. Ele está recheado de pesquisas, evidências científicas e relatos — e você vai aprender que essa abordagem tem respaldo em antigas filosofias, modalidades terapêuticas e ensinamentos centrais das principais religiões do mundo, do estoicismo e de práticas espirituais.

Embora muito do que você está prestes a aprender seja embasado por pesquisas científicas, este não é um livro didático ou um artigo científico. Ele é um guia para aplicar a teoria e seus princípios nas áreas mais importantes da vida. É por isso que foi escrito de maneira fácil e acessível, e está cheio de histórias cotidianas e conclusões específicas. Além disso, haverá resumos ao fim de cada seção, para que os principais insights estejam acessíveis e você coloque em prática de imediato aquilo que está aprendendo.

Mal posso esperar para que você leia este livro e aplique todos os seus ensinamentos. Rapidamente verá como vem atrelando sua felicidade ao comportamento, às opiniões e aos sentimentos alheios. O resultado? Sem saber, você está sabotando sua habilidade de ser mais feliz, mais saudável e de conseguir o que quer.

Isso acaba com este livro.

Se você prometer a si mesmo que vai me acompanhar nesta leitura, absorvendo e implementando de imediato o que aprender, garanto que sua vida será um pouco mais fácil e seus relacionamentos serão muito melhores.

Será uma das coisas mais libertadoras e empoderadoras que você já experimentou. E tudo começa com três palavras simples: *deixa pra lá*.

A Teoria Let Them

Deixa pra lá + Deixa comigo

CAPÍTULO 1

Pare de desperdiçar sua vida com aquilo que não pode controlar

Se você está tendo dificuldade para transformar sua vida, atingir seus objetivos ou se sentir mais feliz, preste atenção nisto: *o problema não é você. O problema é o poder que, sem saber, você dá aos outros.*

Todos nós fazemos isso, frequentemente sem perceber. Seu erro está em pensar que, se disser a coisa certa, todos ficarão satisfeitos. Caso você se esforce muito, talvez seu parceiro não fique desapontado. Se for amistoso, talvez seus colegas gostem mais de você. Se mantiver a paz no ambiente, talvez sua família pare de julgar suas escolhas. Sei disso porque também vivia assim. Passei anos tentando ser tudo para todos, achando que, se fizesse o bastante, dissesse as coisas certas e deixasse todo mundo feliz, finalmente me sentiria bem comigo mesma.

Mas o que acontece? Você trabalha mais, cede mais e se encolhe mais, porém, mesmo assim alguém se decepciona. Mesmo assim alguém critica. Mesmo assim você sente que, não importa o quanto tente, nunca é o bastante.

Não precisa ser dessa forma. Este livro está aqui para ajudá-lo a recuperar seu poder, a parar de desperdiçar tempo, energia e felicidade tentando controlar o incontrolável — como as opiniões, o humor e as ações dos outros — e, em vez disso, focar a única coisa possível: você mesmo.

Eis algo notável: quando paramos de controlar todo mundo, percebemos que há em nós muito mais poder do que achávamos — apenas estávamos abrindo mão dele, sem saber.

Deixe-me apresentá-lo à mais simples e transformadora ideia de todas: Teoria Let Them.

O que é a Teoria Let Them?

A Teoria Let Them tem a ver com liberdade. Três palavras simples — *deixa pra lá* — irão libertá-lo do fardo de tentar controlar outras pessoas. Quando parar de pensar obsessivamente no que elas pensam, dizem ou fazem, você finalmente terá a energia necessária para focar a própria vida. Deixará de reagir e começará a viver.

Em vez de quase enlouquecer tentando controlar ou agradar os outros, você aprenderá a *deixar pra lá*. Como isso funciona?

Imagine que está no trabalho e seus colegas estão de mau humor. Em vez de permitir que a negatividade deles o afete, simplesmente diga *deixa pra lá*. Permita que fiquem de mau humor. Não é problema seu. Concentre-se no trabalho e em como se sente.

Ou talvez seu pai tenha feito mais um comentário sobre suas escolhas, e essa crítica o atingiu em cheio. Em vez de permitir que isso estrague seu dia, diga *deixa pra lá*. Que ele tenha as próprias opiniões. Elas não mudam quem você é, o que já conquistou ou seu direito de tomar as decisões que o fazem feliz.

A verdade é que as outras pessoas não detêm um poder real sobre você, a menos que você lhes conceda esse poder.

Eis por que essa ideia funciona: quando para de tentar controlar coisas que não lhe cabem, você para de desperdiçar energia. Retoma seu tempo, sua paz de espírito e seu foco. E percebe que sua felicidade está ligada a suas ações, não ao comportamento, às opiniões ou ao humor de qualquer outra pessoa.

Parece simples — e é. Mas essa mudança vai transformar tudo. Este livro tem a ver com *você*, com seu tempo e com sua energia, pois esses são seus recursos mais preciosos.

A Teoria Let Them mostrará que, quanto mais você deixar as outras pessoas viverem a própria vida, melhor será a sua. Quanto mais você deixá-las serem quem são, sentirem o que sentem e pensarem o que pensam, melhores serão seus relacionamentos.

Aprender a deixar adultos serem adultos mudou minha vida. E mudará a sua, porque, quando enfim você deixar de dar poder aos outros, perceberá quanto poder realmente tem.

Mas talvez o mais surpreendente sobre a Teoria Let Them seja como a descobri. Fico quase constrangida de contar essa história.

Eu descobri algo que mudou toda minha visão de vida... em um baile de formatura. (Eis aí uma frase que nunca pensei que escreveria.)

O baile de formatura que mudou minha vida

Não sei por quê, mas bailes de formatura são muito estressantes. Passei por quatro deles com nossas duas filhas, então achei que o baile de nosso filho, Oakley, seria fácil. Mas estava errada.

Durante meses, minhas filhas haviam pensado obsessivamente em cada detalhe: vestido, par, convite, penteado, bronzeamento artificial, maquiagem, arranjo floral para usar no punho, aluguel de ônibus, festa pós-baile. Aquilo parecia interminável, e fiquei muito feliz quando finalmente passou.

Nosso filho, em contrapartida, não tinha certeza se ele e os amigos sequer iriam ao evento. A despeito das minhas tentativas de cutucá-lo com perguntas, Oakley não nos comunicou nenhum detalhe ou plano. (Tenho certeza de que todo mundo que tem um filho, irmão ou namorado sabe do que estou falando.)

E então, é claro, foi na semana do baile que Oakley decidiu que iria. Tudo foi uma correria de última hora: o smoking, os tênis específicos que ele queria usar, a organização. Até a escolha do par, uma questão sobre a qual nossas filhas haviam agonizado durante meses, foi deixada para as últimas 48 horas.

Quando chegou o dia do baile, milagrosamente tínhamos o smoking, os tênis, o par e o local para as fotos. De alguma maneira, acabamos dando uma festa pós-baile em nossa casa. Ufa!

Um pouco antes de sairmos, meu marido, Chris, arrumou a gravata-borboleta de Oak pela última vez. Nossa filha Kendall, que viera passar alguns dias em casa, olhou para o irmão e disse: "Você está *tão* bonito, Oakley!"

Fiquei lá parada, admirando aquele momento. Que belo jovem ele se tornara! Eu não conseguia acreditar em como dezoito anos haviam se passado rapidamente. Também não conseguia acreditar que Kendall estava quase se formando na faculdade e que nossa filha Sawyer já se formara e agora trabalhava em uma grande empresa de tecnologia em Boston.

Enquanto estava parada na cozinha, permiti que esse fato tomasse conta de mim: o tempo estava passando, e eu queria que ele passasse mais devagar. Isto que é cruel em relação ao tempo: ele continua a passar, quer você desacelere, quer não. O tempo que você tem com as pessoas que ama é como um cubo de gelo derretendo. Em um minuto ele está lá... No seguinte, não está mais.

A triste verdade é que não podemos impedir o cubo de gelo de derreter. A única coisa que podemos fazer é aproveitar ao máximo o tempo que temos com as pessoas que amamos, enquanto o temos. Em momentos assim, quando realmente paro para pensar, sempre fico um pouco triste.

Não sei você, mas eu me sinto correndo pela vida, sem me dar permissão para realmente aproveitá-la. E fico tão incomodada com coisas desimportantes, que às vezes acabo estragando os breves momentos que tenho com aqueles que amo.

Eu realmente precisava ter me estressado tanto com a correria de última hora e descontado em Oakley? Não.

Tenho certeza de que você entende, mesmo que não tenha filhos indo a bailes de formatura. Talvez você tenha permitido que os comentários de sua família arruinassem as férias que passaram juntos ou talvez tenha se deixado consumir tanto pelo trabalho e pelos estudos, que cancelou mais um encontro com seus amigos. É possível desperdiçar anos nos distraindo com coisas insignificantes ou horas a mais no trabalho. É fácil ficarmos estressados com a vida a ponto de esquecermos que o objetivo é vivê-la.

Enquanto estava na cozinha observando Chris arrumar a gravata-borboleta de Oakley, tentei capturar o momento. Respirei fundo, fui em direção ao meu filho e o abracei. Olhei para ele e disse:

— Você está muito bonito.

— Obrigado, mãe. — E então ele viu as horas e disse: — Olha, a gente precisa ir!

Assim, o momento passou e as horas voltaram a se mover. A vida é engraçada. Em um minuto, você está com os olhos marejados por causa do tempo transcorrido e do quanto as crianças cresceram; no outro, está tentando encontrar as chaves e ficando irritada porque alguém deixou louça suja na pia, *de novo*.

A caminho da porta, abri a geladeira e peguei o belo arranjo que comprara na floricultura local para o par de Oakley. Ele olhou para a caixa e disse:

— Mãe, ela não quer usar flor no punho. *Não* leva isso.

Eu o encarei:

— Mas é tão bonito! Tem certeza?

— Já falei, ela não quer.

— Bem, e se eu levar? Aí, se ela quiser, pode usar... se não, não precisa.

Ele perdeu a calma e respondeu com rispidez:

— Mãe, por favor! Não quero que você leve isso.

Revirei os olhos para minha filha Kendall, buscando apoio.

Ela sacudiu a cabeça e disse:

— Mãe, esquece isso. Ele está nervoso. Não conhece muito bem a garota que convidou. Não força a barra.

Admito que fiquei irritada e até meio magoada. Eu tinha passado tanto tempo pesquisando tendências florais para o baile, comprara um acessório lindo e me dera ao trabalho de dirigir até a floricultura e pagar pelo arranjo. Eu estava tentando fazer uma gentileza e, em vez de se mostrar grato, Oakley estava sendo grosseiro comigo. Além disso, era o primeiro baile dele — ele não sabia de nada!

Então guardei o pequeno arranjo na bolsa, e fomos até o local onde todos estavam tirando fotos. Quando chegamos, Oakley nos apresentou a seu par, que deu uma flor de lapela para ele e perguntou se Chris podia ajudar a prendê-la.

É claro que não consegui me conter. Abri a bolsa, tirei o arranjo como se fosse um bilhete premiado da loteria e anunciei:

— Oakley disse que você não queria, mas comprei isso mesmo assim.

Oakley me olhou feio, e eu imediatamente desejei ter ficado com a boca fechada. Ele se virou para a menina e falou, como quem pede desculpas:

— Não precisa usar.

— Tudo bem — respondeu ela. — Vou usar.

Foi então que notei que ela tinha montado o próprio arranjo, que já estava em seu punho. Kendall revirou os olhos. Chris trocou o peso do corpo de um pé para o outro, demonstrando desconforto. Se pudesse, eu teria evaporado naquele momento.

Oakley pegou a caixa plástica da minha mão e colocou a flor no punho livre que a menina graciosamente estendera. Então Chris prendeu a flor de lapela no smoking do nosso filho. Tiramos algumas fotos e, do nada, começou a chover. E, com chuva, quero dizer... um verdadeiro temporal. A previsão não falara em tempestade, então nenhum dos vinte jovens em trajes de gala ou seus pais tinha uma capa ou ao menos um guarda-chuva.

Eles vão ficar ensopados, pensei. Mas nenhum deles parecia preocupados. Continuaram a conversar em grupos, e foi então que ouvi alguém perguntar:

— O que vocês querem comer?

Eu me aproximei de Oakley e sussurrei:

— Oak, vocês não fizeram reserva para o jantar antes do baile?

— Não.

Olhei para meu marido e perguntei:

— Eles não fizeram reserva?

Ele sacudiu a cabeça:

— Parece que não.

Isso não parecia incomodar nem meu marido, nem meu filho. Mas, nossa, o quanto aquilo me incomodava! Como vinte jovens não haviam feito reserva ou planos para jantar antes do baile? Kendall e Sawyer tinham resolvido isso meses antes. Oak e seus amigos continuaram a discutir opções. Eu olhei para eles e perguntei:

— Então, o que vocês vão fazer?

Oakley respondeu, daquela maneira que só os adolescentes sabem fazer:

— Acho que vamos para a Amigos.

A Amigos Taqueria é uma excelente lanchonete de tacos no centro da cidade… que tem quatro mesas. O lugar inteiro é do tamanho de uma cabana. Todas as mães travaram, e até os pais começaram a questionar a ideia. Vinte jovens em trajes de gala planejavam sair naquele tempo, sem guarda-chuva ou capa, e ir a uma lanchonete onde talvez coubessem dez deles… antes do baile?! Não consegui mais me conter.

Sabe a sensação de quando seu corpo está dois passos à frente do cérebro, e você não consegue se impedir de dizer ou fazer algo irracional? Em minha defesa, não fui a única a interferir. Dezenas de pais agora cercavam os filhos, tentando assumir o controle da situação. Peguei meu telefone e comecei a procurar restaurantes que acomodassem vinte pessoas e fizessem reserva de última hora.

Nada... não havia nada. Senti Kendall me observando enquanto eu gritava para os outros pais:

— Não consigo fazer reserva em lugar nenhum. Vou procurar uma pizzaria que entregue aqui.

Foi então que ela segurou meu braço, me puxou para perto e me olhou nos olhos.

— Mãe, se Oakley e os amigos querem ir a uma lanchonete de taco antes do baile, deixa eles.

— Mas o lugar é muito pequeno para todo mundo; eles vão ficar encharcados — respondi.

— Mãe, deixa eles ficarem encharcados.

— Mas isso vai estragar os tênis novos.

— Deixa os tênis estragarem.

— Kendall, os tênis estão novinhos em folha!

— MÃE! Você está sendo chata. Deixa eles chegarem ao baile com a roupa molhada. Deixa eles comerem onde quiserem. O baile é deles, mãe, não seu. *DEIXA PRA LÁ.*

DEIXA. PRA. LÁ.

O efeito foi imediato. Algo em mim relaxou. Dava para sentir a tensão desaparecendo. Minha mente parou de funcionar no modo frenético, e o estresse de tentar controlar a situação simplesmente evaporou. Por que eu precisava me envolver? Por que tinha de comandar a situação? Por que não me preocupar com o que eu comeria no jantar, em vez de com o que eles comeriam? Por que eu estava me estressando com isso, afinal?

DEIXA. PRA. LÁ. O baile é *deles*, não *seu*. Pare de controlar, julgar ou comandar. *DEIXA PRA LÁ.*

Foi o que eu fiz. Enquanto os outros pais tentavam microgerenciar os filhos, fui até Oakley e sorri.

— O que foi agora? — perguntou ele.

— Aqui estão quarenta dólares para a Amigos — respondi. — Espero que o baile seja maravilhoso.

Ele sorriu de orelha a orelha, me deu um abraço apertado e disse:

— Obrigado, mãe. Sei que vai ser.

Então vi Oak e seu par saírem, sob a chuva torrencial. Olhei enquanto corriam pela tempestade, com a lama manchando o vestido dela e estragando os tênis novos dele. E não me importei. Na verdade, achei até fofo.

Mal sabia eu que aquele momento modificaria profundamente meu jeito de encarar a vida.

Deixa pra lá... que ideia incrível

Uma semana depois, eu não conseguia acreditar em como me sentia diferente. Comecei a dizer *deixa pra lá* sempre que me percebia estressada, tensa ou frustrada... e percebi que era quase sempre em relação a outras pessoas.

Deixe que minha família esteja atrasada para absolutamente todos os nossos compromissos.

Deixe que a vovó leia as notícias em voz alta: "Você ficou sabendo disso aqui?"

Deixe que as pessoas detestem a foto que eu acabei de postar.

Deixe que Oakley fique bravo comigo por eu não permitir que ele volte para casa tarde.

Deixe que larguem a louça suja na pia.

Deixe que iniciem obras na segunda-feira de manhã, bem na hora do rush.

Deixe que meus familiares julguem minha carreira.

Deixe que minha sogra discorde da maneira como crio meus filhos.

Deixe que não haja mais bagels na padaria.

Deixe que o cachorro na casa do vizinho passe o dia inteiro latindo.

Três palavras simples, *deixa pra lá*, mudaram tudo. Era como se eu não me importasse com nada e estivesse estranhamente imune a qualquer coisa. O que costumava me incomodar... simplesmente não incomodava mais. As pessoas que costumavam me irritar... simplesmente não irritavam. A força excessiva que eu fazia para tentar controlar cada aspecto da minha vida começou a diminuir. Situações profissionais que em geral me deixariam estressada ou me fariam ir para casa e reclamar com minha família simplesmente passavam despercebidas por mim, dali em diante. Um espaço mental que antes estava lotado de preocupações tolas, irritações e dramas agora estava disponível para coisas mais importantes.

Quanto mais eu dizia *deixa pra lá*, mais percebia que muitas das coisas com as quais me preocupava não mereciam meu tempo ou minha atenção. E nem todo mundo merecia minha energia. Foi libertador.

Quanto mais eu dizia *deixa pra lá*, mais tempo tinha para mim. Tempo para pensar. Para respirar. Para me divertir. Para gastar com o que eu achava importante. Para cuidar de mim.

Eu me sentia confortável, feliz e centrada. O impacto dessa descoberta foi inegável. Até Chris notou. "Você parece diferente", disse. Eu me sentia diferente. Eu me sentia tão bem, que precisava compartilhar. Então postei um vídeo de sessenta segundos explicando a Teoria Let Them nas redes sociais. Eis o que eu disse:

> Se seus amigos não o convidaram para o brunch neste fim de semana, *deixa pra lá*. Se a pessoa em quem você está interessado não está a fim de compromisso, *deixa pra lá*. Se seus filhos não querem ir àquele evento com você, *deixa pra lá*. Muito tempo e muita energia são desperdiçados forçando outras pessoas a corresponderem às nossas expectativas. Se alguém — a pessoa que você está namorando, um parceiro de negócios, um membro da família — não está agindo como você deseja, não tente obrigá-lo a mudar. Deixe que eles sejam quem são, porque assim se revelam. Apenas *deixa pra lá*, e então decida o que fará em seguida.

Em 24 horas, mais de 15 milhões de pessoas assistiram ao vídeo. Em uma semana, 60 milhões, com dezenas de milhares de comentários. Veículos de mídia começaram a escrever artigos sobre a teoria e sua eficácia. Pessoas de todo o mundo começaram a inundar minhas

DMs com perguntas, histórias e exemplos de como a empregavam. Psicólogos e terapeutas postaram a respeito. Fiquei tão atônita com a reação imediata que gravei um podcast sobre a teoria e minha experiência com ela. O episódio ganhou vida própria. Foi compartilhado tantas vezes que, segundo a Apple, foi o sexto podcast mais compartilhado naquele ano em todo o mundo.

E isso foi apenas o começo, porque logo as tatuagens com as palavras *Let Them* começaram a aparecer por aí!

E foram muitas...

Deixa pra lá **é, de longe, a coisa mais poderosa que já descobri**. O fato de pessoas em todo o mundo terem tatuado essas palavras permanentemente foi, para ser bem sincera, o que me inspirou a escrever este livro. Eu precisava entender por que esses termos tinham um impacto tão imediato, profundo e universal na vida de tanta gente.

Pesquisando a teoria

Passei os dois últimos anos pesquisando sobre a Teoria Let Them: por que ela funciona e como você pode usá-la para transformar sua vida e melhorar seus relacionamentos.

Ao escrever este livro, conversei com muitos dos principais especialistas do mundo em psicologia, neurociência, ciência comportamental, relacionamentos, estresse e felicidade. Você os conhecerá ao longo da leitura, e os estudos deles o ajudarão a aplicar a teoria em inúmeras situações. Como será possível ver em breve, a ciência é clara: esse negócio funciona. E funciona muito bem.

Mas aqui não pretendo apenas apresentá-lo à Teoria Let Them. Pretendo falar de uma lei fundamental da natureza humana: *todos os seres humanos têm a necessidade inata de estar no controle*.

Temos o desejo de controlar todos os aspectos da nossa vida: tempo, pensamentos, ações, planos, decisões, futuro e ambiente. Sentir que estamos no controle faz com que nos sintamos confortáveis e seguros, então naturalmente tentamos controlar tudo e todos — muitas vezes, sem perceber.

Mas há uma coisa que você nunca será capaz de controlar. Por mais que tente, nunca conseguirá controlar ou modificar o outro. A única pessoa sobre a qual você tem controle é *você*. Seus pensamentos, suas ações, seus sentimentos.

Por muito tempo, você vem trabalhando contra essa lei fundamental da natureza humana. Vem lutando para mudar as pessoas, esforçando-se para controlar as situações, preocupando-se com o que os outros dizem, pensam ou fazem. Ao agir assim, cria estresse, tensões e atritos desnecessários para si mesmo e para seus relacionamentos. Eu fazia a mesma coisa.

A Teoria Let Them transformou minha visão de vida e a maneira como lido com os outros. Em vez de resistir ao fluxo da natureza humana, aprendi a aceitá-lo. Em vez de desperdiçar energia em algo que não posso controlar — o que dizem, pensam e fazem —, direcionei-a para o que posso: eu mesma.

O resultado? Obtive mais controle sobre minha própria vida, mais do que jamais tive. Foi libertador. Parei de transformar os outros no problema e, ao fazer isso, meus relacionamentos melhoraram de um jeito que nunca imaginei ser possível. Foi como abrir uma porta trancada havia anos. Atrás dela tinha uma vida na qual eu já não carregava o fardo de controlar as pessoas.

Nas próximas páginas, você aprenderá tudo sobre a teoria e a maneira mais fácil de começar a usá-la, além de perceber como você se sente incrível quando a utiliza. Também aprenderá sobre a surpreendente descoberta que fiz no início de nossa pesquisa. A Teoria Let Them não se resume a... *deixa pra lá*. Sim, ela começa com essas três palavras, mas a história não acaba aí. *Deixa pra lá* é somente a primeira metade da equação. Há um segundo passo, ainda mais crucial: *deixa comigo*.

Pare de desperdiçar sua vida com aquilo que não pode controlar   **37**

No próximo capítulo, vamos falar tanto sobre *deixa pra lá* quanto sobre *deixa comigo* e vamos explorar a ciência e a psicologia por trás desses dois passos. Você aprenderá, então, sobre as oito áreas centrais de sua vida nas quais a teoria terá o maior impacto positivo. Falaremos sobre relações, carreira, emoções, opiniões, estresse, vida amorosa, dificuldades, comparação crônica, amizades e, o mais importante, o relacionamento consigo mesmo.

Você vai perceber como vem repetidamente tentando controlar as coisas erradas e como, sem saber, transformou as outras pessoas no problema. A verdade é que as outras pessoas devem ser uma das maiores fontes de felicidade, apoio e amor. Mas não ocuparão esse lugar se você continuar tentando controlar o que elas sentem, dizem e fazem. Essa atitude termina com a leitura deste livro.

Domine a Teoria Let Them e deixe de se exaurir tentando controlar o incontrolável. Não se trata apenas de se sentir melhor. Trata-se de reprojetar toda a sua vida. Mal posso esperar para que você descubra o espaço e a liberdade de viver do modo que sempre quis — em seus próprios termos.

Vamos começar.

CAPÍTULO 2

Começando:
Deixa pra lá + Deixa comigo

Pouco depois de descobrir a Teoria Let Them, eu estava sentada no sofá, rolando o feed das minhas redes sociais, quando vi a foto de uma velha amiga. Ela estava fantástica. Li a legenda da foto, na qual ela descrevia o fim de semana incrível que passara com as amigas. Dava para ver que estava sendo sincera.

Olhei para a foto e admirei o quão bronzeada, feliz, relaxada e revigorada ela parecia. E pensei: *Uau, estou precisando de um fim de semana assim*. Eu poderia improvisar com aqueles autobronzeadores em spray. Fui arrastando o carrossel para ver as outras fotos e me dei conta de que estava diante de um épico fim de semana das garotas.

Brunch. Dança. Compras. Risos. Praia. Drinques.

Dei zoom em uma foto do grupo e percebi que conhecia todas as mulheres sorrindo na tela. Meu coração se apertou no peito. Minhas amigas tinham viajado juntas.

Sabe aquela sensação horrível de quando você se dá conta de que foi deixado para trás? É como um soco no estômago. Você tenta ignorar dizendo a si mesmo que não é importante, mas a mágoa é real. Eu deveria ter largado o celular, mas não larguei.

Olhei as fotos uma por uma, vendo a viagem através dos olhos de mulheres ao lado das quais eu criara meus filhos em nossa pequena cidade, e tentei não permitir que isso me incomodasse. Mas incomodou.

Minha mente começou a preencher todas as lacunas diante daquela notícia. Imaginei o quanto elas tinham se divertido e se aproximado. Eu conhecia aquelas mulheres havia anos. Tínhamos participado juntas de churrascos, dado carona para os filhos umas das outras, jogos de futebol, encontros de casais e conversas sobre filhos. E assim, naturalmente, fiz besteira.

Virei uma legítima stalker. Fiquei sentada exatamente no mesmo lugar, sentindo o sofá se moldar às minhas costas, enquanto percorria o feed de cada uma delas. Cinco minutos antes, eu estava muito bem. Agora, era invadida por um turbilhão familiar de sentimentos: rejeição, insegurança, confusão. *Quando elas planejaram tudo isso? Por que não fui incluída? Por que nunca sou convidada? Quando foi a última vez que saí com elas?*

Enquanto eu olhava para todas aquelas fotos e revirava as mesmas perguntas em minha cabeça, Chris entrou na sala, deu uma olhada em minha direção e perguntou:

— O que aconteceu?

Eu suspirei e contei a verdade:

— Acabo de descobrir que minhas amigas fizeram uma viagem muito divertida no fim de semana. Obviamente, não fui convidada.

— Isso é bem chato.

— Talvez eu tenha feito algo errado — continuei. — Talvez elas estejam chateadas comigo.

Ele cruzou os braços e questionou:

— Por que você está dando tanta importância para isso?

Eu o encarei, sem dizer nada.

— Vocês já não são assim tão próximas, Mel.

Chris tinha razão. Eu sabia que ele tinha razão. Mesmo assim, meu impulso era procurá-las e esclarecer as coisas. Tenho certeza de que você já passou por isso. Ao descobrir que não foi incluído em algo, tudo o que você quer é algum tipo de garantia de que não foi por ter feito alguma coisa errada.

Porque, sendo sincera, eu não sabia se tinha feito algo errado. E, se você for como eu, presume logo que fez alguma coisa errada quando algo assim acontece. Fiquei sentada no sofá, buscando qualquer razão para não ter sido incluída, mas não consegui pensar em nada. E isso me deixou ainda mais aflita.

Nós nos conhecíamos havia anos. Tínhamos passado juntas pelos primeiros anos da maternidade e por muitas outras coisas, e eu realmente gostava de todas que tinham participado da viagem. Por outro lado, não convivia com elas fazia muitos, muitos anos. Eu as vira pela cidade em grandes eventos, mas não investira nas amizades individuais nem planejara algo divertido para o grupo. Do ponto de vista racional, eu sabia disso; do emocional, estava devastada. Eu me sentia de volta ao ensino médio: era aquela que não foi convidada para a festa do pijama, que não foi incluída no time, que não entendia a piada interna.

Colocando a teoria em prática

Eu queria entrar em contato e resolver tudo. Ligar, enviar uma mensagem. Qualquer coisa para me livrar da ansiedade. E então aquelas três palavras chegaram e me salvaram de mim mesma. *Deixa pra lá.*

A antiga eu teria ficado obcecada por isso durante dias. Semanas. As emoções teriam me vencido. Eu tentaria fingir que não estava incomodada. Teria tentado me convencer de que não era importante. Teria repetidamente tentado racionalizar. Teria transformado minhas amigas em vilãs, a fim de me sentir melhor. E então teria me sentido pior e me afastado ainda mais de mulheres das quais eu genuinamente gostava.

Mas isso não aconteceu. Toda aquela situação me incomodou por uns dez minutos. Assim que disse *deixa pra lá* pela primeira vez, comecei a me sentir melhor. Da segunda, fiquei um pouco melhor. Da terceira, quarta, décima sexta, trigésima, ainda melhor.

Tenho que ser sincera com você: em situações dolorosas como essa, você terá que continuar dizendo *deixa pra lá*, porque a dor não desaparece de imediato. Ela ressurge de novo e de novo. Então, não fique surpreso quando precisar repetir *deixa pra lá* muitas vezes.

Que elas viajem sem você. Que passem o fim de semana juntas. Que se divirtam sem você. *Deixa pra lá.*

No começo, essas palavras pareceram uma rejeição. Como se eu estivesse desistindo. Mas então percebi algo importante: não se tratava de desistir, e sim de abrir mão de um controle que eu nunca tive, para começo de conversa. Porque a verdade é que, por mais que eu tentasse analisar, controlar ou resolver a situação, nada do que eu fizesse mudaria algo que já acontecera. A escolha delas de viajar não precisava fazer com que eu me sentisse mal, mas minhas tentativas de controlar a situação faziam com que eu me sentisse péssima.

Deixa pra lá.

Foi assim que o nó em meu peito começou a afrouxar. A pressão para "consertar" a situação desapareceu, e percebi algo que mudou tudo: o fim de semana delas não tinha nada a ver comigo. Não era pessoal. Elas não estavam conspirando contra mim. Não estavam fazendo uma declaração sobre meu valor. E mesmo que estivessem? *Deixa pra lá.*

O que realmente estamos tentando controlar

Todos passamos por momentos nos quais tentamos controlar o mundo à nossa volta — especialmente quando nos sentimos magoados, irritados, amedrontados ou deixados de fora. Talvez você tente cuidar de cada detalhe de um plano feito em grupo para garantir que todo mundo seja incluído ou talvez se estresse questionando se as pessoas estão com raiva de você quando não respondem às suas mensagens imediatamente. É exaustivo, não é?

Sou uma solucionadora por natureza. Passei a maior parte da vida acreditando que, se eu não interferisse, se não interviesse na situação, as coisas desmoronariam. Eu tinha que manter tudo coeso: relacionamentos, trabalho, amizades, até as emoções das pessoas que amava. E, quando algo não acontecia da maneira que eu esperava, isso parecia um reflexo do meu caráter. Se alguém estivesse irritado, se algo não funcionasse, se eu não fosse incluída, de imediato achava que precisava solucionar, modificar, controlar a situação.

Ao conversar com tantos psicólogos enquanto fazia pesquisas para este livro, aprendi que o ímpeto de controlar as coisas vem de um lugar muito primitivo: o medo. Medo de sermos excluídos, de não sermos amados, de as coisas saírem do controle se não assumirmos o leme. E isso é revelado de muitas maneiras. Supervisionamos nossos filhos para garantir que tomem as decisões "certas". Tentamos influenciar os hábitos de nossos parceiros, temendo que façam algo errado. Até impomos nossas opiniões aos amigos, acreditando saber melhor como eles devem viver a própria vida.

Já senti muito medo. Medo de ser esquecida se não fizesse as coisas acontecerem. Medo de não ser amada ou aceita. Medo de as coisas desmoronarem caso eu não estivesse no comando. Sejamos francos: o controle nos dá a ilusão de segurança. Quando estamos no controle, podemos nos proteger da dor, da decepção, da rejeição.

Mas o controle é somente isso, uma ilusão. Porque, por mais que tentemos controlar pessoas ou situações, a verdade é que não podemos fazer isso. As pessoas fazem o que querem. Elas tomam suas próprias decisões, vivem sua própria vida.

O fato é que esse "controle" não faz com que nos sintamos melhor. Na verdade, tem o efeito oposto. Em vez de acalmar nossos medos, tentar controlar pessoas e situações os amplifica. Qualquer psicólogo lhe dirá que, quanto mais você tenta controlar algo que não consegue, mais ansioso e estressado se sente.

Sentada naquele sofá, olhando para o celular, percebi que estava tentando controlar não somente o que minhas amigas pensavam de mim, mas meu desconforto. Eu odiava me sentir rejeitada, então minha reação imediata era consertar a situação antes de precisar sentir qualquer coisa.

Foi então que compreendi a Teoria Let Them em um nível muito mais profundo.

Deixa pra lá: uma ferramenta para implementar sabedoria

A Teoria Let Them não é apenas um truque para alterar mentalidades; ela está enraizada em filosofias e conceitos psicológicos que guiam pessoas há séculos. Se está familiarizado com o estoicismo, o budismo, a teoria do desapego ou a aceitação radical, você reconhecerá que os princípios de *deixa pra lá* e *deixa comigo* aplicam esses ensinamentos e os transformam em uma ferramenta prática e cotidiana para melhorar seus relacionamentos e retomar seu poder pessoal.

No estoicismo, o foco está em controlar seus pensamentos e suas ações — não os pensamentos e ações dos outros. Essa filosofia se alinha com perfeição à Teoria Let Them, que fala de conscientemente permitir que os outros façam as próprias escolhas e vivam a própria vida, sem sentir a necessidade de gerenciar ou influenciar o comportamento deles. Ao dizer *deixa pra lá* e *deixa comigo*, você aplica o princípio central do estoicismo: mantenha o foco em si mesmo, porque é aí que reside seu verdadeiro poder.

O budismo e a aceitação radical ensinam que o sofrimento surge da resistência à realidade. A dor que sentimos frequentemente vem do desejo de que as coisas fossem diferentes. A Teoria Let Them nos ajuda não somente a aceitar a realidade, mas também a se afastar da necessidade de modificá-la. Você reconhece que as ações e as escolhas alheias não estão sob seu controle e, ao fazer isso, ganha sua liberdade emocional de volta. Isso é aceitação radical em sua forma mais empoderadora.

A teoria do desapego nos ensina a nos distanciar emocionalmente das situações que agem como gatilhos. Quando diz *deixa pra lá*, você pratica o desapego emocional. Cria uma distância mental entre suas emoções e a situação, podendo observá-la sem ser consumido por ela. O resultado? Você permanece calmo, lúcido e no controle de suas ações.

O verdadeiro poder está em nossa resposta. Enquanto trabalhava neste livro, tive a honra de conversar com Martin Luther King III e Arndrea Waters King, defensores dos direitos humanos globais e coautores de *What Is My Legacy?: Realizing a New Dream of Connection, Love and Fulfillment* [Qual é o meu legado? Entendendo um novo sonho de conexão, amor e realização, em tradução livre].

Durante minha participação no podcast *My Legacy* conversávamos sobre a Teoria Let Them, quando Martin disse algo que quero compartilhar com você.

Ele disse que *deixa pra lá* representa "uma verdade profunda: escolher a paz não é fraqueza, é poder". Essa ideia é profundamente compatível com o legado do Dr. Martin Luther King Jr. e com a visão de ação não violenta do pai dele, Daddy King. *Deixa pra lá* não significa desistir do controle, significa retomá-lo. Ao escolher como responder — ao não alimentar a raiva, o ódio ou a negatividade —, exercemos o poder supremo sobre nós mesmos. "Como Daddy King disse certa vez, frente a uma perda inimaginável: 'Eu me recuso a permitir que o ódio reduza quem sou.' Essa mensagem é um chamado para reconhecermos a força de nossa resposta, que pode transformar nossas famílias, comunidades e mesmo o mundo."

Enquanto Martin e Arndrea compartilhavam isso comigo, descobri, com humildade, que essa teoria é muito maior do que eu ou você. Ela resume uma verdade importante sobre a vida: sempre temos poder, independentemente do que acontece à nossa volta.

Martin então acrescentou: "O verdadeiro poder está em nossa resposta. Meu pai acreditava que a não violência não era passividade, mas a forma mais corajosa de ação — escolher a paz quando o ódio tenta nos provocar. Ao nos recusarmos a reagir com amargura, retomamos nosso poder e modelamos um futuro melhor."

A palavra *escolher* é importante. Você retoma o poder ao escolher como responde. E a Teoria Let Them é uma ferramenta que vai ajudá-lo a fazer isso.

Muita gente pergunta se *deixa pra lá* é o mesmo que "deixa rolar". Não é. "Deixar rolar" faz você sentir que está perdendo. Você está se rendendo a algo fora do seu controle. *Deixa pra lá* é o oposto. É força. Quando você diz *deixa pra lá*, não está desistindo ou deixando algo de lado. Você está se libertando das amarras que impôs a si mesmo ditando como as coisas devem acontecer e permitindo-as acontecer conforme forem acontecendo. Você está se libertando.

Você está fazendo a escolha consciente e empoderada de abrir mão de um controle que nunca teve. Você para de ceder o poder às pessoas e às forças externas, e o reivindica para si mesmo. Quando diz *deixa pra lá*, desencadeia sua força ao focar em como vai responder.

A beleza em dizer *deixa pra lá* e *deixa comigo* é que essas palavras o ajudam a dominar tudo isso, a fim de que você comece a viver uma vida mais pacífica, poderosa e intencional.

Como isso funciona na vida real

Pense em como isso se aplica às diferentes áreas de sua vida. Digamos que você está em uma reunião de trabalho e se lembra de uma ideia que o deixa entusiasmado. Você pensou muito a respeito e sabe que ela tem potencial, mas, quando a apresenta, a sala fica em silêncio. As pessoas assentem educadamente, mas seguem em frente e, antes que você se dê conta, a ideia de outra pessoa recebe toda a atenção. Você se sente invisível. E começa a duvidar de si mesmo, imaginando se deveria ter apresentado a ideia de outra maneira ou se esforçado mais para ser ouvido.

Nesse momento, você pode permitir que o pouco caso deles acabe com você ou pode fazer uma pausa e dizer *deixa pra lá*. Permita que eles sejam indiferentes. Permita que adotem outra ideia. A resposta deles não muda o valor da sua proposta. Nem seu valor como colaborador. Eles podem ter seguido outra estratégia, mas isso não significa que sua ideia não seja excelente. Você ainda é a mesma pessoa, com os mesmos talentos e a mesma capacidade para o sucesso, e o fato de ter tido a ideia é prova disso!

O mesmo vale para relacionamentos. Talvez você esteja trocando mensagens com alguém e sinta que as coisas estão caminhando bem. Mas então, do nada, a pessoa desaparece. Nenhuma resposta, nenhuma explicação. Dói, não dói? Você se pergunta o que fez de errado, repassando cada conversa, tentando descobrir onde a coisa toda saiu dos trilhos. A tentação de enviar outra mensagem, de conseguir algum tipo de encerramento, é quase esmagadora. Já passei por isso.

Mas é aqui que entra o *deixa pra lá*. Permita que a pessoa mostre quem é. O desrespeito dela nada diz sobre você. Como você responde a esse desrespeito, sim. Pare de se perguntar por que ela está fazendo isso. A pergunta é: você quer se relacionar com alguém capaz de fazer isso? Não, não quer. Não desperdice energia correndo atrás de alguém que já foi embora. Mantenha o foco no que é possível fazer: processar suas emoções e lembrar a si mesmo que você merece alguém que o trate com respeito.

Em todas essas situações — no trabalho, na vida amorosa ou em qualquer outra área —, quando diz *deixa pra lá*, você reconhece o que está ou não sob seu controle. Em vez de se desesperar, escolhe o equilíbrio e o distanciamento emocional. Como eu já disse, as outras pessoas não têm nenhum poder real sobre você, a menos que você o conceda. Todas as vezes em que diz *deixa pra lá*, você escolhe recuperar esse poder.

Observe de novo aquela minha situação no sofá. Eu nem sequer estava sabendo que minhas amigas tinham viajado juntas. No segundo em que vi as fotos da viagem, reagi. Minhas emoções assumiram o controle. Eu me senti insegura. Eu me senti deixada de fora. Eu me senti inferior. E então fui ainda mais longe e disse a mim mesma que fizera algo errado. Isso só fez com que me sentisse pior.

A triste verdade é que *eu* fiz isso comigo mesma. Minhas amigas não fizeram nada *comigo*. Elas simplesmente viveram suas vidas. Tinham liberdade para viajar. Para planejar um fim de semana com quem desejassem. A maneira como eu reagi àquilo foi o que me machucou.

É tão importante entender isso, que gostaria de explicar detalhadamente. Imagine uma gangorra de um parquinho para compreender como a dinâmica de poder entre você e as outras pessoas sobe e desce — e para descobrir como usar a Teoria Let Them quando isso acontecer. No momento em que alguém faz algo (planejar um evento e não convidar você, por exemplo), você reage de maneira positiva ou negativa. Se reage de maneira negativa — e tem pensamentos autodestrutivos ou emoções intensas —, isso pesa sobre você. Pesa na balança e altera a dinâmica entre você e a outra pessoa.

A imagem a seguir ilustra exatamente como me senti quando vi as fotos nas redes sociais.

A) SEM A TEORIA LET THEM

SENSAÇÃO DE:
INFERIORIDADE
INVEJA
INSEGURANÇA
ISOLAMENTO
INSUFICIÊNCIA

O que me colocou para baixo? Eu mesma.

Todas as vezes em que internalizamos pensamentos, ações e sentimentos de outras pessoas como provas de que somos pessoas ruins ou de que fizemos algo errado, damos poder a elas. E isso altera a dinâmica e o equilíbrio do relacionamento. Nós nos sentimos inferiores.

Foi exatamente o que aconteceu quando eu disse a mim mesma que fizera algo errado. Eu me senti inferior, com inveja, insegura, excluída e insuficiente. Esses pensamentos e essas emoções são muito pesados.

Quando diz *deixa pra lá*, você se livra do peso da negatividade que o fez sucumbir. É como dar impulso com o pé na gangorra. Você sobe, e seus amigos do outro lado descem. A dinâmica de poder é alterada.

B) QUANDO DIZEMOS DEIXA PRA LÁ

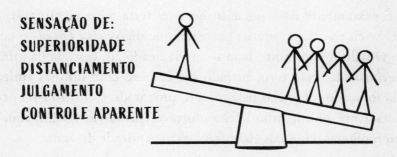

SENSAÇÃO DE:
SUPERIORIDADE
DISTANCIAMENTO
JULGAMENTO
CONTROLE APARENTE

É tão gostoso estar por cima em relação às pessoas e situações que nos incomodam! É por isso que adoramos dizer *deixar pra lá*, porque, quando estamos por cima, temos essa falsa sensação de superioridade e confiança. Passamos por todas as emoções pesadas e nos elevamos. Isso automaticamente nos faz sentir melhores que os outros. Achamos que estamos mais sábios e estranhamente acima de qualquer coisa, e isso explica por que é fácil distanciar-se da situação.

E um pouquinho de superioridade é muito útil quando você está em um turbilhão emocional. A sensação temporária de poder sobre as outras pessoas pode ajudá-lo a enfrentar a situação, aceitar o que está acontecendo e processar experiências frustrantes ou dolorosas.

É útil sentir-se melhor que o amigo que não retorna suas ligações, o colega de quarto preguiçoso que não lava a louça ou o cliente rude com o qual você precisa lidar no trabalho.

Mas então esse momento passa.

Aí você pensa: *E agora?* Você está olhando para os outros de cima, e começa a se sentir meio perdido em meio à sua superioridade. Quando comecei a dizer *deixa pra lá*, também não sabia como lidar com isso.

Dizer essas palavras e sentir aquela enxurrada de superioridade foi bom, e me distanciar da emoção foi excelente. Essa foi a parte fácil. Mas eu não sabia o que fazer depois.

E eis o perigo disso: se tudo o que você faz é dizer *deixa pra lá, deixa pra lá, deixa pra lá,* você se sente isolado. Isso o faz querer se afastar ou se fechar.

É exatamente isso que a antiga Mel teria feito na situação do sofá. Se eu tivesse parado na parte em que digo *deixa pra lá* — consigo visualizar isso muito bem —, teria ficado ali, cercada da minha superioridade. Não teria entrado em contato com minhas amigas. Teria fofocado sobre elas pelas costas, procurado conforto em outras pessoas e me sentido muito desconfortável quando as visse. E aquelas eram mulheres das quais eu gostava e cuja amizade desejava!

Quero que você pense em uma situação na qual seus amigos saíram juntos e não convidaram você. Quando isso acontece, sempre dói. Ser excluído dói. Você quer ser incluído na ida ao clube de golfe. Ser convidado para ver o jogo. Viajar no fim de semana. Sair para beber com os colegas descolados. Ter amizades incríveis e divertidas.

Eu também quero isso para você. Então deixe-me perguntar uma coisa: *como se sentir moralmente superior vai ajudá-lo a criar essas excelentes amizades?* Não vai.

Dizer *deixa pra lá* só o alivia da dor e da mágoa que está sentindo... e momentaneamente. É tão bom culpar as outras pessoas e se sentir superior a elas!

Mas, como sua amiga, sinto-me obrigada a avisar que, se disser somente *deixa pra lá,* você se verá sem muitos amigos, sem muitos convites para eventos e com bastante confusão sobre por que a teoria "não está funcionando" a seu favor.

E isso me leva à importante descoberta que fiz quando comecei a pesquisar esse assunto. A parte que envolve o outro, o *deixa pra lá,* é a primeira metade da equação. Você não pode parar aí. Há uma segunda e decisiva parte da teoria: o eu, o *deixa comigo.*

A fonte do seu poder não está em controlar as outras pessoas, mas em como você reage a como elas agem. Quando coloca em prática o *deixa comigo*, você acessa seu poder ao assumir responsabilidade pelo que fizer, pensar ou disser na sequência. Essa dimensão do eu o faz constatar que está no controle do que acontece em seguida, além de perceber que a vida é muito mais divertida e gratificante quando você não está sozinho, cercado de superioridade.

Deixa comigo é um gesto de poder

É por isso que a teoria só funciona se você colocar em prática as duas partes. Ao dizer *deixa pra lá* você toma a decisão consciente de não permitir que o comportamento das outras pessoas o incomode. Ao dizer *deixa pra lá* assume a responsabilidade pelo que fará em seguida.

Algo que adoro nessa parte do *deixa comigo* é que ela mostra imediatamente o que você pode controlar. E há muita coisa: atitude, comportamento, valores, necessidades, desejos e o que *nós* queremos fazer em resposta ao que acabou de acontecer.

É o oposto do julgamento. Tem a ver com autoconsciência, compaixão, empoderamento e responsabilidade pessoal.

Os amigos que viajaram juntos não são melhores que você. E você não é melhor que eles.

Esta é a essência da Teoria Let Them: a parte que envolve o outro, *deixa pra lá*, e a parte que envolve o eu, *deixa comigo*.

Quanto mais você permitir que as pessoas vivam a própria vida, melhor será a sua. Quanto mais abrir mão do controle, mais controle obterá.

A Teoria Let Them não tem a ver com superioridade. Tem a ver com equilíbrio. É abrir espaço tanto para você quanto para os outros. É dar a eles o espaço e a liberdade de viverem a própria vida — e então fazer o mesmo por você.

C) QUANDO DIZEMOS DEIXA COMIGO

ACEITAÇÃO
COMPREENSÃO
COMPAIXÃO
RESPONSABILIDADE
VERDADEIRO CONTROLE

Por exemplo, no caso da viagem das garotas, eu disse primeiro *deixa pra lá*, o que me fez ficar acima da situação e da mágoa, mas também fez com que eu me distanciasse das emoções que estava sentindo. E esse foi o primeiro passo, pois ficar chateada, culpá-las ou pensar coisas ruins a respeito de mim mesma não melhoraria magicamente meus relacionamentos.

A superioridade me deu o espaço mental necessário para de fato olhar a situação de cima. Quanto mais eu dizia *deixa pra lá*, mais espaço tinha para considerar *meu* papel na situação e o que queria fazer a respeito.

E, quando parei para me olhar no espelho, vi muita coisa.

Nos anos anteriores, eu trabalhara tanto, que mal vira minhas amigas. Não convidava ninguém para fazer nada havia muito tempo. Talvez eu não tivesse sido excluída. Talvez elas nem sequer tivessem pensado em mim. E, se eu não estava me esforçando, entrando em contato ou cruzando com elas na vizinhança, por que pensariam? Além disso, para ser 100% sincera, eu estivera tão ocupada com minha vida, meu trabalho e meus filhos, que, a menos que lesse seus posts, eu tampouco pensava nelas.

Ninguém me deve um convite. Ninguém me deve um telefonema. Sim, essas coisas fazem com que nos sintamos bem, e, sim, merecemos amigos que nos procurem. Mas de quem é a responsabilidade de criar essas amizades? E, ainda mais importante, sendo bem sincera

comigo mesma: eu tinha feito minha parte? Quando me fiz essa pergunta, a resposta foi "não".

Quando se é adulto, a responsabilidade pela própria vida social é sua. Se quer se divertir mais, é você quem precisa levantar do sofá e criar uma vida social incrível (isso também serve para mim).

Deixa comigo. Que eu pare de esperar que as outras pessoas sempre me incluam. *Deixa comigo.* Que eu assuma a responsabilidade pelo que quero da vida. *Deixa comigo.* Que eu descubra as questões mais profundas que precisam de atenção. *Deixa comigo.* Que eu seja mais proativa na hora de entrar em contato com minhas amigas. *Deixa comigo.* Que eu convide alguém para fazer algo neste fim de semana. *Deixa comigo.* Que eu organize uma festa, para variar. *Deixa comigo.* Que eu desenvolva limites melhores em relação ao trabalho, a fim de ter tempo para as amizades. *Deixa comigo.* Que eu priorize minha vida social porque, claramente, ela é importante para mim e é minha responsabilidade cuidar dela.

Deixe que eu procure as amigas com as quais quero me reconectar. Mas não de maneira passiva. Não para ajeitar as coisas. E não para conseguir um convite para a próxima viagem. Quando eu comecei a aplicar as duas partes da teoria, *deixa pra lá* e *deixa comigo,* e consegui ficar acima de minhas emoções, pude me conectar a uma verdade mais profunda: realmente sinto falta das minhas amigas, e aquele post me fez perceber que trabalho demais e que quero fazer um esforço para retomar meu relacionamento com elas... e com algumas outras pessoas, agora que parei para pensar a respeito.

Antes de continuarmos o mergulho, dois avisos

Enquanto fazia pesquisas para este livro, duas questões importantes foram levantadas pelas pessoas que aplicavam a Teoria Let Them, e quero tratar disso agora, antes de nos aprofundarmos.

Primeiro aviso: a Teoria Let Them se aplica a crianças?

Com algumas importantes precauções, sim, mas esta obra se concentra especificamente em como aplicar a teoria a relacionamentos entre adultos. Ao longo do livro, faço distinções claras entre adultos e crianças, a fim de evitar qualquer confusão. Mas, como mãe, eu admito: às vezes, meus filhos me levam à loucura. Quando eu me desestabilizo, faço escolhas ruins como a adulta responsável da relação. Então, a Teoria Let Them sempre me ajudou a manter a calma, confiante e com os pés no chão quando a situação com os as crianças me deixa sobrecarregada.

Sempre que digo *deixa pra lá*, estou reconhecendo que meus filhos são mais capazes e fortes do que eu penso. A parte *deixa comigo* me lembra de que o meu trabalho é apoiar, ouvir e guiar, e não controlá-los.

Ainda assim, eu continuo sendo a responsável, então existe um equilíbrio entre confiar neles e *deixar pra lá*, oferecer o apoio de que precisam e intervir quando necessário.

Então, a fim de que você use a teoria para fortalecer os laços com seus filhos, independentemente da idade deles, e, com alguma esperança, manter sua sanidade intacta, criei um guia especial no Apêndice ao fim do livro que explica a relação entre parentalidade e a Teoria Let Them em detalhes. Em outras palavras: como usar a teoria e quando intervir e assumir o controle.

Essa parte é tão importante que eu queria entendê-la bem, então entrei em contato com o Dr. Stuart Ablon e pedi ajuda para criar esse pequeno manual de instruções da Teoria Let Them para pais e mães, treinadores, cuidadores, professores ou avós.

O Dr. Ablon é um psicólogo premiado e responsável pelo programa Think:Kids no Hospital Geral de Massachusetts. Ele também leciona sobre psiquiatria infantil e adolescente da Harvard Medical School e é um especialista pioneiro na área de comportamento.

Suas percepções são confiáveis dada sua bagagem de trinta anos de experiência clínica.

Segundo aviso: e se a teoria fizer com que eu me sinta solitário?

Esse é um ponto crítico. Algumas pessoas relataram que se sentiram solitárias após usar a Teoria Let Them. Se é o seu caso, é um sinal de que você a está aplicando incorretamente. Existem dois aspectos essenciais na teoria: o outro, *deixa pra lá*, e o eu, *deixa comigo*. Eles devem andar juntos. Você não pode simplesmente parar no primeiro. Muitas pessoas se esquecem do segundo passo, e esse é um grande erro, porque é na dimensão do eu que reside o verdadeiro poder. É nela que você assume responsabilidade por suas ações e pela criação da vida, dos relacionamentos e das conexões que deseja. Sem esse passo, você se verá desconectado em vez de empoderado.

Mas, como já disse, sinto-me obrigada a avisar que, se disser somente *deixa pra lá* você se verá bastante solitário e confuso a respeito dos motivos para a teoria "não estar funcionando" a seu favor. É bom dizer *deixa pra lá* porque gostamos de culpar os outros. E, conforme discutimos, uma boa dose de superioridade pode nos ajudar nos momentos em que nos sentimos para baixo. No entanto, esse não é o propósito da teoria.

Deixar pra lá não é uma desculpa para parar de atender ao telefone, dar de ombros, recusar-se a discutir um problema com um amigo ou familiar magoado, permanecer em uma situação que o fere ou ignorar discriminação ou comportamento perigoso. Não é uma licença para dar a alguém o tratamento do silêncio, ignorar pessoas, evitar conversas difíceis ou criar distância em seus relacionamentos.

Ela não deve fazer você se sentir sozinho ou invisível, e, sim, mais conectado e realizado em cada um de seus relacionamentos. Se você começar a usar a teoria e se sentir mais solitário, por favor, preste atenção: você a está usando errado. Ela existe para tornar sua vida melhor, não pior. Então lembre-se de *sempre* colocar em prática a parte do *deixa comigo*. Porque é isso que mudará sua vida.

Usando a Teoria Let Them, vi como eu frequentemente culpava outras pessoas por estar sentada sozinha no sofá. Ou por não ganhar tanto dinheiro quanto queria. Percebi quantas vezes disse "sim" motivada pela culpa. Quantas vezes tomei certas decisões porque não queria desapontar alguém. Quantas vezes usei a desculpa de estar cansada demais para dar prioridade à minha saúde ou diversão.

Quando somos adultos, vida, felicidade, saúde, descanso, vida social, amizades, limites, necessidades e sucesso são de nossa responsabilidade. Se você tem secretamente esperado que alguém apareça para resgatá-lo, solucionar seus problemas, pagar suas contas, animar sua vida social, curar suas feridas, transformar-se no parceiro dos sonhos e motivá-lo a ser sua melhor versão... isso não vai acontecer. Ninguém está vindo resgatar você. E cada minuto que você passa culpando outras pessoas ou esperando permissão ou convite é um tempo desperdiçado. Isso acaba aqui. Está na hora de assumir a responsabilidade pela sua felicidade, seus sonhos e sua vida. Afinal, ser responsável é simplesmente ter a habilidade de responder e, como você acabou de aprender, o verdadeiro poder está na sua resposta.

Você é capaz de criar tudo que quiser, se estiver disposto a investir o tempo e a energia necessários. Sua era *deixa comigo* começou e isso significa parar de desperdiçar esses recursos em coisas mesquinhas, superficiais e insignificantes. Também significa parar de tentar controlar o que definitivamente não é controlável: as outras pessoas.

Na próxima seção, vamos mergulhar nas quatro áreas essenciais da vida onde a Teoria Let Them terá o maior e mais imediato impacto positivo. Você vai aprender a não permitir que comportamentos, opiniões, reações e o sucesso alheio afetem sua felicidade e sejam obstáculos ao que você deseja. E não há maneira mais rápida de começar a sentir o poder dessa teoria do que usá-la para administrar o estresse e proteger sua paz. Vamos lá.

Você e a Teoria Let Them

Administrando o estresse

Temendo a opinião alheia

Lidando com as reações emocionais dos outros

Superando a comparação crônica

Quanto mais você permite que as pessoas vivam a própria vida, melhor se torna a sua.

— Mel Robbins

Administrando o estresse

CAPÍTULO 3

Uma grande revelação: A vida é estressante

A maneira mais rápida e eficaz de começar a usar a Teoria Let Them é superar as incontáveis e pequenas causas de estresse que você enfrenta todos os dias.

Você sabe do que estou falando: intermináveis notificações no celular, conexão de internet lenta, mudanças de planos inesperadas, infindáveis reuniões de trabalho, falta de consideração alheia, filas demoradas, gente que anda devagar. Essas pequenas irritações podem parecer insignificantes, mas não são.

Eu entendo que as pessoas talvez sejam irritantes e que você está muito atarefado. A vida moderna, às vezes, pode parecer aquela técnica de tortura em que fazem mil cortes no seu corpo — um após o outro, lentamente drenando sua energia e o estressando. Deixar que isso o afete é fácil, mas nada inteligente.

Não dá para controlar como outros adultos se comportam, e estressar-se com isso diminui seu poder. Você jamais atingirá seu máximo potencial se permitir que situações bobas ou pessoas rudes suguem sua força vital.

Tempo e energia são seus recursos mais valiosos, e nos próximos capítulos você vai aprender a usar a Teoria Let Them para se proteger do estresse desnecessário causado por outras pessoas.

Pare um pouco e pergunte a si mesmo: por que permito que uma fila demorada em um café acabe com o meu dia? Por que o trânsito me deixa de mau humor? Por que me sinto sobrecarregado quando alguém me interrompe durante uma tarefa importante? Por que uma pessoa falando alto ao celular me irrita? Por que o conselho não solicitado de um familiar parece um ataque pessoal? Por que o passo lento de alguém em uma calçada movimentada me deixa impaciente?

Isso também acontece comigo. Outro dia, fui à minha loja de jardinagem favorita para comprar algumas plantas. Mas os funcionários estavam trabalhando muito devagar. Havia somente dois caixas abertos e cerca de cinco pessoas em cada fila.

Bip. Bip. Bip.

Comecei a ficar agitada. Eu tinha uma reunião e precisava voltar para casa. Queria me virar para a pessoa atrás de mim na fila, balançar a cabeça e falar: "Dá para acreditar nisso?" Mas me contive. Em vez disso, disse *deixa pra lá* para mim mesma. O efeito foi imediato. Fiquei mais calma. Essa atitude fez os caixas trabalharem mais rápido? Não.

Mas fez algo melhor: me protegeu do hábito de deixar que coisas pequenas se tornem grandes causas de estresse em meu cotidiano. Os dez minutos adicionais na fila não teriam impacto negativo em meu dia, mas ficar agitada e irritada com algo que eu não podia controlar, sim. Por que ficar estressado com o que está fora do seu controle ou o que não é realmente importante? Como algo tão pequeno pode ter um impacto tão grande?

Quando permitimos que o mundo afete nosso estado emocional e nossa paz de espírito, nós nos tornamos prisioneiro dessas forças externas. Deixamos que trivialidades determinem nosso humor, drenem nossa motivação e roubem nosso foco. Uma famosa citação do filósofo grego Epiteto afirma: "O que importa não é o que acontece, mas como reagimos ao que acontece." O que isso significa? Que nosso verdadeiro poder está em nossa reação.

Aprender a responder de outra maneira às situações irritantes e estressantes do cotidiano mudará sua vida. Neste momento, você está entregando de bandeja todo o seu poder, pois perde tempo e energia com coisas insignificantes ou fica furioso com o que está fora do seu controle. Você não tem ideia do tamanho desse problema. Eu também não tinha.

Administrar o estresse é muito difícil, porque sua reação ao que acontece ao redor é automática e se faz sentir no corpo inteiro. É como ser tomado pela emoção e, ao se dar conta, enviar aquela mensagem da qual vai se arrepender. Ou, no calor do momento, dizer coisas que não queria realmente dizer. Ou ficar em pé em uma longa fila, e a raiva e a irritação se acumularem contra sua vontade.

Esses são exemplos de como sua reação às situações estressantes e irritantes pode se tornar um grande problema na vida cotidiana. Não é possível controlar o que acontece ao redor, mas como respondemos a isso é. Em nenhum outro lugar isso fica tão evidente quanto no aeroporto. Na verdade, se quiser ficar estressado, basta ir a um.

O teste de estresse do aeroporto

Do check-in às filas de segurança, vemos pessoas irritadas com os atrasos causados pelo mau tempo, pelas malas extraviadas, gente se amontoando nos portões antes mesmo de o embarque começar, tempo curto entre uma conexão e outra, mudanças de rota, o fato de todos os compartimentos superiores estarem lotados quando finalmente conseguem embarcar, longas filas para alugar um carro... é infinita a quantidade de coisas que podem nos estressar.

Mas vamos usar isso como exemplo para ajudar você a entender o que é possível controlar. Lembre-se da lei fundamental da natureza humana: não dá para controlar o que as outras pessoas sentem, pensam ou fazem. Sempre que tenta fazer isso, você perde poder. É preciso aprender a focar o que você diz, pensa ou faz. É assim que você permanece no controle.

Porque não importa o que esteja acontecendo no avião ou no aeroporto, o poder ainda é seu.

Há alguns meses, eu estava em um avião, e o homem sentado atrás de mim tossia como se fosse seu último dia na Terra. Sabe aquela tosse profunda, que rasga o peito e tende a fazer todo mundo em torno adoecer também?

Nos primeiros minutos, não prestei atenção, mas, quando ele limpou a garganta e continuou tossindo, comecei a ficar irritada.

Eu estava voando para uma palestra e, nas semanas seguintes, falaria em vários grandes eventos. Não podia ficar doente e perder a voz.

Virei para trás, olhei pelo espaço entre as poltronas e o vi tossindo de boca aberta, como se não houvesse mais ninguém no avião. *Esse cara vai me passar alguma coisa. Isso é tão egoísta e desagradável! Não posso ficar doente*, pensei. Então refleti sobre minhas opções.

Um comportamento passivo-agressivo não resolveria nada. Por mais que eu estivesse bufando em meu assento e o encarando por entre as poltronas, tentando fazer um contato visual furioso, ou ele ainda não tinha entendido meus sinais, ou não se importava com eles.

Pensei em chamar a comissária e reclamar, mas ele estava sentado bem atrás de mim e ouviria tudo, o que seria muito desconfortável. Então decidi me virar, como uma adulta madura, e pedir:

— Será que o senhor pode cobrir a boca, por favor?

Houve uma pausa constrangedora.

Ele assentiu e então continuou tossindo de boca aberta pelo resto do voo. Sei disso porque continuei me virando e olhando pelo espaço entre as poltronas. Obviamente, eu me sentia mal por ele. Não é que ele quisesse estar doente. Quando precisamos tossir, não tem jeito.

Mas, no calor do momento, fiquei cada vez mais irritada. Eu não estava somente estressada: aquela situação estava acabando com meu humor e me fazendo achar que seria impossível trabalhar.

Esse é somente um exemplo de como algo ao seu redor pode facilmente estressar você, ter um impacto negativo sobre seu corpo e assumir o controle do seu cérebro.

Seu cérebro sob estresse

Uma das especialistas que entrevistei enquanto fazia pesquisas para este livro foi a Dra. Aditi Nerurkar, médica da Harvard Medical School e autora de *The 5 Resets: Rewire Your Brain and Body for Less Stress and More Resilience* [*As 5 reinicializações: reconecte seu cérebro e seu corpo para ter menos estresse e mais resiliência*, em tradução livre]. A Dra. Nerurkar é diretora do programa de medicina integrativa do Beth Israel Deaconess Hospital, onde lidera um grande estudo clínico sobre gerenciamento de estresse, usando abordagens integrativas e baseadas em evidências para ajudar seus pacientes a viver melhor.

Ela afirma: "O estresse é um problema muito maior do que se imagina."

De acordo com a médica, o estresse faz você duvidar de si mesmo, procrastinar, estar mais vulnerável ao burnout, passar tempo demais na internet e sofrer com comparações. Se estiver tendo problemas para focar, sentir-se feliz ou se cuidar, a razão é o estresse.

Ela também comenta que, se seu lado crítico está gritando mais alto do que nunca, se você está procrastinando e se sentindo constantemente cansado, se não consegue deixar o celular de lado ou tem problemas para se desconectar do trabalho, isso se deve ao estresse. A Dra. Nerurkar explica que esse fator é muito mais que simplesmente a tensão sentida no corpo. É um estado fisiológico do cérebro. É importante entender isso, porque o estresse assume o controle do funcionamento do sistema nervoso. Ela explica que quando as coisas estão funcionando normalmente é o córtex pré-frontal que fica no comando.

Essa parte do cérebro ajuda a tocar a vida cotidiana. Ajuda a planejar, organizar, lembrar-se das coisas e tomar decisões. Para se tornar a melhor versão de si mesmo, é preciso aproveitar essa região cerebral.

O problema é que, no segundo em que você se sente estressado com o homem tossindo no avião, a fila muito demorada ou os resultados atrasados daquela prova, seu cérebro inicia uma resposta ao estresse, e o tão importante córtex pré-frontal já não está no comando (nem você).

A resposta ao estresse está localizada em outra parte do cérebro, chamada amídala. Nossa médica entrevistada a descreveu como "uma pequena estrutura em formato de amêndoa situada numa área profunda do cérebro, entre os ouvidos. É uma das estruturas mais antigas do sistema nervoso humano, e muitos se referem a ela como o 'cérebro reptiliano'. Ela abriga nossa resposta ao estresse".

Já ouviu alguém falar da "reação de luta, fuga ou congelamento"? É exatamente a mesma coisa que "resposta ao estresse". Então, quando estamos estressados, é a amídala que assume o controle. Isso pode causar decisões precipitadas e comportamentos mais impulsivos.

Quando a vida está normal e você se sente bem, seu córtex pré-frontal comanda a maioria de suas ações. Isso significa que você pensa logicamente nos prós e contras das situações e toma decisões após boas reflexões. Em outras palavras, você consegue escolher como vai responder.

Mas, sempre que algo nos estressa, ficamos em apuros, porque a resposta do corpo e do cérebro é automática. A amídala assume o controle, e essa parte do órgão só tem uma função: sobrevivência e autopreservação.

O cérebro e o corpo entram em modo de luta ou fuga, e só são capazes de funcionar nesse estado estressado por curtos períodos de tempo, devendo logo retornar ao funcionamento normal, no qual o córtex pré-frontal está no comando, e você se sente calmo e confiante de novo. Mas o que acontece quando eles não retornam a esse estado de normalidade?

O verdadeiro motivo de você se sentir exausto o tempo todo

De acordo com a Dra. Nerurkar, sete em cada dez pessoas vivem em estado de estresse crônico. Eu costumava ser uma delas. Nesses casos, estamos presos em um estado constante de luta ou fuga. Nossa amídala está zunindo ao fundo, sempre ligada.

A médica relata que, quando estamos estressados, não somente *sentimos* estar em modo de sobrevivência; do ponto de vista neurológico, nosso cérebro *realmente está* em modo de sobrevivência. Nossos objetivos, sonhos, aquela versão melhor de nós mesmos, nossa habilidade de ser pacientes em vez de reativos, sai tudo voando pela janela.

E é por isso que é preciso solucionar esse problema e parar de permitir que outras pessoas criem estresse desnecessário em sua vida. Há coisas demais em jogo. Você merece uma vida boa, mas nunca será capaz de fazer isso se estiver sempre em modo de sobrevivência.

Você nunca vai concluir aquele projeto se continuar procrastinando por causa do estresse.

Você precisa se divertir mais, mas não se permitirá fazer isso caso não consiga se desconectar do trabalho.

Você deveria estar mais presente e fortalecer vínculos com seu cônjuge, mas nunca fará isso se estiver constantemente no celular.

A vida que você sempre quis está bem diante dos seus olhos, mas você nunca irá atrás dela se seu lado crítico estiver sempre dizendo para não fazer isso. O estresse é um grande problema, e está na hora de lidar com ele.

Desvendando a resposta ao estresse

Então perguntei à Dra. Nerurkar como fazer o cérebro retornar ao funcionamento normal.

Ela respondeu que o primeiro passo é entender o que é esse fenômeno, a fim de ter poder nessas situações.

Para mim, foi uma grande descoberta aprender que estresse é quando corpo e cérebro alternam entre duas funções. É revigorante saber que posso voltar ao funcionamento normal e que isso não é assim tão difícil usando a Teoria Let Them.

Não é legal viver sem que tudo o que acontece precise nos estressar? Não é maravilhoso saber que o comportamento das pessoas não precisa ser um grande problema?

Agora, você usará a Teoria Let Them para redefinir sua resposta ao estresse. Pense nisso como um botão de liga e desliga, uma pequena alavanca que você pode acionar em seu cérebro sempre que algo o deixar estressado.

No momento em que diz *deixa pra lá*, você está indicando ao cérebro que está tudo bem, que não vale a pena estressar-se com isso. Está dizendo para a amídala desligar. Está reprogramando sua resposta ao estresse ao se desligar da emoção negativa.

Eis como fazer isso: quando algo estressante acontecer, diga *deixa pra lá*. Faça uma pausa. Então diga *deixa comigo* e respire.

Permita-se respirar novamente. Desacelere a resposta ao estresse. Acalme corpo e cérebro. Assuma o controle e readquira seu poder.

Isso pode parecer bem insignificante, mas essa mudança vai transformar você em uma pessoa diferente. Identificar sua resposta ao estresse usando *deixa pra lá* e *deixa comigo* torna você capacitado para escolher o que dizer, pensar ou fazer, em vez de permitir que suas emoções monopolizem sua resposta. Chega de mensagens raivosas, rispidez com as pessoas amadas ou horas desperdiçadas escrevendo e-mails no trabalho.

O fato é que nem todo e-mail merece resposta, nem toda conversa precisa da sua participação — e não é necessário ter sempre a última palavra. É como já ouvi por aí: seu silêncio não pode ser mal-interpretado.

Você vai perceber que muito do que costumava lhe causar irritação não vale seu tempo e sua energia. Além disso, vai perceber que, quanto menos reage ao entorno ao usar o *deixa comigo,* mais no controle se sente.

A Dra. Nerurkar afirma que respirar fundo comprovadamente diminui a resposta ao estresse. Inspirar de forma profunda, sentindo o ar expandir o abdômen, estimula o nervo vago, que envia diretamente ao cérebro uma mensagem: "Podemos nos acalmar."

Ao praticar o *deixa comigo* e redefinir sua resposta ao estresse, você retoma o controle e pode escolher como reagir às situações *intencionalmente.*

Assuma suas reações, retome o poder

Falando nisso, vamos voltar ao episódio do avião, em que o homem estava tossindo atrás de mim; fui ficando cada vez mais estressada, não conseguia me concentrar no trabalho que precisava fazer e me sentia um animal enjaulado, presa em minha poltrona.

Como usar a Teoria Let Them para fazê-lo parar de tossir?

Não usando. É necessário deixar que ele tussa. *Deixa pra lá.*

Eu sei, eu sei, mas preste atenção. Sim, aquilo estava me estressando. Sim, achei que ele estava sendo desagradável por não cobrir a boca. E, sim, eu estava com medo de ficar doente.

Mas vamos retornar ao controle: como eu poderia lidar com aquela situação? Não dava para controlar se ele ia tossir ou não. Só dava para controlar minha reação diante daquilo.

Focar o que não é controlável causa estresse. Focar o que pode ser controlado é fonte de poder. E isso me leva a outro ponto importante: quem era a pessoa responsável por minha saúde? Eu ou o estranho no avião?

Eu. Eu era responsável por não adoecer. Não era responsabilidade do outro passageiro parar de tossir porque eu queria que ele agisse dessa forma. Era minha responsabilidade responder de uma maneira que atendesse às minhas necessidades.

Eu sei o que você está pensando. Todos deveriam cobrir a boca, lavar as mãos e seguir as regras básicas de decência, certo? É claro que sim, mas muitas pessoas não fazem isso.

A questão aqui é que tentar controlar uma pessoa ou situação fora do nosso controle só nos deixará mais estressados. Eu poderia ficar com raiva. Poderia continuar me virando para trás. Poderia gritar com a comissária. Poderia ficar frustrada e gritar com o sujeito. Mas para quê? Não havia uma solução mais óbvia e poderosa bem diante do meu nariz?

Estou oferecendo a você uma abordagem pragmática e estratégica para a vida.

Em vez de ficar furiosa em minha poltrona, eu o deixei tossir e foquei as coisas simples que podia fazer para me proteger.

Vou cobrir o nariz e a boca com a echarpe, pensei. *Também vou colocar os fones de ouvido e parar de ouvir a tosse.* Foi o que fiz. Com a echarpe sobre o nariz e a boca, aumentei o volume dos fones de ouvido.

Problema resolvido.

Toda vez que coloca em prática a parte *deixa pra lá* da teoria, você reconhece que não consegue controlar a situação que o está estressando. Toda vez que usa o *deixa comigo*, está seguindo o conselho da Dra. Nerurkar e focando o que pode ser controlado, que é sua resposta a uma situação estressante.

A médica confirma: "A Teoria Let Them é como um suspiro de alívio para seu cérebro estressado. Ela o ajuda a retomar o controle dos pensamentos ansiosos, a fim de que o cérebro e o corpo possam finalmente sair do modo de sobrevivência e voltar a se desenvolver."

Deixe-me explicar por que isso importa. Quando se permite ficar completamente estressado, você cede todo o poder às outras pessoas.

No passado, eu teria permitido que aquele homem me estressasse. Não teria trabalhado, estaria exausta quando o avião pousasse e ligaria para meu marido reclamando do idiota que arruinou meu voo. Provavelmente teria contado a história durante o jantar daquela noite, com os clientes que haviam me contratado para palestrar durante o evento. Teria falado sem parar sobre a situação "enfurecedora". Tudo isso teria me deixando ainda mais estressada, mais irritada, mais esgotada.

Estou explicando em detalhes porque quero que você veja qual é o problema. Quando deixa que outras pessoas o estressem, você dá poder a coisas que não importam ou estão fora do seu controle. E isso frequentemente se espalha para outras áreas de sua vida e perdura por horas, semanas e até mesmo anos.

Se quer alcançar seus objetivos, estar mais presente, sentir-se mais confiante e ser mais feliz, precisa parar de permitir que outras pessoas o estressem. Na vida, há coisas que podem ser controladas e outras que não podem. Há situações justas e injustas. Você decide o que e por quanto tempo algo o estressa.

O que a pesquisa da Dra. Nerurkar prova é que aprender a proteger sua energia vai melhorar seu humor, sua mentalidade, sua saúde, seu foco e sua habilidade de se desconectar e se desligar do que não é importante. Acredito que essa seja uma das razões pelas quais tantas pessoas tatuaram *Let Them* dias após descobrirem a teoria.

Essas palavras servem como lembrete de que sua paz merece ser protegida. Adquirimos um certo tipo de confiança quando nos damos conta de que outras pessoas não podem perturbar isso.

Agora vamos aumentar o grau de dificuldade das coisas.

Um estranho tossindo no avião é uma situação bastante simples. Você em algum momento descerá do avião e continuará com sua vida, então é fácil usar a Teoria Let Them.

Mas e quando não está claro o que você deveria fazer ou qual deveria ser sua reação? Como usar a teoria quando o estresse vem de algo muito maior... como o trabalho?

CAPÍTULO 4

Deixe que eles o estressem

Como dizer *deixa pra lá* e *deixa comigo* quando se trata de algo que sempre gera uma resposta ao estresse? De acordo com pesquisas, para a maioria das pessoas o trabalho é a principal causa de estresse — e seu chefe tem tanto impacto em sua saúde mental quanto seu parceiro.

Com certeza nem é necessário dizer isso porque, por mais gratificante que seja, o trabalho está repleto de estresse. Participar de reuniões no fim da tarde de uma sexta-feira; lidar com clientes rudes, e-mails passivo-agressivos, chefes microgerenciadores, tarefas desagradáveis; sentir-se desvalorizado; não ver oportunidades de progresso; sofrer com falsas promessas e demissões-surpresa; estar com a equipe completamente desfalcada e ter trabalho extra — sempre existe alguma coisa.

E se, assim como eu, você montou seu próprio negócio ou está tentando ser um bom gerente, essa lista dobra de tamanho.

Então, como usar a Teoria Let Them para evitar que o trabalho seja uma fonte de estresse, se, por exemplo, você está fazendo um excelente trabalho, cumprindo e superando todas as metas e, mesmo assim, seu chefe não o promove?

Quando pede uma explicação, você recebe a justificativa padrão de que "os lucros da empresa estão ruins este ano" e "minhas mãos estão atadas", mas você "agrega muito valor à equipe". Isso é um saco.

Você se sente frustrado, desmotivado, impotente, contrariado e desmoralizado. A Dra. Aditi comenta que essa é a causa de um número recorde de casos de burnout: as pessoas estão em estado de estresse crônico no trabalho. O estresse no trabalho não vai mudar, então você precisa mudar sua estratégia para lidar com ele.

Eu já estive nessa situação, e era exatamente assim que me sentia. E o fato de precisar do salário para pagar as contas só faz a gente se sentir ainda mais estressado e impotente.

Contudo, por mais angustiante que seja a situação no trabalho, você tem, sim, alternativas. Então, como usar a Teoria Let Them para fazer com que seu chefe lhe dê a promoção que merece?

Não usando. Deixe que eles continuem enrolando você.

Sei que é difícil ouvir isso, mas é verdade. Não, não é justo. Sim, você merece essa promoção. E, sim, você merece ficar furioso. Mas eu lhe faço uma pergunta: quem é o responsável pela *sua* carreira? Isso mesmo, você.

Além disso, você não pode controlar se seu chefe vai promovê-lo, dar-lhe um aumento ou movê-lo para a baia mais perto da janela. Não importa o quanto você se esforce ou quantos elogios já tenha recebido, a decisão é dele.

Então, se está em uma situação na qual se esforçou, negociou, pediu um aumento, cumpriu as metas e ainda está esperando a promoção, o aumento ou a nova baia que nunca chega, você deve parar de se enfurecer, e decidir o que fará a respeito.

Porque, adivinhe só? Se você deixar que as emoções levem a melhor, elas vão enlouquecê-lo. Se deixar que o estresse tome conta da situação, nunca será capaz de pensar estrategicamente sobre o passo seguinte. E sempre há um passo seguinte.

Você não pode permitir que o estresse entorpeça você. Precisa ser inteligente em sua reação. Princípio do *deixa comigo*: é aí que está seu poder.

Se algo no trabalho está fora do seu controle e você já fez tudo o que podia para reverter a situação, é bobagem gastar ainda mais tempo tentando mudá-la. E é uma bobagem ainda maior permitir que ela o estresse constantemente. Você é mais inteligente que isso. Sua vida e suas possibilidades sempre serão maiores que seu emprego atual.

Você não está preso a nada. Essa é uma mentira que você conta a si mesmo. A qualquer hora é possível sair de um emprego, um relacionamento, um modo de vida, uma entrevista ou uma conversa.

Mas, em vez disso, você está aí, sentado com seu chefe Max e mostrando o dedo do meio para ele depois de encerrar uma reunião pelo Zoom.

Você não precisa ficar em nenhum emprego que o faça se sentir frustrado, desmoralizado ou estressado. E não deveria. *Deixa pra lá.* Que eles enrolem você.

Está na hora de colocar em prática a parte do *deixa comigo*. Pare de focar a situação atual e comece a se concentrar em encontrar uma oportunidade melhor. Neste exato momento, há um emprego incrível esperando por você, com um chefe sensacional, um salário melhor e uma mesa perto da janela. A empresa em que você está hoje não é a única do planeta, e há milhões de chefes que ficariam extasiados em ajudá-lo a avançar na carreira.

Deixa comigo. Permita-se ir atrás dessas coisas.

É difícil encontrar um emprego? Sim. Pode demorar muito tempo? Sim. Você detesta a ideia de atualizar seu currículo? Sim. Acionar sua rede de contatos em busca de oportunidades é intimidador? Sim. Mas sua carreira é sua responsabilidade, e você tem mais poder sobre ela do que imagina. Está na hora de começar a agir de acordo.

Deixa comigo. Permita-se passar seus fins de semana de maneira diferente. Em vez de relaxar indo a bares com amigos e reclamar do trabalho, por que não investir tempo e energia procurando o emprego que você merece? Sim, conseguir algo incrível pode levar seis meses, mas esse tempo vai passar de todo jeito, indo atrás do que você quer ou simplesmente não fazendo nada.

E pense no seguinte: se você permanecer nesse emprego, quem vai controlar seu futuro? Isso mesmo: seu chefe Max. Mas, se atualizar seu currículo, começar a fazer contatos e conseguir algumas entrevistas, quem estará no controle? Isso mesmo: *você*.

Você pode agir de forma infantil e chamar seu chefe de todos os nomes feios que conhece, mas a dura verdade é que você é o responsável — porque está escolhendo permanecer em um emprego que o faz se sentir péssimo.

Isso está em suas mãos. E sabe o que mais está? As desculpas esfarrapas para não procurar outro emprego. Você tem muito mais poder do que imagina. Está na hora de começar a agir de acordo.

É você que controla seu próximo passo

Um assunto que quero abordar de forma detalhada é como determinar qual é a resposta certa quando você coloca em prática o *deixe comigo*. A parte do *deixa pra lá* é óbvia.

Ao dizer *deixa pra lá*, você abre mão de tentar controlar o que a outra pessoa está fazendo. Ao dizer *deixa comigo*, você assume a responsabilidade pela maneira como reage a isso, o que nem sempre é óbvio.

Toda situação é diferente, e aprender a escolher que tipo de reação vale seu tempo e sua energia é algo que vai mudar sua vida. Tenho uma história que vai ajudar você a entender como fazer isso.

Um dia, eu estava levando nossos cães para passear pelo parque local em um trajeto que faço com frequência. Quando parei no estacionamento, um guarda-florestal veio brincar com eles e dar um oi. Enquanto nós dois conversávamos, ele comentou que eu deveria manter os cães na guia e recolher as fezes, porque houvera muitas queixas sobre animais correndo soltos e sobre donos que nem sempre limpavam a sujeira. A situação estava tão ruim, que estavam pensando em proibir cachorros nas trilhas.

Eu agradeci a informação e garanti que não era "uma daquelas pessoas" e que seguiria as regras. Enquanto percorria a trilha, encontrei uma mulher caminhando uns trinta metros à frente, com o cachorro solto, correndo de um lado para o outro e pulando em todo mundo.

Comecei a ficar irritada. Dava para sentir minha resposta ao estresse aumentando e minha amídala sendo ativada. Já não estava aproveitando a caminhada pela floresta. Estava focada apenas naquele cachorro e em sua dona, e fui ficando cada vez mais irritada com o fato de me deparar exatamente com a situação descrita pelo guarda-florestal e com a idiota que faria todos sermos banidos.

Comecei a dizer *deixa pra lá*, e funcionou nas cinco primeiras vezes. Mas, quando o cachorro fez cocô no meio da trilha, observei com horror a dona chutar algumas folhas sobre as fezes, em vez de recolhê-las em um saquinho. Aquilo foi a gota d'água. Em cinco segundos passei de me sentir estressada a me autonomear a mais nova integrante da patrulha canina. Isso me leva a um aspecto importante da teoria: sua resposta a uma situação sempre será única, diferente de todas as outras.

Haverá dias em que eu simplesmente não terei energia para correr atrás da mulher, entregar um saquinho, pedir que ela recolha as fezes do cão, explicar as consequências de sua atitude e solicitar que cumpra sua parte. E haverá dias em que correrei atrás, como uma atleta olímpica, e farei exatamente isso.

Haverá momentos em que simplesmente darei de ombros, praticarei o *deixa pra lá* e saberei que a situação não vale meu tempo e minha energia. E, quando chegar ao ponto onde o cachorro fez cocô, praticarei o *deixa comigo* para ser uma pessoa melhor, e recolherei as fezes. E então as esfregarei no carro da mulher, que está parado no estacionamento (essa última parte é brincadeira).

Embora eu não goste de limpar a sujeira alheia, gosto de ser o tipo de gente que cuida dos espaços públicos para que sejam aproveitados por todos. E adoro saber que deixo os lugares por onde passo melhores do que os encontrei. E amo agir como líder, mesmo quando esse não é meu papel.

Mas haverá outros dias em que sentirei que o melhor a fazer é dar meia-volta, ir até o estacionamento, localizar o guarda-florestal, esperar a mulher voltar e relatar a situação pessoalmente ao guarda para que ele tome providências.

Cada uma dessas opções está disponível para mim e para você. E, enquanto lia, talvez você tenha pensado em outras. A questão aqui é: cada situação é diferente, mas uma coisa permanece a mesma — sempre é possível escolher como reagir.

Não posso impedir que aquela senhora deixe cocô de cachorro no meio da trilha, mas posso escolher o que fazer em relação a isso. Posso escolher quem serei e como me mostrarei, e essa é uma sensação muito poderosa.

Cada circunstância vai variar com base em como você se sente, o que está acontecendo em sua vida naquele momento, quanto tempo você tem, o quanto a questão é importante, quais são seus valores e qual é a abordagem mais eficaz.

Dizer *deixa pra lá* é uma oportunidade de colocar seu tempo, sua energia e seus valores no centro da vida. É o momento de decidir o que vale ou não sua atenção. Mas como escolher o que é certo para você, ainda mais em uma situação realmente estressante? Excelente pergunta.

Nesses momentos, acho útil dizer apenas *deixa pra lá*, fazer uma pausa e refletir: isso vai me incomodar daqui a uma hora? Vai me incomodar daqui a uma semana? Ou só está me incomodando agora?

Se é algo em que ainda estarei pensando daqui a uma hora, devo fazer algo a respeito. Se é algo que ainda será importante em uma semana ou um ano, então definitivamente devo agir. Na situação com a mulher e seu cão, eu sabia que aquilo me incomodaria todas as vezes em que passeasse naquele parque.

Na maioria dos casos, você saberá o que é certo para si mesmo. E isso me leva ao exemplo seguinte, um tema perfeito após falarmos sobre cocô de cachorro: política.

De acordo com uma pesquisa recente, grande parte das pessoas se sente muito estressada com o estado atual da política mundial. Eu me incluo nessa. E como poderia ser diferente?

Estamos mais polarizados do que nunca, os riscos são muito altos e todo mundo parece muito distante, além de furioso ou amedrontado (ou ambos) com a situação.

Muitas vezes, é impossível ter uma conversa civilizada com quem tem um ponto de vista diferente do nosso, porque nenhum de nós quer se dar ao trabalho de entender a posição do outro.

Considerando como a política pode ser estressante em escala local, estadual, nacional e global, seria mais fácil simplesmente jogar tudo para o alto, afastar-se e se sentir impotente para mudar as coisas.

Então, como usar a Teoria Let Them para transformar a política em todas as esferas?

Não usando. O conselho escolar já decidiu. O Senado já votou. A escolha é entre os dois candidatos que estão concorrendo. A eleição acabou. Há um impasse nos tribunais. *Deixa pra lá*. Não dá para mudar o que já aconteceu. Mas eu nunca disse que não dá para mudar o futuro. Parece angustiante? Sim. Parece que não fará diferença? Sim.

Mas faça mesmo assim. *Deixa comigo*. Que eu me engaje, que eu siga reivindicando pelo que me importo e fazendo algo para mudar o futuro da política local, nacional e global, em vez de ficar sentada, esperando alguém limpar a bagunça.

Se é importante para você, seja a pessoa que faz alguma coisa a respeito. Crie as mudanças que você quer ver. Esse é o poder do *deixa comigo*.

Gosto de lembrar a mim mesma as palavras da professora Margaret Mead: "Nunca duvide da ideia de que um pequeno grupo de cidadãos sensatos e comprometidos pode mudar o mundo. Na verdade, essa foi a única coisa que mudou o mundo."

Também quero compartilhar o que Arndrea Waters King me disse durante o podcast *My Legacy*:

> O movimento pelos direitos civis nos ensinou que responder com amor e dignidade, mesmo diante da injustiça, não é rendição — é força. Por meio de nosso trabalho na Realize the Dream, Martin Luther King III e eu continuamos esse legado ao capacitar indivíduos e comunidades para que escolham a paz, o propósito e a ação como forças, em nome

da justiça. A Teoria Let Them reflete esse legado, lembrando-nos de que sempre temos o poder de decidir que energia alimentamos, quais batalhas lutamos e como criamos mudança.

Basta que uma pessoa faça a coisa certa. E, se algo o incomoda o suficiente, essa pessoa é você. Sempre é possível fazer alguma coisa. Você pode fazer a diferença. E, se aquilo não é importante para que você se envolva, então pare de reclamar. Isso só serve para deixá-lo estressado. E, como você está aprendendo, isso é bobagem. Falar é fácil. Se algo realmente o incomoda, dedique tempo e energia para fazer alguma coisa a respeito.

Muitas vezes, quaisquer que sejam as situações e circunstâncias em que a Teoria Let Them seja usada, você vai aprender que não importa o tamanho do problema ou o quanto ele é estressante, sempre há algo a ser feito, por meio de ações e atitude.

Esse é o poder do *deixa pra lá*. É impossível controlar todo mundo à nossa volta ou o que as pessoas fazem no parque, mas sempre dá para controlar o que dizemos, pensamos ou fazemos em relação a isso — e é aí que reside o real poder.

Quanto mais você acessá-lo, mais verá todas as maneiras pelas quais esteve sabotando sua própria felicidade e abrindo mão de seu poder. E sem se dar conta disso, como aconteceu comigo. Seu tempo e sua energia são essenciais. A Teoria Let Them enfatiza isso e o capacita a fazer escolhas melhores sobre o que vale ou não seu tempo e sua energia. Isso não significa evitar conversas difíceis ou ficar em silêncio. Não significa ser um capacho e deixar que as pessoas pisem em você, nem quer dizer que precisa recolher o cocô do cachorro de todo mundo ou se candidatar a um cargo político.

Significa que é possível escolher o que tem impacto em sua vida, e até que ponto. Escolher do que você participa ou não. Escolher quando um emprego, um relacionamento ou uma situação vale o esforço e quando está na hora de ir embora. É por poder escolher que você está sempre no controle do que acontece em seguida.

Vamos resumir o que aprendemos sobre administrar o estresse. Até agora, você deixou que as outras pessoas criassem um estresse desnecessário em sua vida. A Teoria Let Them o ensinou a proteger sua energia e a não permitir que irritações menores controlem sua vida, para que, assim, possa manter o foco no que realmente importa.

1. **Problema:** outras pessoas farão coisas que o deixarão incomodado, irritado ou estressado. Isso é inevitável. Não dá para controlar. Quando permite que o comportamento de outra pessoa tire você do sério, está conferindo poder a ela. Isso o deixa esgotado, sem tempo e sem energia para si mesmo.

2. **Verdade:** a resposta do seu corpo ao estresse é automática. Você vai perceber que está ficando irritado. Que está ficando frustrado. Vai sentir o impacto da raiva e da agitação. Você não pode controlar as emoções que vão acometê-lo. Mas pode aprender a redefinir sua reação a isso, a fim de que tais sentimentos não dominem você.

3. **Solução:** usar a Teoria Let Them para se proteger do estresse causado por outras pessoas. Seu poder está em controlar sua resposta ao comportamento alheio, a uma situação irritante e a suas próprias emoções.

Quando passa a dizer *deixa pra lá*, você toma a decisão de não permitir que o comportamento alheio o estresse ou incomode. Quando passa a dizer *deixa comigo*, você redefine sua própria reação ao estresse e assume a responsabilidade pela maneira como vai agir.

Está na hora de redirecionar seu tempo e sua energia ao que é mais importante para você.

Temendo a opinião alheia

CAPÍTULO 5

Deixe que eles pensem mal de você

A poeta Mary Oliver fez a seguinte pergunta no poema "O dia de verão": "Diga: o que você planeja fazer com sua preciosa, selvagem e única vida?"

Não sei qual é sua resposta à pergunta de Mary Oliver, mas sei que, o que quer que você planeje fazer, outras pessoas vão ter uma opinião.

Nos próximos capítulos, você vai aprender a usar a Teoria Let Them para não permitir que as opiniões alheias o impeçam de lutar pelo que você quer e limitem o potencial de sua preciosa, selvagem e única vida.

Você não tem ideia de como esse problema é grave. Eu também não tinha. É fácil fazer de conta que não nos importamos com o que as outras pessoas pensam, mas a realidade é que nos importamos.

A verdade é que as pessoas vão ter percepções negativas a seu respeito, e não há absolutamente nada que possa ser feito. Quando permite que seu medo do que os outros podem pensar o impeça de fazer o que quer, você se torna prisioneiro das opiniões alheias.

Esse medo tem impacto sobre todos os aspectos da vida, fazendo você procrastinar e duvidar de si mesmo. Ele o paralisa com o perfeccionismo. É a razão para você pensar demais.

Isso acaba aqui. Está na hora de dar às pessoas a liberdade de pensarem o que quiserem. *Deixa pra lá*. Está na hora de se libertar e de iniciar, com ousadia e sem hesitar, as pequenas ações que vão transformar sua vida.

A Teoria Let Them foi um enorme alerta para mim. Eu sabia que me preocupava com as opiniões alheias, mas não fazia ideia do quanto esse problema era grave até começar a dizer *deixa pra lá*. Permita que eles julguem. Permita que desaprovem. Permita que tenham opiniões. Permita que pensem coisas ruins. Permita que falem mal de você pelas costas.

Hoje, você leva a vida tendo as opiniões alheias como bússola. Muda de rota de acordo com o que imagina que as outras pessoas possam pensar ou dizer, em vez de seguir na direção que deseja. Quando leva a vida tentando prever o que os outros vão achar e falar a seu respeito, você abre mão do seu poder.

No lugar de pensar excessivamente em cada uma de suas ações, por que não deixar as pessoas acharem o que quiserem? É transformador livrar-se desse fardo. Lembre-se da lei fundamental da natureza humana: não se pode controlar o que outro adulto diz, faz ou pensa. Tente e se arrependerá. Quanto mais deixamos os outros acharem o que quiserem, melhor será nossa vida.

E se você desse permissão a si mesmo para viver a própria vida e desse permissão às outras pessoas para pensarem o que quiserem? E se investisse seu tempo e sua energia em seus passatempos, seus hábitos, sua felicidade?

Que mudança você faria se não temesse ser julgado? Qual desejo tem medo de admitir? Sobre qual crença evita se expressar mais? O que tem medo de tentar por nunca ter feito antes? Que desafio, competição ou aventura você secretamente deseja? O que gostaria que acontecesse no trabalho, mas tem medo de pedir? Que conversa você vem evitando? Que foto vem esperando para postar?

A última pergunta é uma das que mais me atinge.

Bem-vindo a seu maior obstáculo na vida

Dez anos atrás, eu estava começando como palestrante motivacional. Era nova nessa área. E, assim como acontece em muitos negócios, no início eu não recebia para fazer isso. Para tentar entrar no mercado, eu procurava pequenas conferências femininas e me oferecia para palestrar de graça.

Se você está começando a empreender, fazendo algo para ganhar uma renda extra ou tentando ganhar dinheiro com as redes sociais, você provavelmente está balançando a cabeça em concordância com isso, porque, no início, costumamos trabalhar muito com retorno zero.

Eu estava frustrada, pois um ano havia se passado, eu estava ficando melhor no palco e o público estava crescendo, mas minha conta bancária continuava encolhendo. Por quê? Porque eu trabalhava em tempo integral durante a semana e fazia palestras de graça nos fins de semana.

E, como escrevi na Introdução, durante esse período meu marido e eu tínhamos uma grande dívida financeira, então eu estava muito motivada a descobrir como ganhar dinheiro dando palestras.

Pedi a alguns oradores mais experientes conselhos sobre como começar a receber por esse trabalho, e recomendo que você faça isso em qualquer negócio, iniciativa ou atividade de renda extra que sonhe iniciar.

Toda área tem uma fórmula a ser seguida. Digo isso porque uma das crenças às quais as pessoas se agarram é a de que precisam ser diferentes. Essa é uma maneira elaborada de falar que você está com medo de que as outras pessoas pensem que você as copiou. É um exemplo de como seu medo do que os outros podem achar o impede de seguir o caminho mais óbvio, fácil e comprovado para o sucesso.

Deixa pra lá. Tudo bem se as pessoas pensarem que você as copiou. Porque copiou mesmo. E elas copiaram outras pessoas. As fórmulas existem porque funcionam. Seu negócio será único porque você entrará na jogada. Não tente reinventar a roda. Siga a receita e use-a em seu benefício.

E foi exatamente isso que os palestrantes experientes me disseram. Todo mundo que é bem-sucedido nesse trabalho faz três coisas. E você só está realmente inserido na área quando começa a colocar essas dicas em prática.

Eis o que eles falaram para mim:

1. Crie um site simples com fotos suas no palco, uma descrição do tema central e as principais conclusões.

2. Consiga depoimentos de quem promoveu os eventos dos quais você já participou e publique esses relatos em seu site.

E o mais importante:

3. Comece a postar sobre as palestras. Faça das redes sociais sua plataforma de marketing. Publique fotos dos eventos e com seus idealizadores. Poste conteúdo relacionado às apresentações. A rede social é como as pessoas encontram você. Ela demonstra que você faz parte desse meio. É o que levará as pessoas a seu site, para que possam contratar você.

Essa é a fórmula. Siga-a, e você começará a receber por esse trabalho. Munida desse conselho, eu sabia exatamente o que precisava fazer. As apostas eram muito altas. Eu precisava de dinheiro para pagar as dívidas da minha família. E sabia exatamente o que deveria ser feito.

Mas segui a fórmula? Não para valer. Sim, criei um site. E, sim, pedi depoimentos e os coloquei lá. Mas postei nas redes sociais? Não.

Na época, minha conta era pessoal. Estava recheada de fotografias dos meus filhos, viagens em família e selfies com amigos. Todos os meus seguidores eram amigos, ex-colegas de turma e familiares. Eu nunca tinha postado nada sobre meu desejo de ser palestrante motivacional ou o fato de que fazia isso de graça havia um ano.

E, se você já quis usar as redes sociais para lançar um negócio, promover um novo aspecto de sua vida ou compartilhar sua arte, sabe como é difícil olhar para sua conta, que só tem fotos de sua vida pessoal, e tomar a decisão de transformá-la em um canal de marketing.

Eu levei *dois anos* para começar a publicar sobre meu negócio nas redes sociais. Por quê?

"Porque tinha medo do que as pessoas iam pensar."

De quem você tinha medo, Mel? Dos meus amigos.

Eu temia que as pessoas me julgassem, se parasse de postar fotos dos meus filhos, dos churrascos e das festas de família, para começar a postar fotos de mim mesma palestrando em conferências.

Quem ela pensa que é? Quem em sã consciência a contrataria para palestrar? O que ela tem a dizer? Que cara de pau!

Eu tentava postar. Até analisava fotos dos eventos e selecionava uma ou duas. Então sentia medo. Enquanto escrevia a legenda, começava a me preocupar com as opiniões negativas que receberia. *Isso soa muito arrogante? A legenda é suficientemente profissional? Se eu publicar isso, as pessoas deixarão de me seguir? Meus amigos pensarão que estou me achando? Será que devo ter uma conta profissional separada?*

Então eu me convencia de que não valia a pena postar. Você quer saber por quê? Porque eu gastava tanta energia tentando criar a legenda mais perfeita e atraente possível — algo que pudesse tanto me promover quanto garantir que ninguém teria um pensamento negativo a meu respeito —, que ficava exaurida.

Criei centenas de posts. E eles ficaram lá, durante anos, nos rascunhos... Quando eu tinha um ímpeto de autoconfiança para publicar, deixava no ar por cinco minutos e conferia as interações obsessivamente; se não houvesse tantas curtidas quanto eu queria ou se os comentários não fossem tão positivos quanto eu esperava, eu apagava.

Por anos, esse medo bobo me impediu de fazer marketing para meu negócio, algo que eu queria transformar em carreira. Dei à opinião alheia mais peso e importância do que à minha própria habilidade de subir na vida. Isso, sim, é abrir mão do poder.

E, quando olho para trás, isso me entristece.

Eu deixei de fazer coisas que teriam me ajudado a atingir meus objetivos, ganhar mais dinheiro, pagar minhas dívidas, comprar coisas boas para meus filhos e ter clientes muito mais rápido. Não é bobo? Claro que é. E, mesmo assim, tenho certeza de que você sente o mesmo medo quando pensa em se expor.

Independentemente de ser seu negócio, sua arte, sua música, seus vídeos ou uma foto sua em traje de banho: se você se censura, é porque tem medo da opinião alheia. É por isso que você disfarça a acne e insiste em mostrar "seu lado bom" em todas as fotografias. E é por essa razão que não fala durante as reuniões. Na internet, você tem medo de como vai parecer e, no trabalho, de como vai soar. Você fica receoso do que as pessoas vão pensar se virem seu eu verdadeiro.

Todas as vezes em que edita aquele post, fica em silêncio na aula ou no trabalho e se esconde no fundo da foto em grupo, você está se rejeitando. Está dizendo que não é bom o bastante. Constantemente questionar, editar, apagar, analisar e perguntar "Acha que está bom assim?" amplia suas dúvidas sobre si mesmo. Quer saber a parte mais maluca? Você está fazendo isso consigo mesmo. Eu também já fiz.

A maioria dos conselhos sobre esse assunto é ruim. As pessoas lhe dizem para "parar de se importar" com o que os outros pensam. Mas ninguém ensina como. Está na hora de uma nova abordagem. Usando a Teoria Let Them, você vai adotar uma estratégia revolucionária para destruir esse medo de uma vez por todas: dar às pessoas a liberdade de terem pensamentos negativos a seu respeito.

Trata-se de uma ideia radicalmente bela que vai destravar sua autoconfiança, libertará sua autoexpressão e o impulsionará para um novo capítulo da vida. Dê às pessoas a liberdade de pensarem algo negativo a seu respeito.

Deixa pra lá não apenas funciona, como também é baseado em ciência.

Você não tem controle algum sobre a opinião alheia a seu respeito

O fato é que é impossível controlar os pensamentos dos outros. Consequentemente, temer ou tentar controlar o que as pessoas acham é um desperdício de tempo.

Você só estará no controle de sua vida, de seus sentimentos, pensamentos e de suas ações quando deixar de ser consumido pelo que as outras pessoas pensam a seu respeito, quando parar de tentar controlar isso.

Vou repetir: adultos terão opiniões negativas a seu respeito, não importa o que você faça. Por quê? Porque adultos podem pensar o que quiserem.

É física e neurologicamente impossível controlar o que outra pessoa pensa. O ser humano médio tem cerca de 70 mil pensamentos ao dia. A maioria é aleatória e não pode ser controlada. Por isso, é ridículo gastar energia preocupando-se ou tentando mudar o que as outras pessoas pensam.

Você não consegue controlar nem os pensamentos que surgem em sua própria mente. Por que acha que pode controlar os que surgem na mente alheia? Você não pode. É cientificamente impossível. E por isso a Teoria Let Them é tão revolucionária.

Em vez de temer as opiniões das outras pessoas, você passa a permitir que elas pensem o que quiserem. Na verdade, recomendo partir do pressuposto de que as pessoas vão ter pensamentos negativos a seu respeito. Porque elas vão.

Isso é normal.

Aliás, até pessoas que amam você pensarão coisas ruins a seu respeito... todos os dias! Eu penso, todos os dias! Isso é normal. Vou dar alguns exemplos.

Quando acorda, meu marido costuma soltar um grande pum. Meu primeiro pensamento é: *Você é nojento*. Eu amo Chris mais que qualquer outro ser humano no planeta. Mas tenho opiniões e pensamentos negativos sobre ele o tempo todo.

O mesmo acontece com um dos meus cachorros. Às cinco da tarde, Homie fica muito irritante porque sabe que está na hora do jantar. Ele me segue, começa a ofegar, pula em cima de mim, aí você já imagina o que vou pensar: *Ele é um grande pé no saco e precisa me deixar em paz.* Mesmo assim, eu o amo.

Minha filha mais velha, Sawyer, com quem escrevi este livro, é fanática por controle e, quando as coisas não saem perfeitas, fica autoritária e muito exaltada. Ela entra em uma espiral obsessiva de limpeza que estressa todo mundo. Mesmo assim, eu a amo.

Todas as vezes em que minha filha do meio, Kendall, faz uma chamada de vídeo de Los Angeles, ela parece estar usando um look novo. Eu a acho meio irresponsável com dinheiro e penso que gasta muito com roupas. Mesmo assim, eu a amo.

E nosso filho, Oakley, é literalmente perfeito! Brincadeira. Na primeira hora após acordar, ele se recusa a fazer contato visual ou conversar com qualquer um. Acho isso muito desagradável. Mesmo assim, eu o amo.

Inclusive, pedi que meus filhos escolhessem alguns adjetivos para descrever o que pensam de mim. Eles disseram: bagunceira, desorganizada, barulhenta, simpática até demais, invasiva, controladora, sempre atrasada, sabichona — e ainda têm muito a dizer sobre o quanto de nossa vida familiar compartilho na internet. Mesmo assim, eles me amam. (Sawyer também quer registrar que escrever este livro comigo quase a fez cortar nossa relação de mãe e filha por conta do número de vezes em que eu quis recomeçar — para você ter uma ideia, esta é a décima primeira versão do manuscrito.)

Por que estou contando tudo isso? Porque todo mundo tem críticas a fazer a respeito das pessoas que ama, assim como a respeito de desconhecidos. É a vida.

Apenas aceite. Em vez de tentar mudar a realidade, comece a usar isso a seu favor. *Deixa pra lá.*

E aqui vai outra verdade: só porque alguém tem uma percepção negativa a seu respeito, não significa que não goste um pouco de você.

Eu posso ter um pensamento ruim sobre meu marido e mesmo assim amá-lo e tratá-lo com respeito e gentileza, porque duas coisas podem ser verdadeiras ao mesmo tempo. É possível ficar irritado com a maneira como alguém está agindo e, mesmo assim, amar essa pessoa até o fim da vida.

É assim que você se sente a respeito de quem ama! Você pensa que aquele seu amigo é uma má influência. Que um outro está tendo uma reação exagerada em relação a algo. Que o namorado da sua amiga a trata mal. Que aquela ideia de negócio não vai dar certo. Que seus amigos são autocentrados. Mesmo assim, você os ama. É simples: adultos terão opiniões negativas a seu respeito e sobre tudo o que você faz. *Deixa pra lá*. Que eles julguem. Que reajam como quiserem. Que duvidem de você. Permita que questionem suas decisões. Que estejam errados a seu respeito. Que revirem os olhos quando você começar a postar vídeos ou quiser reescrever o manuscrito pela décima segunda vez. *Deixa pra lá*.

Em vez de desperdiçar tempo se preocupando com eles, comece a viver de uma maneira que faça você sentir orgulho de si mesmo. Deixe pra lá e, depois, cuide disso. Eu que faça o que quiser com minha preciosa, única e selvagem vida.

Essa atitude é libertadora porque, neste exato momento, você está vivendo e tomando decisões enquanto tenta prever o que todo mundo vai pensar. Quando permite que o medo do que os outros vão achar dite suas escolhas, você limita seu potencial e deixa de ir atrás do que realmente quer.

É por isso que você procrastina, duvida de si mesmo, fica paralisado pelo perfeccionismo e, mais importante, acorda todos os dias e evita fazer o que o ajudaria a avançar.

Você tem tanto medo do julgamento que não corre nenhum risco. Não é disso que você tem medo? De ser julgado?

De se divorciar, sair do ramo imobiliário, voltar a estudar, cortar o cabelo ou não conseguir entrar no time de futebol e todo mundo ter uma opinião a respeito? É claro que as pessoas vão ter. E daí?

Esse medo bobo o está impedindo de tentar novas coisas, correr riscos, ser você mesmo e iniciar aquelas pequenas ações que, com o tempo, vão mudar sua vida. Que coisa mais triste!

A Teoria Let Them o ajudará a ser mais corajoso. Não parece mais inteligente aceitar a realidade e dar às pessoas a liberdade de julgar?

Não podemos controlar o que os outros pensam, então não há razão para temer isso — ou permitir que seja algo que nos impeça de agir. Nosso tempo é muito valioso, porque temos coisas importantes a fazer com nossa preciosa, única e selvagem vida.

A partir de hoje, você concederá às pessoas a liberdade de terem pensamentos negativos a seu respeito. *Deixa pra lá.*

"Mas eu não quero que as pessoas tenham pensamentos negativos a meu respeito."

Eu sei o que você está pensando: *Mas eu não quero que as pessoas pensem mal de mim, Mel.* Eu sei que não. Eu também não queria. Mas o medo do que as outras pessoas *podem* pensar é uma grande fonte de dúvida a nosso próprio respeito.

Não sou bom o bastante. (Para quem?)

Não sou inteligente. (Para quem?)

Eles vão ficar chateados comigo. (Quem?)

Meus pais não vão aprovar. (E daí?)

Se eu fizer isso, ninguém vai gostar de mim. (Quem é esse ninguém?)

O que meus amigos vão pensar? (O que quiserem.)

Isso vai causar uma má impressão a meu respeito? (Em quem?)

Esses são medos comuns ligados a outras pessoas. É por isso que vou repetir a mesma coisa várias vezes: adultos terão opiniões negativas sobre você, sua roupa, aquilo que você acabou de dizer, o que fez na semana passada e o que ainda quer fazer.

Deixa pra lá.

As pessoas têm liberdade para pensar o que quiserem. Assim como você. É por isso que a Teoria Let Them vai libertar você. Em vez de viver sua vida na defensiva, você partirá para a ofensiva. Você vai jogar o jogo como quer. *Deixa pra lá*: que pensem o que quiserem. E *deixe comigo*: vou me permitir fazer o que quero.

Eis outra verdade: você é muito mais forte do que as opiniões alheias. Pare de entregar seu poder aos outros e desbloqueie seu potencial.

Deixa comigo. Sou eu que tenho que viver de uma maneira que me deixe orgulhoso. Eu é que devo tomar decisões que se alinhem com meus valores. Eu é que tenho que correr riscos quando quiser. Eu é que tenho que ouvir meu coração e seguir o caminho indicado por ele.

Fazer aquilo que o deixa feliz, ser corajoso, correr riscos e seguir sua própria trajetória sempre será mais importante que a opinião alheia. É a *sua* vida. Pare de deixar que o que os outros pensam tire a graça da sua vida.

Escreva o livro. Convide aquela pessoa para sair. Use a roupa que quiser. Passe o dia surfando. Retome os estudos. Deixe de lado os estudos. Mude-se para outro lugar. Adote um cachorro. Marque aquela viagem. Pare de beber. Aceite sua sexualidade. Siga aquele caminho que o assusta.

Quanto mais usar a Teoria Let Them, mais você perceberá que, por trás de todo aquele medo, seu coração estava tentando conduzir você na direção que lhe está destinada.

Todas as vezes em que diz *deixa pra lá*, você se livra do ruído e das distrações superficiais, abrindo espaço para algo mais profundo: sua voz, sua intuição, sua verdade e sua jornada única.

Tudo isso sempre esteve lá. Só estava soterrado sob todo aquele medo.

Ao usar a teoria para se libertar do fardo das opiniões alheias, você começará a viver tendo como bússola seus valores, suas necessidades e seus objetivos. Em vez de tentar prever o que outras pessoas podem pensar, vai levar a vida de uma maneira que o fará ter orgulho de si mesmo.

E esse é o segredo. Quando sente orgulho de si mesmo, *você* detém todo o poder.

Tome decisões que deixem *você* orgulhoso

Isso me leva a uma questão muito importante sobre priorizar as próprias necessidades enquanto mantém relacionamentos solidários e amorosos. O objetivo aqui não é viver como uma pessoa egoísta ou narcisista, que não se importa com ninguém. A ideia é aprender a colocar suas necessidades em primeiro lugar, equilibrando o que funciona para você e as expectativas e os sentimentos dos outros. Na vida, ninguém quer ser capacho, mas também não quer ser um trator que sai passando por cima de todo mundo. É preciso equilíbrio.

Digamos que seu fim de semana será terrivelmente corrido. De um lado, uma amiga próxima vai completar uma idade marcante, e o aniversário será um daqueles momentos realmente divertidos, nos quais os amigos se reúnem para celebrar.

Para você, isso significa dirigir quatro horas para chegar ao local da festa. E você sabe que a decisão certa é estar presente. Por outro lado, você prometeu a seus pais, meses antes, que iria até a casa deles no fim de semana em questão, porque seus avós estarão lá.

Você quer fazer as duas coisas.

Quer ser uma boa amiga, uma boa filha e uma boa neta, então move mundos e fundos para dirigir quatro horas até a cidade, a fim de participar da festa da sua amiga na noite de sexta-feira.

E fica feliz por ter feito isso.

Você vai dormir tarde, depois de rir com seus amigos, beber uma garrafa de vinho e se divertir horrores. Na manhã seguinte, acorda às 7 horas. Sai da cama, veste o moletom, deixa um bilhete dizendo que sente muito por não poder ficar mais, e pega a estrada novamente, dirigindo outras quatro horas até a casa dos seus pais para passar o restante do fim de semana com seus avós.

Enquanto está na estrada, sente-se orgulhosa de si mesma por ter feito esse esforço. Mal sabe você (só descobrirá mais tarde) que a aniversariante ficou chateada por você ter ido embora mais cedo, e disse: "Não sei por que ela se deu ao trabalho de vir, se só passaria uma noite."

Deixa pra lá.

Quatro horas depois, você chega à casa dos seus pais, muito cansada e meio de ressaca. Sai do carro e abraça sua avó, que está tão feliz em vê-la, que os olhos dela se enchem de lágrimas.

Então você abraça sua mãe, que sussurra em seu ouvido:

— Sua avó ficou muito chateada por você não estar aqui quando ela chegou ontem à noite. — E acrescenta: — Vamos sair para almoçar em dez minutos. Você precisa trocar de roupa.

Deixa pra lá.

Estou contando essa história para provar duas coisas. Primeiro: mesmo quando você se esforça ao máximo e tenta agradar todo mundo e fazer as coisas funcionarem, isso *não* garante que as outras pessoas terão pensamentos positivos. *Deixa pra lá.*

Segundo — e mais importante —, não seja aquele que se esforça ao máximo para agradar todo mundo. Eu costumava ser essa pessoa. E isso só me deixou esgotada, com a sensação de que nada do que eu fazia era suficiente.

Agora que conheço a Teoria Let Them, eu me esforço ao máximo para *me* fazer feliz. Vou explicar.

A razão para fazer um esforço hercúleo e comparecer tanto à festa de aniversário da sua amiga quanto à vinda dos seus avós é que isso faça *você* ter orgulho de si mesmo. Não vá à festa só para que a aniversariante ache que você é um bom amigo. Vá porque isso faz *você* se sentir um bom amigo.

Não vá ver seus avós porque isso deixa sua mãe feliz. Vá porque *você* fica feliz ao priorizar sua família.

Quando você age de uma maneira que o deixa orgulhoso de si mesmo, não importa o que as outras pessoas pensam. Elas ficarão zangadas por você ter saído mais cedo. Por ter chegado tarde. Alguém sempre ficará desapontado com as decisões que você tomar. Mas não permita que esse alguém seja você. E não deixe que a culpa determine suas decisões.

Quando visita seus pais porque se sente "culpado", você os transforma em vilões. Quando escolhe visitá-los porque ficaria chateado consigo mesmo se não fosse, você está no controle de suas decisões. Esse é um exemplo muito claro de como deixar de se preocupar com o que as outras pessoas pensam e permitir que seus próprios valores guiem suas decisões. Mas e aqueles momentos nos quais as opiniões, a sua e as dos outros, realmente entram em conflito? Como quando sua mãe não gosta da pessoa com quem você vai se casar? O que fazer?

Eu já passei por isso.

CAPÍTULO 6

Como amar pessoas difíceis

Em minha opinião, é mais fácil usar a Teoria Let Them com desconhecidos, colegas de trabalho e até amigos, porque dá para se distanciar um pouco dessas pessoas. É possível ir para o quarto e fechar a porta. Voltar para casa depois do trabalho. Desembarcar do avião.

E, na maior parte das vezes, você nem sequer fica sabendo quando alguém pensa algo negativo a seu respeito. Mas e a família? Aí é diferente. Ela fica com você a vida inteira.

Familiares tendem a ser muito mais curtos e grossos: ficam zangados porque você não os visita nos feriados. Perguntam constantemente por que você ainda está solteiro. Acham que você arruinou a própria vida por ter largado os estudos. Odeiam seus amigos. Discordam da maneira como vive sua vida. Deixam claro que não gostam da pessoa que você está namorando. Não querem que você peça demissão para começar seu próprio negócio. Gostariam que você cuidasse melhor de si mesmo e deixam isso muito claro.

Familiares tendem a ser muito mais inflexíveis porque se importam com sua felicidade e seu sucesso. Quando se importam, com frequência demonstram isso fazendo pressão. Quando não gostam dos seus amigos, acham que você está no caminho errado ou desejam que você se cuide melhor, eles comunicam isso claramente.

Na maioria das vezes, é assim que mostram que se importam. Eles querem mais: querem que você seja feliz e veem todo o potencial que está sendo desperdiçado. No entanto, é muito fácil ultrapassar o limite entre cuidado e controle.

Seus familiares têm opiniões a seu respeito desde que você nasceu. São as pessoas que o conhecem há mais tempo. Sentem-se no direito de opinar porque acham que sabem o que é melhor para você. (E que, normalmente, também é o melhor para eles.)

Além disso, têm expectativas uns em relação aos outros e têm expectativas sobre como a família deveria funcionar. Como todos se conhecem há muito tempo, os relacionamentos familiares são mais profundos que os demais e formam um sistema interconectado. Isso também explica por que sua família tende a reagir de modo mais dramático a qualquer mudança que você faça — porque você é parte do sistema familiar. Qualquer mudança em sua vida criará ondas positivas ou negativas em todo o sistema.

Saber que as pessoas terão certas reações porque você faz parte de uma rede interligada de relacionamentos que existe há gerações pode ajudá-lo a lidar melhor com a situação.

Não estou dizendo que essas expectativas ou esse sistema sejam justos. Mas sim que essa é a realidade. E descobri que entender o contexto mais amplo me ajuda a permanecer no controle de como me mostro à minha família.

Por exemplo, caso você decida se divorciar, não seguir as mesmas tradições, casar-se com alguém de outra religião, escolher uma carreira diferente ou tiver posicionamentos políticos que destoam dos deles, essas atitudes causarão um choque em todo o sistema familiar, porque vão contrariar as expectativas e as crenças de todos em relação a quem você é e a como deveria viver sua vida.

Não existe situação que deixe isso mais evidente do que quando a dinâmica de enteados e padrastos se soma à rede familiar. Trata-se de um grande choque para esse sistema, e isso pode fortalecê-lo ou destruí-lo. Quando novos membros entram na família, todas as expectativas sobre seu funcionamento saem pela janela. A mudança pode ser realmente difícil de aceitar. Em especial para as crianças, que muitas vezes são forçadas a concordar com a transformação e agir como parte de uma grande e feliz família recomposta.

A Teoria Let Them vai ser um divisor de águas, ajudando-o a lidar com seu papel como padrasto ou madrasta. Como adulto, é sua responsabilidade permitir que os enteados lamentem a situação. Permita que eles vejam você (e seus filhos) como ameaça porque, por melhores que sejam suas intenções, você é uma ameaça. Eles precisam competir com você pelo tempo da mãe ou do pai. É verdade. Eles estão buscando controlar a situação, assim como você. Deixe que sintam tais emoções. Deixe que passem tempo sozinhos com a mãe ou o pai. Deixe que não gostem de você.

Nunca esqueça que os enteados, em particular, precisam de sua compreensão e compaixão. Eles não estão somente aprendendo a aceitar um novo adulto na vida; também estão lamentando a perda da família que idealizaram. Isso é *muito comum*.

Isso também vale para situações envolvendo enteados adultos. Se você está entrando na família como segundo ou terceiro marido ou esposa ou como nova namorada ou novo namorado de alguém que acabou de ficar viúvo, em um primeiro momento os filhos podem ficar empolgados, mas também preocupados. E deveriam mesmo. Todo mundo já leu matérias sobre amores maduros nos quais, subitamente, a história familiar é esquecida e o testamento é alterado. A casa agora está em seu nome, você tem uma procuração, e tudo o que os filhos esperavam que acontecesse — e as promessas que fizeram à mãe ou ao pai em seu leito de morte — está evaporando.

É aqui que você precisa da Teoria Let Them, para permitir que eles se sintam apreensivos e se esforçar para amenizar esses medos. Porque, se você se mostrar ofendido ou tentar controlar a situação, o relacionamento ficará tenso, e cada um vai escolher um lado. Não estou dizendo que isso é justo, mas é a realidade. Mas também há boas notícias. É possível alterar essa dinâmica com base na maneira como nos mostramos.

Entender o contexto mais amplo e reconhecer que esses medos são totalmente comuns vai ajudar você a focar a parte do *deixa comigo* e agir com mais empatia, sabedoria e compaixão. Quanto mais empatia e gentileza você demonstrar, mais oportunidades vai criar para que essa dinâmica se transforme. Quanto mais aberto e amoroso for com seus enteados adultos, mais abertos e amorosos eles serão com você... em algum momento. Quanto mais entender os medos deles, menor será a probabilidade de que desperte neles esses medos.

As relações entre enteados e padrastos/madrastas são difíceis. Não há nada suave em relação a elas. Mas, com a ajuda da Teoria Let Them e da ferramenta específica sobre a qual você vai aprender neste capítulo, elas também têm o potencial de ser muito mais belas.

Certa vez, ouvi um terapeuta dizer, durante uma conferência: "Se não fosse pelas famílias, eu não teria trabalho." Seus familiares têm direito à opinião deles, mas isso é diferente de rejeitar seu direito de viver a própria vida, de ser você mesmo e de amar quem quiser. Se as opiniões deles estão ou não corretas não é a questão. A questão é como você responde a isso.

Então, o que acontece quando os entes queridos não concordam com sua maneira de viver ou com a pessoa que você é? Sei bem como é. Sabe o que você vai fazer? *Deixar pra lá.*

Não tente mudar a opinião deles. Dê a eles a liberdade de pensar como quiserem. Não importa se são seus enteados, sua cunhada, sua avó ou seu irmão, eles podem pensar o que quiserem. E podem até não gostar da pessoa que você ama. Então, primeiro pratique o *deixa pra lá*. E depois o *deixa comigo* para escolher como reagir.

Ponto de vista

Minha amiga Lisa Bilyeu, autora de best-sellers, apresentadora do podcast *Women of Impact* e cofundadora da empresa avaliada em bilhões Quest Nutrition, compartilhou comigo o conceito do ponto de vista.

Trata-se de uma ferramenta que ajuda você a lidar com situações nas quais alguém desaprova quem você é, quem ama, no que acredita ou como vive sua vida.

Eu já passei por isso, e talvez você também já tenha passado.

O público do meu podcast foi à loucura com o conceito do ponto de vista quando Lisa o apresentou como um recurso que a ajudou em seus relacionamentos. "Ponto de vista" é uma maneira bonita de dizer "compreensão das lentes através das quais alguém vê as coisas" e funciona muito bem com a Teoria Let Them.

Darei um exemplo. Quando conheci Chris, fiquei encantada e profundamente apaixonada. Quando ele me pediu em casamento, fiquei nas nuvens. Na época, lembro que minha mãe não pareceu tão empolgada quanto eu esperava.

Tentei conversar com ela, dizendo que queria que ficasse feliz por mim e pedindo que agisse como se tivesse escolhido Chris para mim. Minha mãe respondeu:

— Mas não escolhi, e, se dependesse de mim, você não ficaria com ele, então não vou agir como se eu o tivesse escolhido.

Na época, fiquei tão furiosa que me senti desnorteada. Não queria excluir minha própria mãe da minha vida, mas não fazia ideia de como lidar com a situação. Lá estava eu, perdidamente apaixonada por alguém que eu sabia ser minha alma gêmea, e minha mãe dizendo que jamais o teria escolhido para mim e se recusando a ficar feliz com a notícia do meu casamento.

Eu me casei com Chris, mas durante anos senti a tensão na dinâmica com minha mãe. Foi difícil esquecer as palavras dela. E eu não sabia como superá-las. Com o tempo, isso se dissipou, e hoje, trinta anos depois, minha mãe adora o Chris. Ela costuma brincar dizendo que ele é seu genro favorito, sendo que é o único que ela tem.

Como lidei com essa situação? Foi apenas recentemente, usando a Teoria Let Them e a ferramenta do ponto de vista que entendi, de verdade, por que ela se sentiu daquela maneira. Essa compreensão revolucionou não só o relacionamento com minha mãe, mas também minha habilidade de reservar um espaço para ela quando discordo de suas opiniões.

Se me colocasse em seu lugar, sabendo o que sei da história de vida dela, eu tampouco escolheria Chris para mim. Por quê? Porque ele é da Costa Leste dos Estados Unidos, e ao me casar com ele provavelmente me mudaria para lá, não voltaria para o Michigan nem viveria perto dos meus pais.

O ponto de vista da minha mãe é que, quando saiu de casa e conheceu meu pai, nunca mais voltou. Ela deixou a fazenda onde cresceu, no estado de Nova York, quando tinha 17 anos, para fazer faculdade no Kansas. Conheceu meu pai e os dois se apaixonaram. Aos 20 anos, já havia feito dois anos de graduação, estava casada e era mãe. Meu pai estava começando a faculdade de medicina.

Não foi o que eles tinham planejado, mas foi como aconteceu. Na verdade, quando meus avós paternos descobriram que minha mãe estava grávida, minha avó disse: "Espero que você não tenha arruinado a vida do meu filho."

Consegue imaginar? Quando penso em como eles eram jovens e em como viviam no Kansas, sem família por perto, fico muito triste.

Essa foi a experiência da minha mãe, e ela formou um ponto de vista sobre começar uma família longe dos pais e não ter ninguém próximo para ajudar.

Eles se estabeleceram no Michigan depois que meu pai terminou a residência, e na infância eu raramente via meus avós ou o restante da família, porque eles moravam muito longe. Éramos somente minha mãe, meu pai, meu irmão e eu. Nossa pequena família, quatro pessoas contra o mundo.

Então, quando saí de casa para fazer faculdade na Costa Leste, isso deve ter gerado nela o medo de que eu não voltasse. E, quando conheci Chris em Nova York e ele também era daquela região, isso solidificou em minha mãe o medo de que eu começaria a vida longe dela e jamais retornaria à nossa cidadezinha no Meio-Oeste.

E foi exatamente o que aconteceu. O maior medo da minha mãe se tornou realidade. De acordo com o ponto de vista dela, a história se repetiria. Eu me mudaria para longe, conheceria alguém e jamais voltaria.

E ela estava certa. Não tenho dúvidas de que ela queria que eu me casasse com alguém do Michigan e ficasse perto dela. Trinta anos antes, quando conheci Chris, não pensei no ponto de vista da minha mãe. Só fiquei ofendida e zangada, concluindo que ela "não me apoiava".

Hoje, percebo que ela me apoiava, sim — só estava com medo de perder a filha. Ela me amava e não queria que eu morasse tão distante. Usando a Teoria Let Them, hoje posso dar a ela a liberdade de desejar que minha vida tivesse seguido outro caminho e posso entender de onde vem esse desejo.

Também compreendo como deve ser difícil ver a filha se casar com alguém que a levará para longe. Eu tampouco escolheria alguém assim para meus filhos.

Eu não gostaria que Sawyer se casasse com um europeu e fosse morar em Paris. Digo, se isso fosse deixá-la feliz, ela deveria fazer isso. Mas seria minha escolha? Não. Pode parecer falta de apoio ou excesso de controle, mas tenho certeza de que qualquer mãe entende isso. E não estou dizendo isso para ser controladora. Estou dizendo, porque sei como me sinto. Minha opinião pode ser negativa, mas eu tenho direito de tê-la. E tenho certeza de que minha filha veria isso como falta de apoio.

O mesmo vale para minha outra filha, Kendall. Ela mora em Los Angeles, e poderia muito bem conhecer alguém que está na Califórnia e escolher criar sua família por lá. Isso significaria que eu não veria Kendall e meus netos tanto quanto se eles morassem perto de mim.

Eu tenho direito a essa opinião, assim como Sawyer tem o direito de se mudar para Paris, e Kendall tem o direito de decidir criar sua família em Los Angeles.

Minha mãe também tem direito a pensar que não teria escolhido alguém da Costa Leste para mim. Fico feliz por isso não ter me impedido de me casar com Chris e de morar com nossa família onde queríamos.

Mas hoje sou grata à Teoria Let Them, pois também entendo profundamente minha mãe e entendo por que ela se sentiu relutante há trinta anos. Não era julgamento; era pesar. Ela não estava errada. Mas eu também não estava.

Na verdade, estávamos ambas certas. Porque temos pontos de vista diferentes.

Ver a situação através das lentes dela devolveu equilíbrio ao nosso relacionamento. Já não havia um conflito de poder, mas compreensão. Uma das razões pelas quais é tão desafiador lidar com esses acontecimentos é o fato de ambas as partes acreditarem ter razão. A partir de suas experiências, de seus pontos de vista, todos os envolvidos acreditam que a própria opinião é a correta.

Com a Teoria Let Them, há espaço para as duas estarem corretas. Há espaço para uma conexão mais profunda e para compreensão, aceitação, honestidade e amor.

Uma pessoa precisa ser extraordinariamente madura para conseguir se distanciar de suas emoções e se colocar no lugar da outra. É difícil entender que alguém pode amar você e ter opiniões profundamente dolorosas e, às vezes, até preconceituosas.

Quando isso acontece, o jeito como você reage é uma escolha muito pessoal. Não posso dizer o que fazer se alguém em sua família julgar você. O que posso é dar ferramentas para você determinar como responder à situação.

Deseja que essa pessoa permaneça em sua vida? Em caso afirmativo, a Teoria Let Them possibilitará isso. O que descobri, a partir da minha própria experiência, das pesquisas para este livro e de muitas outras histórias, é que, quando permitimos que as pessoas cheguem às próprias conclusões — e mantemos o foco em nos mostrar de maneira amorosa e compassiva —, elas frequentemente mudam de opinião (embora leve algum tempo).

Assim, por mais difícil que seja, deixe que as pessoas tenham as próprias percepções e concentre-se em como vai reagir a isso. O que eu mais gosto na ideia de conhecer o ponto de vista de alguém é que entender as razões dessa pessoa pode não mudar nem suas opiniões, nem as dela, mas aprofunda a conexão entre vocês.

Isso abre a possibilidade de duas coisas serem verdadeiras ao mesmo tempo, e é aí que o amor pode existir. E, acredite, eu entendo: é fácil ficar irritado ou ofendido com seus pais. É fácil culpá-los.

Também é fácil ficar frustrado e irritado com as dinâmicas entre você e seus irmãos, pais divorciados, sogros, padrastos ou filhos adultos. É fácil escolher não entender a perspectiva deles.

Você precisa decidir se irá aceitar as pessoas como elas são (especialmente sua família) ou se irá criar a distância da qual necessita. Basta que uma pessoa modifique a maneira como se mostra à família, para todo o sistema mudar para melhor. Essa pessoa é você.

Estou falando sério. Você é muito mais poderoso do que imagina. Digo isso por conta do que aprendi com três extraordinários psicólogos clínicos e psiquiatras: Dr. Gabor Maté, Dra. Nicole LePera e Dr. Paul Conti — todos convidados do *Mel Robbins Podcast*. Os livros, as palestras, os vídeos, os posts e as pesquisas deles mudaram meu jeito de enxergar cura interna e me mostraram que tornar-se uma versão melhor de si mesmo transforma todos os aspectos de sua vida e todos os seus relacionamentos. É por isso que amo tanto a Teoria Let Them. Ao aprender a focar o que é possível controlar — pensamentos, ações, energia, cura —, você libera o poder de transformar não só a si mesmo, mas o mundo à sua volta. Tudo começa com você. Esse é o tamanho do seu poder. Todas as vezes em que você melhora, todos os seus relacionamentos também melhoram. E isso é particularmente verdadeiro em relação à família. Senti o impacto na minha. As coisas que costumavam me incomodar já não me estressam. Eu não me permito ser sugada para os dramas. E permaneço muito focada em como me mostro e em como vivo de uma maneira que me deixe orgulhosa.

Uma das coisas que estabeleci para mim mesma é que acho importante ter um relacionamento próximo com minha família. E não quero desperdiçar meu tempo e minha energia me estressando ou tentando controlar situações sobre as quais não tenho controle.

Porque a verdade é que temos um tempo limitado com as pessoas que amamos. Em algum momento, você vai perceber que seus pais não ficarão aqui para sempre e que esta também é a primeira vez deles como seres humanos.

As pessoas só conseguem conhecer você no nível o qual conhecem a si mesmas. E a maioria não fez terapia, não investigou as próprias questões e nem quer fazer isso.

Deixa pra lá. Permita que seus pais sejam menos do que você merece. Permita que sua vida familiar não seja um conto de fadas. Eles estão fazendo o melhor que podem com os recursos e as experiências que têm. Agora é possível escolher o que acontecerá daqui para a frente.

Não estou dizendo isso para justificar qualquer tipo de coisa ruim. Não estou dizendo que você não merece algo melhor. Todo mundo merece sentir-se visto, apoiado e amado, em especial pela família.

Mas o fato é que grande parte dos seres humanos nunca se deu ao trabalho de se entender, se curar do passado ou lidar com as próprias emoções. Se eles não fizeram isso por si mesmos, serão incapazes de fazer por você e de se mostrar do modo como você merece.

Deixa pra lá. Ao reconhecer isso, você tem uma escolha. Permita que sua família seja como ela é. Seu pai, sua mãe, seus irmãos e seus sogros não vão mudar. A única pessoa que você pode fazê-lo é você mesmo.

Ao praticar essa parte da teoria, você verá seus familiares como realmente são, talvez pela primeira vez. Eles são humanos. Você não tem controle sobre o que já aconteceu. Não tem controle sobre quem eles são. Só é possível controlar o que será feito daqui em diante.

Aceitar a realidade de sua situação não significa render-se a ela, mas retomar seu poder de modelar o futuro. Aprenda a deixar que adultos sejam adultos e aceite as pessoas como elas são. E então decida como tirar proveito disso. Prometo que suas dinâmicas familiares serão melhores.

Essa aceitação permite que você veja sua família com compaixão e, ainda mais importante, que você se veja como um indivíduo com seu próprio ponto de vida e com seu próprio caminho de vida.

Depois disso, você passa para a segunda parte: *deixa comigo*. Que eu descubra qual tipo de relacionamento quero criar, com base no tipo de pessoa que quero ser e nos valores que defendo.

Talvez isso signifique passar mais tempo com sua família não por se sentir culpado, mas por achar importante. Criar suas próprias tradições, mesmo que isso incomode seus familiares. Sempre fazer o esforço necessário, mesmo quando não é recíproco. Dizer "Eu te amo", "Eu te entendo" ou "Eu te perdoo" pela primeira vez.

Talvez isso signifique ter a conversa difícil que você vem evitando por medo das opiniões ou do julgamento alheio. Libertar-se da culpa e fazer algumas mudanças. Afastar-se, porque não está disposto a aceitar menos do que merece. Ou dar tudo de si enquanto ainda há tempo.

Então vamos resumir o que aprendemos sobre temer as opiniões alheias. Atualmente, você permite que suas emoções sejam controladas pelo medo do que os outros podem pensar. A Teoria Let Them o ensinou a parar de dar às opiniões alheias poder sobre sua vida, capacitando-o para viver de uma maneira que o deixe orgulhoso de si mesmo.

1. **Problema:** você está dando muito poder às opiniões alheias. Quando deixa que o medo do que as pessoas podem pensar dite suas escolhas, limita seu potencial e se impede de ir atrás do que realmente quer. Esse medo faz você procrastinar,

duvidar de si mesmo, ser paralisado pelo perfeccionismo e, ainda pior, desistir dos seus sonhos.

2. **Verdade:** as pessoas vão ter opiniões negativas a seu respeito, não importa o que você faça. Vai acontecer. *Deixa pra lá.* Não é algo possível de controlar. Permitir que as percepções dos outros o distraiam ou consumam é um desperdício de tempo e energia.

3. **Solução:** quando você permite que as pessoas pensem o que quiserem, isso lhe dá a liberdade de também fazer o que quiser. Quando alinha seus pensamentos e ações com seus valores, sente orgulho de si mesmo. E, quando sente orgulho de si mesmo, não se importa com o que os outros pensam.

Quando coloca em prática *deixar pra lá,* você toma a decisão de permitir que as outras pessoas tenham pensamentos negativos a seu respeito. E, dessa forma, concentra-se na única pessoa cuja opinião realmente importa: você mesmo.

Você tem uma única, selvagem e preciosa vida, então vá vivê-la de uma maneira que o deixe orgulhoso.

Lidando com as reações emocionais dos outros

CAPÍTULO 7

Quando adultos fazem birra

Agora vamos nos aprofundar para entender como você permite que as reações emocionais dos outros influenciem suas decisões.

A realidade é que adultos são tão emotivos quanto crianças, e não é sua responsabilidade administrar as reações deles. Quando deixa que a imaturidade emocional alheia dite suas escolhas, você fica em último lugar em sua própria vida.

Eu não tinha ideia do quanto isso era um problema, e você também não deve ter. Ao deixar-se levar pela culpa, ao não querer desapontar, ao preocupar-se com as reações alheias, ao achar que "agora não é a hora" e ao pisar em ovos por causa do humor de alguém, permitimos que os comportamentos e as reações dos outros drenem nossa energia.

Mas vai além disso. O comportamento passivo-agressivo, a culpabilização e as explosões emocionais dos outros estão guiando suas decisões. É por isso que você diz "sim" quando quer dizer "não". Que cede quando deveria se manter firme. Que acha tão difícil estabelecer limites. Que é extremamente cuidadoso quando certas pessoas estão tendo um dia ruim. Sim, pode parecer mais fácil simplesmente aceitar quando sua irmã joga a culpa em você, mas, a longo prazo, você perde uma parte essencial de si mesmo. Quando toda interação com sua namorada ou seu namorado deixa você emocionalmente exausto, pergunte-se: por que sou sempre eu que preciso me adaptar? Por que assumo a responsabilidade pela felicidade de outra pessoa, em detrimento da minha?

Você sempre virá por último se deixar que a imaturidade emocional alheia tenha poder sobre si mesmo. Em vez de aceitar o fardo da decepção, da raiva ou da culpabilização dos outros, aprenderá uma nova e libertadora atitude: deixar que reajam. *Deixa pra lá.*

Quando diz *deixa pra lá*, você dá às pessoas a oportunidade de sentirem as próprias emoções, sem que você precise consertá-las. Quando pratica o *deixa comigo*, faz o que é certo para si, mesmo que isso incomode alguém — e é assim que você assume a responsabilidade por sua própria vida.

Está na hora de parar de ser manipulado pela culpa, pela raiva ou pela decepção dos outros. As reações emocionais alheias não são sua responsabilidade. Aprendi isso com minha terapeuta, a Dra. Anne Davin, uma grande psicóloga e escritora, além da mulher mais inteligente que já conheci. Um dia, falei sobre estabelecer limites com um familiar particularmente difícil.

Não quero que essa pessoa me incomode. Mas ela tem o hábito de fazer com que toda situação seja sobre si. Aposto que em sua família há alguém assim. Você sabe que uma noite com esse indivíduo será inacreditavelmente exaustiva. Se ele não for o centro das atenções, dará um jeito de ser — de um jeito ou de outro.

"E se formos todos crianças de 8 anos?"

Eu estava conversando com Anne sobre isso, e ela falou algo que mudou tudo:

— Mel, a maioria dos adultos é uma criança de 8 anos em um corpo grande. Da próxima vez em que estiver com essa pessoa e se sentir provocada por algo que ela disser ou fizer, imagine uma versão dela no terceiro ano da escola. Porque você está descrevendo alguém com a maturidade emocional de uma criança de 8 anos. E, gostando ou não, muitos adultos são assim.

Sinceramente, o que ela disse fez muito sentido. É verdade. Grande parte das pessoas não sabe processar emoções de maneira saudável, muito menos comunicar suas necessidades de forma direta e respeitosa. Eu definitivamente não sabia.

Pense comigo: por que sua mãe fecha a cara em vez dizer o que há de errado? Por que seu amigo recorre ao tratamento de silêncio? Por que seu namorado envia mensagens passivo-agressivas quando você sai com seus amigos? Por que sua irmã explode e, uma hora depois, age como se nada tivesse acontecido?

Porque, lá no fundo, adultos são tão emotivos quanto crianças. A diferença é que escondem isso melhor... na maior parte do tempo.

Mas eis a beleza da Teoria Let Them: ela não torna você mais crítico; torna você mais compassivo. Em vez de ficar frustrado, você começa a entender que a maioria das pessoas simplesmente não tem as ferramentas necessárias para lidar com emoções de um jeito maduro.

A verdade é que ninguém nos ensinou a fazer isso. Se quisermos lidar com emoções, precisamos entendê-las e saber processá-las de modo saudável. E, em minha experiência, a maioria das pessoas não tem ideia de como fazer isso. Eu também não tinha.

A maturidade emocional não é algo com que nascemos ou que simplesmente acontece. É uma habilidade que requer tempo, prática e vontade de aprender. Minha terapeuta está certa. Grande parte das pessoas que conhecemos age igual a uma criança de 8 anos quando não consegue o que quer ou sente emoções desconfortáveis.

Mas, com a Teoria Let Them, você vai aprender a reagir a elas com compaixão, estabelecendo limites e parando de deixar que a imaturidade emocional alheia guie sua vida. E a ferramenta é necessária, porque a conexão entre comportamento adulto e infantil é irrefutável.

Comportamento infantil	Comportamento adulto
Sair correndo	Evitar confrontos
Ficar emburrado ou fazer biquinho	Usar o tratamento de silêncio
Fechar-se	Assumir uma postura estoica
Fazer birra	Explodir, enviar mensagens raivosas e descontar nos outros
Bater portas	Adultos também batem portas
Mentir	Adultos também mentem

Se você leu essa lista e a cada item imediatamente pensou em alguém, saiba que o mesmo aconteceu comigo quando conversei com minha psicóloga. Crianças agem assim porque não sabem regular as próprias emoções.

Deixe-me dar um exemplo. Pense em uma criança na loja de brinquedos querendo uma caixa de Lego. Quando ouve que não vai poder levar, o que acontece?

O corpinho dela é inundado de emoções: tristeza, decepção, surpresa, raiva. É por isso que ela tem uma resposta emocional dramática e chora, se fecha ou se joga no chão e faz birra.

A forma como os pais devem agir em uma situação como essa não é dar o brinquedo à criança, mas sim ajudá-la a processar, com calma, compreensão e gentileza, as emoções que está sentindo.

Eles podem se agachar e dizer: "Eu sei que é difícil. Sei que você quer o Lego. Tudo bem se chatear. Eu também fico desapontado. Não é justo. Fico chateado quando não consigo o que quero."

Permita que a criança chore, implore e faça o que precisar, pelo tempo que precisar.

Se as crianças não tiverem liberdade de experimentar toda a onda de emoções (sem que um adulto diga "Acalme-se", "Isso é besteira" ou "Você está exagerando"), nunca vão aprender a processar de maneira saudável as emoções humanas habituais, transformando-se em adultos emocionalmente imaturos que descontam suas frustrações nos outros.

Então eu simplesmente presumo que a maioria nunca foi ensinada a fazer isso, pois seus pais também não sabiam — se os seus sabiam, você teve muita sorte. Crianças não aprendem sozinhas. Como eu disse antes, essa habilidade exige tempo, prática e vontade de aprender.

É claro que, ao fazer pesquisas para este livro, eu percebi que, como mãe, errei bastante. Eu teria comprado a caixa de Lego para meus filhos. Ou ficado frustrada e gritado "Pare de chorar!". Ou me afastado, deixando-os jogados lá no chão, na esperança de que notassem que eu havia ido embora, ficassem assustados e parassem de chorar... isso explica por que hoje meus três filhos precisam de terapia.

Queria que fosse brincadeira. Fiz besteira porque não sabia regular minhas emoções. Jamais me ensinaram a fazer isso quando eu era criança. Cresci em uma família na qual ninguém fala sobre sentimentos. As pessoas tendem a explodir de raiva quando chegam ao limite, e, depois, fingem que nada aconteceu. É por isso que eu sempre explodia de raiva e frustração quando meus filhos ficavam irritados. Estava apenas repetindo a dinâmica à qual fui exposta durante minha própria infância.

Usando a Teoria Let Them, aprendi a lidar com minhas respostas emocionais ao comportamento de meus filhos, a fim de permanecer calma o bastante para reagir com a parte racional do cérebro. E isso mudou tudo. Agora sou menos reativa, o que me ajuda a evitar os conflitos de poder que eu nem percebia que estava criando. Você aprenderá mais sobre essa abordagem ao fim do livro, no guia que criei com o Dr. Stuart Ablon, de Harvard, para usar a teoria com crianças.

Isso me leva a um ponto muito importante que quero deixar muito claro: os adultos são totalmente responsáveis pelas necessidades emocionais e físicas das crianças. Elas não podem descobrir por conta própria como obter o apoio emocional e físico de que precisam.

É sua responsabilidade ajudar uma criança a regular as respostas emocionais de maneira saudável, bem como ensiná-la que é aceitável ter sentimentos e mostrar como processá-los.

Na verdade, a Dra. Lisa Damour, psicóloga clínica e autora de livros best-sellers, me disse que é uma resposta saudável à situação quando uma criança (ou um adulto) experimenta decepção por não conseguir ter o que quer, ou sente tristeza por vivenciar uma perda. Essas duas emoções são sinais de que ela está mentalmente saudável.

Os sentimentos se adequam à circunstância?

Quando se tem 8 anos, ficar chateado por não ter ganhado a caixa de Lego desejada é normal. Quando seu amiguinho na escola diz algo que fere seus sentimentos, ficar triste é normal. Quando você quer ver televisão e seus pais dizem que está na hora de dormir, ficar irritado também é normal.

O mesmo vale para as experiências adultas. É normal sentir-se frustrado e desmoralizado quando se é demitido. Passar por um término e ficar deprimido também. De acordo com a Dra. Damour, essas respostas emocionais são apropriadas e perfeitamente dentro do esperado. Mostram que sua mente está funcionando exatamente do jeito como deveria.

Mas, na infância, você provavelmente foi ensinado repetidamente a reprimir seus sentimentos. Quando dizemos a uma criança para "esquecer isso", "parar de chorar" ou "se acalmar", estamos treinando-a para suprimir o que sente. Para evitar ou tolher emoções normais do ser humano.

A Dra. Damour afirma que é por isso que tantas pessoas convivem com ansiedade, depressão, vício ou dor crônica: porque evitaram todas as emoções ao longo dos anos, e isso se acumulou dentro delas, sem válvula de escape.

Vou repetir: é responsabilidade dos pais ajudar os filhos a processar toda a amplitude de emoções. Mas não é responsabilidade de nenhum adulto lidar com as reações emocionais de outro adulto.

É muito importante que você entenda isso. Vou abordar isso em detalhes.

Comportamento ~~adulto~~ infantil

Vamos falar de uma experiência muito comum: alguém usou o tratamento de silêncio com você. Esse é o mecanismo ao qual um adulto imaturo recorre quando está chateado e não sabe processar as próprias emoções de maneira saudável e respeitosa.

Ele para de falar. Finge que não há algo errado. E, frequentemente, ignora você. Se já recebeu o tratamento de silêncio de um amigo, familiar ou colega de trabalho, você sabe que ele é doloroso e que seu instinto imediato é tentar descobrir o que fez de errado.

E é exatamente isso que a pessoa deseja: sua atenção. Assim como a criança emburrada no canto quer que o pai ou a mãe venham consolá-la, o adulto que recorre ao tratamento de silêncio quer que você pergunte "Você está bem?", "Posso ajudar?", "Eu fiz alguma coisa?".

Ele usa essa estratégia porque não sabe processar suas emoções e está tentando jogar essas questões para você, a fim de que a própria pessoa não precise fazer isso. Durante o ensino médio eu tinha uma amiga que vivia assim, o tempo todo. Em um minuto, tudo estava bem, e, no seguinte, ela não falava mais comigo. E eu nunca sabia o que fizera de errado. Tentava telefonar, cumprimentá-la nos corredores e, às vezes, implorar perdão por algo que nem sabia que tinha feito.

Ela nunca abordava o assunto e, subitamente, decidia que já tinha superado — aí voltávamos a ser melhores amigas. Eu ficava tão aliviada por voltarmos a conversar que simplesmente seguia em frente como se nada tivesse acontecido.

Hoje sei que era mais fácil para ela recorrer ao tratamento de silêncio do que ter uma conversa sincera e me dizer como se sentia. Essa menina não sabia fazer isso. Outra coisa que entendo é que o comportamento dela não tinha nenhuma relação comigo. Usar o tratamento de silêncio vem da inabilidade de entender as próprias emoções ou enfrentar os próprios demônios.

Mas eu só assimilei isso de verdade, ao conhecer a Dra. Ramani Durvasula, psicóloga clínica, autora de best-sellers e especialista mundial em narcisismo. Ela participou de meu podcast em várias ocasiões, e sua pesquisa mudou minha vida. A Dra. Durvasula me ensinou que "esperar a mudança de alguém é o que nos mantém presos em um relacionamento com uma pessoa emocionalmente imatura ou, ainda pior, emocionalmente abusiva". As questões da pessoa não têm nada a ver com você. A pessoa não vai mudar. É você quem precisa fazer isso. E é aqui que a Teoria Let Them pode transformar sua vida.

Deixa pra lá. Todas as vezes em que um adulto agir como uma criança de 8 anos, *deixa pra lá*.

Essa estratégia mudará tudo. Pode se tratar do seu pai ou da sua mãe que fica zangado, sai abruptamente da sala e se recusa a conversar por dias ou um fim de semana inteiro.

Aconteceu com uma de minhas melhores amigas. A mãe dela de repente parou de falar com ela durante um mês. Um dia, a mulher desceu as escadas pela manhã, e foi como se nada tivesse acontecido. Talvez seja o seu pai que tem uma personalidade narcisista, sua irmã que sempre banca a vítima ou seu ex que constantemente manda mensagens explosivas e depois se desculpa. Como diz a Dra. Durvasula, eles não vão mudar. Quem precisa fazer a mudança é você. E isso é bom, pois significa que *você* tem o poder e é capaz de retomá-lo ao escolher como vai reagir.

Usando a Teoria Let Them, você nunca mais será vítima da imaturidade ou do abuso emocional, porque saberá exatamente o que deve ser feito.

Primeiro, não é responsabilidade sua lidar com as emoções de outro adulto. Quando alguém usar o tratamento de silêncio, se fizer de vítima ou explodir de frustração, deixe para lá. E então visualize uma criança de 8 anos presa dentro daquele corpo. Quando fizer isso, algo vai acontecer. Você não vai sentir medo. Vai se sentir mal pela pessoa. Vai sentir compaixão em vez de desdém.

Você também vai perceber que essa incapacidade de processar emoções normais para um ser humano (por exemplo: tristeza, insegurança, decepção, raiva, medo e rejeição) não é culpa sua nem problema seu. A pessoa é assim desde a infância. Não é sua responsabilidade gerenciar ou tentar corrigir as emoções dela. Sua responsabilidade é proteger-se desse turbilhão emocional e vê-lo como de fato é: o reflexo de uma pessoa que não sabe lidar com as próprias emoções ou expressá-las de maneira saudável.

Primeiro pratique *deixar pra lá*: permita que ela fique em silêncio. Que exploda. Que banque a vítima. Que fique emburrada. Que negue o ocorrido. Que tente ser o centro das atenções. E então pratique o *deixa comigo*. Que eu seja o adulto maduro, sábio e amoroso da situação. Que eu decida se quero falar disso ou não. Que eu lembre a mim mesmo que administrar as emoções de outra pessoa não é meu trabalho. Que eu me afaste de qualquer sequência de mensagens, conversa à mesa de jantar, relacionamento ou grupo de amigos em que isso esteja acontecendo.

Em vez de esperar que outras pessoas mudem, exija a mudança de si mesmo. Estabeleça para si um padrão mais alto e deixe de permitir que esse comportamento emocionalmente imaturo se torne sua responsabilidade.

Não permaneça em situações nas quais a reiterada imaturidade emocional de alguém comece a parecer abuso. Pare de sentir pena de pessoas que se fazem de vítima o tempo todo. Pare de tentar justificar padrões nitidamente narcisistas.

Quanto mais tempo você investe em um relacionamento com alguém que age como uma criança de 8 anos, mais se sente o pai ou a mãe dela. Quando reconhecemos que estamos lidando com uma pessoa que tem muito trabalho interno a fazer, conseguimos estabelecer limites mais saudáveis em relação ao tempo e à energia que estamos dispostos a oferecer.

Porque, até que se dê ao trabalho de desenvolver inteligência emocional, ela sempre vai usar o tratamento de silêncio, se portar como vítima ou ser passivo-agressiva. Isso não é um traço de personalidade, é um padrão de comportamento.

E se você for o problema?

O que fazer se, ao ler isso, você perceber que há ocasiões em que *você* é a pessoa emocionalmente imatura?

Você fica sobrecarregado com suas emoções. Fecha a cara. Usa o tratamento de silêncio. Envia mensagens de texto raivosas. Banca a vítima. Explode com os outros. Tenta ser o centro das atenções.

Caso esteja se dando conta disso, eis o que tenho a dizer: você não está sozinho. Eu já percebi o mesmo a meu respeito.

É muito fácil identificar o comportamento imaturo em outras pessoas, mas é preciso coragem e inteligência emocional para enxergar isso em si mesmo. Eu nem sequer parecia ter 8 anos. Era tão imatura, que provavelmente parecia ter uns 5.

Eu ficava sobrecarregada por minhas emoções com tanta facilidade que explodia — fosse descontando em meu marido, fosse gritando com meus filhos por algo bobo. Havia períodos em que eu fazia tudo girar ao meu redor, e isso arruinou muitas amizades. Até hoje, quando o trabalho fica muito estressante, envio longas mensagens revoltadas para o meu sócio, falando como estou frustrada. E isso não é legal.

Mesmo enquanto escrevo este livro e uso a filosofia do *deixa pra lá* em minha vida, me vejo constantemente aprendendo a criar espaço para processar minhas emoções. Esta é a parte mais difícil de pôr em prática: sentir sem reagir imediatamente. Ainda me pego querendo devolver o desaforo ou assumir o controle das situações... o tempo todo. E, sim, ainda fico frustrada quando cometo deslizes. Mas a questão é esta: meu objetivo não é ser perfeita, e, sim, gentil comigo mesma, para continuar a crescer.

É um processo que dura a vida inteira, e em diversas ocasiões sinto que voltei à estaca zero. Sei que essa é uma habilidade que vou trabalhar para o resto da vida, assim como você.

A Teoria Let Them tem me ajudado muito a ser mais compassiva comigo mesma. Também tem me ajudado a entender melhor como lidar com as emoções.

Usá-la é simples quando outra pessoa está dando um chilique. Mas usá-la para processar as próprias emoções o colocará em um patamar superior. Não tenho como afirmar com precisão quanto dinheiro a mais ganhei, como sou mais inteligente e o quanto melhorei nos papéis de mãe, esposa e amiga agora que lido melhor com as emoções. Estou finalmente começando a me sentir madura.

Eis como aplicar a Teoria Let Them para processar suas emoções de maneira saudável: quando sentir as emoções surgindo, coloque-a em prática. Permita que surjam a raiva, a frustração, a mágoa, a decepção, a tristeza, o pesar, as lágrimas e a sensação de fracasso. *Deixa pra lá.*

E, então, pratique o *deixa comigo*. Que eu não reaja. Que eu não pegue o telefone. Que eu não ligue a televisão. Que eu não prepare uma bebida. Que eu não abra a geladeira. E, pelo amor de Deus, que eu não envie uma mensagem de texto a ninguém. Permita que as emoções aflorem. A razão pela qual é preciso aprender a fazer isso é que, depois, elas também murcham e desaparecem.

Você realmente sabe o que é uma emoção?

Emoções são somente uma explosão de substâncias químicas que são liberadas no cérebro e então reabsorvidas por seu corpo, em cerca de seis segundos. Por ocorrerem rapidamente, as reações podem ser inconscientes. É possível notar as emoções primeiro pelas sensações que acompanham essa explosão química, como suor, tensão muscular e batimento cardíaco acelerado.

Pesquisas mostram que a maioria delas vai surgir e desaparecer em noventa segundos, se não reagirmos a elas.

Não podemos impedir que as emoções aflorem. Tentar fazer isso é desperdício de tempo. A melhor estratégia é aprender a deixar que aflorem e então desapareçam, sem qualquer reação da nossa parte. Também não há nada a fazer para controlar as reações emocionais de outro ser humano, por mais que tentemos fazer isso.

Emoções também são contagiosas. Ver uma pessoa triste, amedrontada, enojada ou furiosa pode nos fazer experimentar as mesmas emoções em nosso próprio corpo. Isso explica por que o tom de voz, a mudança de energia, o mau humor e a linguagem corporal de alguém têm a capacidade de imediatamente nos deixar tensos.

Outra coisa a entender é que, sempre que estamos famintos, cansados, estressados, embriagados, solitários, zangados ou magoados, somos ainda mais emotivos. Digo isso porque, quando faço ou digo algo de que mais tarde me arrependo, costuma haver estresse, álcool ou fome envolvidos. Saber disso me ajuda a aplicar as mudanças necessárias para lidar melhor com minhas emoções e permanecer no controle do que digo, faço e penso.

Este foi um dos meus principais aprendizados usando a Teoria Let Them: você jamais será capaz de controlar o que acontece à sua volta. Tampouco será capaz de controlar suas respostas emocionais, porque elas são automáticas — assim como sua reação ao estresse.

Mas sempre é possível escolher o que você pensa, diz ou faz em relação a outras pessoas, ao mundo à sua volta ou às emoções que surgem em seu interior. Essa é a fonte de todo o seu poder.

Aprender a deixar que outros adultos administrem as próprias emoções mudará sua vida, assim como aprender a deixar as emoções surgirem e desaparecerem, enquanto você mantém aberto o canal de comunicação, por mais doloroso que seja. Haverá situações em que tomar a decisão certa para si mesmo será uma das coisas mais difíceis que você precisará fazer na vida.

CAPÍTULO 8

A decisão certa muitas vezes parece errada

Recentemente, um ouvinte do *Mel Robbins Podcast* me escreveu com a seguinte questão:

Mel, estou noivo, e meu casamento está marcado para daqui a algumas semanas. Sei que este deveria ser um dos momentos mais felizes da minha vida, mas não é. Quanto mais nos aproximamos da data, mais minha noiva e eu brigamos. Não consigo me livrar da sensação de pavor. No fundo, tenho medo de estar cometendo um grande erro. Não sei o que fazer. Os convites já foram enviados, e nossos pais já estão pagando pela cerimônia. Não quero desapontar minha família. Não quero que meus pais percam esse dinheiro. Não quero magoar minha noiva. Não quero que todo mundo fique furioso comigo. Como cancelar?

Só de ler a pergunta fiquei com o coração apertado. Aposto que você também ficou. Quando há tantas coisas envolvidas, a resposta certa sempre parece errada.

Olhando de fora, a decisão é simples, embora não pareça. Ele deve cancelar o casamento. Se está com medo do casamento, está cometendo um erro. Se não consegue parar de pensar em cancelar, deveria fazer isso.

Mas a decisão certa que parece óbvia nem sempre será fácil. Isso porque a experiência humana é muito ligada às emoções.

O que aparenta ser lógico deixa de ser quando se sabe que muita mágoa será causada a outras pessoas.

125

Quando nos vemos diante de um dilema, é bastante comum escolhermos infligir dor a nós mesmos em vez de tomarmos a decisão que sabemos ser a certa, mas que será dolorosa para outras pessoas.

O noivo que me escreveu sabe, racionalmente, o que precisa fazer. O problema são suas emoções. Ele entrou em contato comigo porque está em busca de conforto. Não tem nenhuma ideia de como lidar com o que está sentindo ou com o desgaste emocional que provocará em outras pessoas.

Sentir-se confuso diante de uma decisão difícil é uma resposta mentalmente saudável a uma situação muito complicada. O fato de estar preocupado com os outros é um sinal de que ele é uma boa pessoa.

A realidade é que ao longo da vida as pessoas vão ficar zangadas, desapontadas ou magoadas com você. É inevitável. É necessário ser capaz de se distanciar das próprias emoções e das reações emocionais alheias para tomar a decisão certa.

Você não deve permitir que as emoções guiem suas decisões, porque, frequentemente, elas vão impedi-lo de tomar as decisões *certas*.

Isso é bem mais difícil do que parece. Pode ser devastador tomar as atitudes corretas. Pode ser muito doloroso ser sincero com alguém. Pode parecer que a decisão o está destruindo de dentro para fora, em especial quando magoa alguém que você ama.

Observe a situação do noivo que quer cancelar o casamento e não sabe como fazer isso. Você, provavelmente, também sentiu uma onda de pavor ao ler a mensagem, e nós nem sequer o conhecemos.

Isso mostra como as emoções são poderosas.

Você sente um peso no peito ao imaginá-lo dizendo à noiva: "Precisamos conversar." Quase consegue ouvir os soluços dela, enquanto ela esconde o rosto nas mãos. Pode imaginá-lo dando um telefonema e contando aos pais. Seu coração fica apertado só de imaginar o pesar embargando a voz dela, ao telefonar para os próprios pais. Você sente a raiva se acumulando no peito do pai dela ao presenciar a mágoa de sua garotinha. "Pai, ele terminou tudo", a moça diria. "Ele cancelou o casamento."

Você está apenas lendo e pensando na situação, mas isso já cria uma reação emocional. E é por isso que decepcionar e magoar alguém será uma das coisas mais difíceis de fazer na vida.

Adultos têm liberdade para sentir o que sentem — e para ficar chateados. Destruídos. Devastados. Sobrecarregados. Chocados. Constrangidos. E extremamente zangados com você.

Isso é impossível de controlar.

Mas você *tenta*, quando evita dizer a verdade. Todos nós já agimos assim. É por isso que permanecemos durante anos em relacionamentos, empregos e padrões de comportamento errados.

É por isso que você ainda não conversou com o amigo que falou de você pelas costas, é por isso que não confrontou sua mãe, não pediu autorização para algo nem confessou à sua melhor amiga que está apaixonado por ela.

Parece mais fácil evitar, porque significa não precisar enfrentar a situação. Mas o que parece mais fácil agora se torna difícil depois. Evitar as conversas difíceis hoje não as tornará mais fáceis no ano que vem.

Na verdade, por experiência própria posso dizer que, quanto mais esperamos, mais doloroso fica. Escolher não fazer o que é certo só causa mais dor.

E quanto ao noivo, ele cancelou o casamento? Não sei. Espero que tenha cancelado? Sim. Para o bem de ambos. Todo mundo merece ter ao lado alguém que queira estar ali.

Na vida, a coisa mais corajosa, generosa e gentil a fazer é falar a uma pessoa que você não quer mais estar com ela. É difícil ser sincero, em especial quando os outros são emocionalmente imaturos.

A Teoria Let Them me ajudou, mesmo, a mudar isso. Eu costumava evitar conversas e explicações porque tinha medo de que as pessoas ficassem irritadas comigo ou achassem que eu era má pessoa. Isso só me tornava ainda mais ansiosa. Aprender a deixar que as pessoas ficassem irritadas e confusas, deixar que reagissem, foi algo que mudou minha vida. Você também pode experimentar esse poder. E, veja, eu sei como é. Você não quer lidar com a culpabilização, os desabafos e o mau humor dos outros, então simplesmente os evita. Mas o problema é que não está evitando o confronto — está evitando as emoções alheias. O único conflito que existe é aquele dentro de si mesmo, por pressentir que suas decisões terão um impacto emocional em alguém, e não saber como essa pessoa vai reagir.

É por isso que as pessoas permanecem casadas mesmo uma década depois de saberem que o casamento acabou. É por isso que ficam tempo demais em um emprego. É por isso que escolhem graduações e carreiras e permanecem nelas, porque têm medo de tomar uma decisão que vai contrariar alguém. Ao entender que as emoções são parte da vida e que adultos podem passar por altos e baixos e sobreviver, você se sentirá mais corajoso. Não é sua responsabilidade proteger os outros de certas emoções. Sua responsabilidade é viver de maneira alinhada aos seus valores e àquilo que faz sentido para você.

Às vezes, isso vai ferir outras pessoas. Ou desapontá-las. É doloroso e parte o coração saber que nossa decisão feriu alguém — e essa será uma das coisas mais difíceis que você vai ter que fazer na vida. Quando sei que minhas ações podem decepcionar ou irritar alguém, acho útil lembrar-me da Dra. Damour dizendo que emoções negativas são reações mentalmente saudáveis diante dos aborrecimentos da vida.

As pessoas têm liberdade de se sentirem irritadas quando você muda de ideia e decepcionadas ou magoadas quando você termina um relacionamento. É direito delas ficar deprimidas quando perdem o emprego.

Então, como gerenciar o insuportável nível de culpa e desconforto que *você* sente quando precisa tomar uma decisão que, embora difícil, é a correta?

Aprenda a surfar a onda emocional

O que me ajudou foi pensar no desconforto emocional como uma onda no mar. Porque, essencialmente, as emoções são mesmo como ondas. Elas vêm e vão.

Em alguns dias, sua vida estará estável, tranquila e calma. Em outros — o dia em que você cancelar um casamento, por exemplo —, haverá um furacão, e você vai sentir que está se afogando. Mas não vai se afogar. Vai ser horrível cancelar a cerimônia? Sim. Vai ser uma das experiências mais dolorosas da sua vida? Sim. O pai da noiva vai querer matá-lo? Definitivamente, sim, ao menos por alguns meses. Seus pais vão perder o dinheiro do sinal e vão ficar zangados? Sim. Vão ficar tristes porque também amam sua noiva? Sim.

Eles lamentarão a perda de algo que achavam que seria ótimo.

E, então, conforme você permitir que sintam o que precisam sentir, e à medida que fizer o mesmo consigo, sem tentar controlar, evitar ou modificar esses sentimentos, aos poucos a vida voltará a um novo normal.

Em algum momento, seus pais não somente entenderão por que você tomou essa decisão, mas também ficarão orgulhosos de sua coragem para fazer isso. *Deixa pra lá.*

Deixa comigo é a parte na qual você lembra a si mesmo de que isso também vai passar. Você é mais forte do que as reações emocionais alheias. Permita que as pessoas tenham as próprias opiniões, as próprias reações. Então *deixa comigo*. Permita que suas emoções aflorem e dê a si o espaço para processá-las.

Nunca permita que as reações emocionais de alguém o impeçam de tomar uma decisão difícil. *Deixa comigo.* Que eu seja sincero comigo e com os outros. Que eu faça aquilo que é difícil e doloroso, pois é o certo e me poupará de muita dor mais tarde. Que eu busque a oportunidade de ter a vida que mereço.

Então vamos resumir o que aprendemos sobre lidar com as respostas emocionais alheias. Neste momento, você ainda permite que essas reações ditem suas escolhas. A Teoria Let Them o torna capaz de recuar quando outro adulto agir como criança.

1. **Problema:** você vem permitindo que a imaturidade emocional dos outros tenha poder sobre sua vida. Vem permitindo que as explosões, culpabilizações e reações alheias determinem suas ações, fazendo com que você tenha que administrar as emoções dos outros, em vez de focar as suas. Isso tem como consequência sempre priorizar as necessidades emocionais deles, em detrimento de sua própria felicidade.

2. **Verdade:** as reações emocionais das outras pessoas não são responsabilidade sua. Não é possível controlar como os outros se sentem ou respondem, nem corrigir a imaturidade alheia. A maioria dos adultos tem a habilidade emocional de uma criança de 8 anos, e você não pode mudar isso.

3. **Solução:** usando a Teoria Let Them, é possível permanecer no controle mesmo se um adulto agir como criança e tiver uma explosão emocional. Tome as decisões certas para si mesmo, ainda que isso deixe outras pessoas transtornadas. Você mantém seu poder quando para de aceitar o fardo das emoções alheias e tem um comportamento alinhado aos seus valores.

Quando pratica *deixar pra lá*, você dá às pessoas a oportunidade de sentir as próprias emoções, sem transformar em sua responsabilidade administrá-las ou corrigi-las. Quando pratica o *deixa comigo*, encontra a coragem para tomar as decisões certas, ainda que pareçam erradas para os outros.

Chegou a hora de crescer e agir como um adulto maduro.

Superando a comparação crônica

CAPÍTULO 9

Não, a vida não é justa

A verdade é que a vida não é justa. Mas, em algum momento, você precisa acordar, aceitar esse fato e deixar de ficar obcecado com o que os outros têm, aparentam ser ou conquistaram.

Vamos falar de algo que qualquer pessoa já fez: permitir que o sucesso alheio a paralise. A realidade é que não é possível controlar o êxito, a sorte ou o timing dos outros. Só é possível controlar o que você faz com o exemplo deles.

Quando vemos a vida dos outros como evidência de que somos fracassados, pouco atraentes ou insuficientes, nós nos tornamos nosso maior obstáculo. Passar horas nas redes sociais ou se sentir inferior faz você ficar desesperançoso, achando que está empacado e perpetuamente para trás. Você está se torturando sem necessidade. Está deixando que outras pessoas o paralisem, o que leva à procrastinação e à autocrítica excessiva.

Quando você se compara e mantém o foco no quanto a vida parece injusta, a motivação se exaure, impedindo-o de avançar. A situação se transforma em uma espécie de profecia autorrealizável. Você falha por causa do hábito crônico de se comparar.

O problema está em você. E o primeiro passo para a solução é aceitar a verdade: a vida não é justa. Simplesmente não é.

Não é justo que você esteja se afogando em dívidas porque não podia pagar a faculdade.

Não é justo que sua irmã pareça uma modelo e que todo mundo fique em cima dela quando vão a algum bar, enquanto você fica sentada no canto, pagando por sua própria bebida.

Não é justo que seu supervisor sempre lhe dê os piores turnos.

Não é justo que seu país esteja sendo destroçado pela guerra.

Não é justo que você tenha nascido diabético e precise aplicar insulina pelo resto da vida.

Não é justo que seu amigo tenha uma casa ou um apartamento bacana comprado pelos pais.

Não é justo que seu colega seja promovido e você, não. Não é justo que você tenha sido diagnosticada com câncer de mama. Não é justo que seu amigo tenha uma família perfeita, enquanto a sua é tão ruim que nem sequer seria escolhida para participar de um reality show. Não é justo que sua amiga tenha o metabolismo acelerado e possa comer o que quiser. Não é justo que você tenha asma porque cresceu em uma região com altos níveis de poluição. Não é justo que o custo de vida e o preço da gasolina continuem subindo. Não é justo que seu rosto esteja tomado pela acne.

Você tem razão. Não é justo. Eu concordo.

O fato é que todo ser humano recebe cartas diferente na vida, e não dá para controlar a mão que outra pessoa recebeu. Quanto mais tempo você passa olhando para as cartas, menos entende o objetivo do jogo.

Na vida, você não joga contra ninguém. Joga com eles. Alguém sempre terá cartas melhores que as suas.

E, enquanto estava ocupado se comparando, você deixou passar um dos grandes segredos da vida: os outros nos ensinam a ser jogadores melhores, e é assim que podemos vencer.

É verdade, muitas pessoas receberam uma mão "melhor" ou "com maior probabilidade de obter sucesso". *Deixa pra lá*. Elas conquistarão coisas mais rapidamente. Contam com uma vantagem. Detêm mais recursos. Têm mais apoio. Não há nada que se possa fazer para mudar isso. É um fato. *Deixa pra lá*.

Preocupar-se ou sentir-se mal com isso é um insulto à sua inteligência. É possível descobrir como vencer. É possível aprender a trabalhar com o que se tem, começar onde se está e criar o que for.

Mas você jamais fará isso se entregar todo o seu poder ao nada inteligente e tóxico hábito de se comparar. Pare com isso.

Desejar que todo mundo se aproximasse de você, e não da sua irmã no bar; desejar que fosse você a pessoa naquelas férias na Europa; desejar ser mais alto, ter um corpo mais saudável ou um emprego melhor; desejar ter recebido aquele pedido de casamento ou nascido com mais dinheiro — nada disso vai fazer as coisas acontecerem. Só vai acabar com a sua autoconfiança.

Qualquer um dos melhores jogadores do mundo lhe dirá que o importante não são as cartas recebidas, mas como elas são usadas. Vencer no jogo da vida exige concentrar-se nas cartas que você tem e escolher o que fazer com elas.

E, olha, eu sei como é! É um saco olhar para suas cartas e achar que recebeu a mão mais azarada do planeta. É fácil perguntar: "Por que eu?" É fácil se sentir uma vítima das circunstâncias. É fácil olhar para alguém e se sentir mal porque essa pessoa tem tudo perfeito: corpo, conta bancária, relacionamento amoroso, saúde, carro, fundo de investimento, segurança, disciplina, grupo de amigos... porque não é justo. Mas quer saber de uma coisa? A vida nunca será justa.

Algumas pessoas são realmente afortunadas. Tenho amigos para os quais tudo parece funcionar, desde que nasceram. Parece que eles têm tudo que querem. Coisas e experiências positivas pipocam por todo lado. Tudo sempre parece dar certo.

Por que essas pessoas são tão sortudas, e eu não? É muito fácil se ver como vítima e ficar furioso com as pessoas, certo? Elas têm a melhor família do mundo; conheceram o grande amor na faculdade; são atraentes e superatléticas. Nada parece dar errado. E, até onde se sabe, elas não enfrentam depressão, ansiedade ou qualquer trauma de infância, como o resto de nós.

Mas comparar sua sorte na vida com a dos outros é perda de tempo.

Quando a comparação tortura você

"Mas, Mel, não consigo parar de pensar em como as outras pessoas são mais atraentes, em como eu queria ser mais alto e não ter doença de Lyme ou em como gostaria que meus pais não tivessem se divorciado e minha família tivesse uma convivência melhor."

Comparar-se às outras pessoas é inevitável. Faz parte da natureza humana olhar ao redor e ver o que os outros estão fazendo e em que posição estamos.

O problema não é a tendência a se comparar, e, sim, o que você faz com essa comparação.

Então pergunte a si mesmo o que está fazendo quando se compara: você está se torturando ou aprendendo algo importante?

O fato é que existem dois tipos de comparação: a que tortura e a que ensina. A fim de usar esse mecanismo a nosso favor, é preciso identificar qual estamos usando. É muito fácil ver a diferença.

O primeiro grupo é a comparação que tortura. Ela ocorre quando você fica obcecado, envolvido ou aflito com algo que nunca será capaz de mudar. Ocorre quando você foca atributos fixos da vida de outra pessoa.

Por exemplo: beleza, tipo físico, história familiar, pais, altura, metabolismo, país de origem, experiências passadas e qualquer talento nato, dado por Deus, como aptidão para o esporte, ouvido absoluto, genialidade, habilidade de aprender idiomas num piscar de olhos, memória fotográfica, dons artísticos...

Você pode até invejar essas características, mas isso já costuma nascer com as pessoas, não é algo que trabalharam duro para conquistar. Elas receberam essas cartas, que não vão mudar (as suas também não vão).

E, ainda mais importante: não existe esforço no mundo que faça essas cartas surgirem magicamente em sua vida.

Um jeito de saber se esses atributos são fixos é refletir: há algo que se possa fazer nos próximos trinta segundos para mudá-los? Se não houver, nunca será possível.

É imprescindível entender a diferença entre o que se pode ou não transformar, porque é simplesmente tortura comparar-se a alguém ou a certo aspecto da vida de alguém que não é possível mudar, por mais que se tente.

Consequentemente, qualquer tempo que você passar obcecado por uma característica fixa da vida de outra pessoa é um ato de tortura autoin-fligida. É inútil para seu crescimento e prejudicial para sua felicidade. Se não tem como mudar, é preciso aprender a desapegar. *Deixa pra lá.*

Não é fácil.

Eu vi minha filha mais velha, Sawyer, ficar envolvida nesse tipo de comparação e tortura durante anos. Ela tem uma grande fixação pela irmã mais nova, Kendall, que tem um tipo físico, uma estrutura óssea, um metabolismo e uma aptidão atlética totalmente diferentes. Para completar, Kendall ainda nasceu com uma voz maravilhosa e um ouvido absoluto.

Sawyer não pode mudar isso. Kendall não pode mudar isso. Eu não posso mudar isso.

Mas, durante anos, vi minha filha mais velha se sentindo péssima e desperdiçando o próprio potencial ao entrar na teia da comparação torturante. O resultado é que ela odeia o próprio corpo. Critica o próprio metabolismo. Reclama de como é difícil perder peso e fácil ganhar. Expressa o quanto é injusto que a irmã consiga usar as roupas dela, enquanto ela não consegue usar as roupas da irmã.

E quer saber? Sawyer está certa. Não é justo. E não há exercício, suplemento ou aula de canto capaz de equilibrar o placar que ela tem em mente: Kendall está vencendo, e Sawyer está perdendo.

Isso é o que os psicólogos chamam de comparação ascendente, ou seja, a tendência de se comparar a pessoas e atributos que você julga melhores. Pesquisas mostram que isso destrói a autoestima.

É raro que façamos uma comparação descendente, ou seja, olhar ao redor e ver o quanto estamos melhores que muitos outros. De acordo com a ONU, uma em cada quatro pessoas não tem acesso a água potável.

A verdade é que, se você tem água encanada, eletricidade e tempo para ler este livro, está se saindo melhor que a maioria.

Isso nos leva de volta à comparação que tortura e faz você se martirizar com aspectos da vida que não consegue controlar ou modificar.

Observo, com muita tristeza no coração, o quanto Sawyer se sente mal consigo mesma. Eu não posso salvá-la. Não posso impedi-la de fazer esse tipo de comparação. E nenhum elogio ou estímulo será capaz de fazê-la mudar de comportamento. Ela precisa escolher isso por conta própria.

Até que pare de se torturar, minha filha mais velha não perceberá a vida grandiosa, bela e incrível que espera por ela. Não reconhecerá a beleza de seu corpo. Sempre verá o que não é, em vez de perceber a grandeza que tem. Enquanto está focada na irmã, ela não enxerga o que o restante de nós enxerga, ou seja, seus talentos únicos, sua genialidade e suas próprias aptidões.

Você precisa parar de ficar obcecado pelas cartas alheias. A vida não é justa. Alguém sempre parecerá ter opções melhores que as suas, e fazer esse tipo de comparação sempre fará você perder. Pare de se concentrar nos outros jogadores; não é assim que se vence o jogo da vida. Aprenda a jogar com as pessoas, não contra elas.

O triste fato é que vi gente demais desenvolver transtornos alimentares, transtornos mentais ou lutar contra o vício e a vergonha por causa da natureza torturante desse tipo de comparação. E não digo isso com leveza, porque sei que essas coisas podem levar a dificuldades e desafios bem sérios, enfrentados por muitos, inclusive por pessoas que amo imensamente.

Os psicólogos dizem que a raiz de muitos transtornos é a necessidade obsessiva de controle. Como você está aprendendo neste livro, todas as vezes em que tentamos controlar algo que não podemos, nos sentimos ainda mais sem controle e sem poder.

Por isso, é essencial reconhecer quando você está aderindo ao primeiro tipo de comparação.

Pare. *Deixa pra lá*. Que eles vivam a própria vida. *Deixa comigo*. Que eu cuide da minha.

Você é muito inteligente para desperdiçar sua existência se torturando. Agarre-se a seu poder, porque precisará dele para desbloquear o potencial de sua única vida. O que descobri é que ser mais feliz exige permitir-se ser mais feliz.

É impossível aproveitar a vida, se amar e ao mesmo tempo se punir.

Passemos então ao segundo tipo de comparação, que é uma mina de ouro.

CAPÍTULO 10

Como transformar a comparação em fonte de aprendizado

Você acabou de aprender sobre o primeiro tipo de comparação, que parece uma espécie de tortura autoinfligida. Falemos agora do segundo: a comparação que ensina. Eis um jeito de saber se a comparação é boa: procuramos questões da vida ou do sucesso de alguém que podemos replicar para nós mesmos.

Com tempo e esforço consistente, esses aspectos de nossa vida, carreira ou saúde podem ser modificados.

A lista de coisas que podem ser modificadas é infinita: mudar de emprego; criar um grupo melhor de amigos; encontrar seu propósito; passar mais tempo com os filhos; tirar férias; ter independência financeira; acordar mais cedo; viver uma linda história de amor; ser um cozinheiro espetacular; ficar em forma; comprar uma bela joia; um relógio elegante ou um carro esportivo; reformar a cozinha; construir uma segunda casa; estabelecer uma relação melhor com seu padrasto; desenvolver hábitos mais saudáveis; escrever um livro; curar-se de um trauma; conseguir mais seguidores nas redes sociais; estabelecer mais limites; separar mais tempo para si mesmo; abrir um negócio; obter uma reputação melhor.

Essa lista longa foi intencional. O fato é que 95% do que queremos podem ser alcançados se estivermos dispostos a trabalhar arduamente e ser consistentes, disciplinados e pacientes. Pouquíssimas coisas são definitivas.

Se alguém fez algo melhor, maior e mais bacana do que você poderia sequer imaginar, *deixa pra lá*. Que os outros tenham sucesso. Que cheguem primeiro. Que ajam da maneira mais inteligente e descolada possível. O sucesso deles pode ser a receita para o seu. Lembra aquela minha história sobre não postar nas redes sociais? O que quer que você deseje, alguém pode lhe dar uma fórmula para conseguir. Deixe que os outros mostrem o caminho.

Por muito tempo eu não entendi isso. Se uma pessoa conquistasse algo que eu queria, dizia a mim mesma que ela me venceu. Eu olhava para os outros e via suas vitórias como minhas derrotas. Quando vemos os sucessos alheios como perdas pessoais, nós nos sentimos derrotados antes mesmo de começar.

Se não tomarmos cuidado, a comparação pode se tornar a razão pela qual duvidamos de nós mesmos, procrastinamos e ficamos paralisados. Somos capazes de conquistar o mesmo nível de sucesso, mas, em vez de trabalharmos para consegui-lo, vamos de maneira voluntária na contramão do que queremos. Esse é um exemplo de como transformamos as outras pessoas em um problema, e elas não precisam ser.

Há felicidade, sucesso, amizade e dinheiro suficientes para absolutamente todo mundo, incluindo você. A fonte é inesgotável.

Ninguém está tirando nada de você. Felicidade, sucesso e dinheiro estão à sua espera, aguardando você começar a falar sério sobre consegui-los. Vou repetir: nenhuma vitória alheia é uma perda sua. Por isso, é preciso mudar a maneira como você olha para o sucesso dos outros.

A verdade é que há mais de 8 bilhões de pessoas no planeta. Se você procurar evidências de que alguém ganha mais dinheiro, tem um guarda-roupa mais incrível e um grupo de amigos melhor, estudou em uma escola mais prestigiosa, está em melhor forma física, vendeu a empresa, apareceu na lista de best-sellers do *New York Times*, viajou pelo mundo todo ou, literalmente, tem algo que você deseja... você vai encontrar.

O problema não é a tendência a se comparar. O problema é não usar a comparação em benefício próprio. Empregando a Teoria Let Them, você vai aprender a ver a comparação de outra maneira, transformando-a de um problema em sua vida para se tornar sua maior professora.

Os outros sempre foram seus professores

Pouco tempo atrás, conversei com uma amiga chamada Molly. Ela é uma designer de interiores extremamente talentosa: criou uma empresa com muitos funcionários e monta belos projetos para seus clientes.

Das últimas vezes em que conversamos, Molly me pediu conselhos sobre redes sociais, e fez perguntas como: "Mel, como posso aparecer? Sei que preciso fazer mais e mostrar meu negócio e meu trabalho na internet, mas não sei por onde começar."

Para todo negócio, há uma fórmula, então criei uma lista de coisas simples que ela poderia fazer: postar todos os dias, criar vídeos explicando os projetos, publicar fotos de antes e depois, contratar um estagiário para montar uma biblioteca de vídeos curtos, matricular-se em um curso gratuito on-line para aprender mais sobre as plataformas de mídia social e escolher em qual focar.

Assim como no exemplo que dei anteriormente, de quando quis promover minhas palestras anos antes, os passos necessários são sempre muito simples. O problema é não dá-los.

Molly me telefonou uns dias depois, e logo percebi que havia algo errado.

— Molly, você parece diferente. Está tudo bem com as crianças?

— Sim, sim, elas estão bem. Eu é que não estou.

— O que aconteceu?

— Noite passada, vi algo que me tirou do eixo. E estou surtando desde então.

Eu estava ouvindo e pensando: *O que será que aconteceu? Meu Deus. Isso parece sério.*

Acontece que, na vizinhança de Molly, há alguém que ela conhece há muito tempo e que não é exatamente sua pessoa favorita — sabe como é, aquele tipo de gente que sempre tenta chamar atenção e nos deixa irritados. A energia entre as duas nunca foi boa.

Na noite anterior, após um longo dia lidando com clientes, Molly colocou as crianças na cama, se sentou no sofá e foi dar uma olhada nas redes sociais. Adivinha quem estava inundando o feed dela? A mulher irritante. Ela entrara no negócio de "design", começara a postar e, de repente, seus posts viralizaram. A mulher estava recebendo milhares de curtidas, e o que realmente tirava Molly do sério era que todo mundo no bairro estava comentando o quanto a tal vizinha era "talentosa".

Molly não conseguiu se conter. Leu cada comentário e visitou o site da mulher. A página era moderna e tinha uma estética *clean*, ao passo que a de Molly não era atualizada havia três anos. A maneira como a mulher se vendia era muito impressionante. Fazia com que parecesse profissional, como se atuasse na área havia anos. E isso colocou Molly bem no meio de um turbilhão emocional.

Ela vai roubar meus clientes! Todo mundo vai achar que ela é melhor do que eu! Como ela sabe fazer tudo isso? Por que não fiz isso antes? Argghhhhhhhh!

Molly desabafou comigo:

— São fotos da casa dela, Mel, e nem foi ela que projetou! — disse ela. Molly respirou fundo e continuou: — O que acha que eu devo fazer?

Agora vou dizer o mesmo que disse à minha amiga e quero que você se lembre disso na próxima vez em que estiver se comparando ou sentindo raiva por causa do que alguém está fazendo:

— Você deveria agradecê-la!

Se você está com inveja do sucesso de alguém, *que bom*. Fico feliz por você. A inveja é um convite para seu futuro eu. É um convite para olhar alguém mais de perto — não para se sentir inferior, mas para ver que é possível.

A mulher não estava roubando nenhum sucesso de Molly. Não estava impedindo que minha amiga modificasse o próprio site ou focasse as redes sociais. As vitórias daquela mulher não eram as perdas de Molly. Porque as outras pessoas jamais vão impedir que você conquiste o que lhe foi destinado. Elas não têm esse poder. Somente você pode fazer isso.

A mulher era um lembrete para Molly de que as redes sociais importam. Ela era uma professora mostrando o caminho. Deixe que os outros despertem você para a realidade também. Deixe que eles sejam bem-sucedidos. Deixe que façam você ficar fascinado com o belo design do site deles.

Deixe que os outros mostrem que é possível

Talvez você esteja tão imerso no próprio cotidiano que ignore o que está bem na sua frente. Talvez esteja se sentindo tão pequeno que não consegue ver como a vida pode ser grande e bela. Talvez esteja tão acostumado a fazer o que sempre fez que reluta em tentar uma maneira diferente.

As outras pessoas mostram o que é possível. Quando você passa a enxergar a comparação como professora, percebe que as outras pessoas não tiram nada de você, e, sim, lhe dão algo. Elas têm a bela capacidade de mostrar partes do seu futuro que você ainda não consegue visualizar integralmente e por conta própria. Mostram as possibilidades que você nem sabia que existiam ou aquelas que convenceu a si mesmo de que era incapaz de colocar em prática.

Seja lá quem ou o que estiver deixando você com inveja, *que bom*. O sucesso e as vitórias dos outros não diminuem suas chances de criar o que você deseja. Eles as expandem. Permita que mostrem o caminho. Transforme a inveja em inspiração. Por meio do exemplo alheio, veja o que é possível fazer. As pessoas com as quais você se compara servem de espelho, refletindo possibilidades — ou, no caso de Molly, a fórmula e o trabalho que ela estava evitando. E foi isso que eu disse à minha amiga. Deixe que os outros mostrem o caminho.

Isso me leva a um ponto muito importante: existe uma razão para aquela mulher irritante ter tirado Molly do sério. A verdade é que precisava ser ela. Na vida, quando não estamos motivados a agir, é necessário que algo doloroso aconteça para nos forçar a mudar.

No caso da minha amiga, ela seguia designers de interiores famosos havia muito tempo. Falava em "usar as redes sociais" fazia anos. Já usara toda desculpa do mundo para não transformar isso em prioridade. Até que... subitamente chegou aquela mulher irritante, sem nenhuma experiência na área, e começou a fazer todas as coisas que, lá no fundo, Molly sabia que precisava ter feito.

Minha amiga sabia que a vizinha não tinha nenhuma vantagem, talento ou recurso especial. Por isso ficou tão zangada. A mulher irritante mostrou um fato simples: *Se eu consigo fazer, você também consegue.*

É aqui que a comparação fica realmente interessante. Esse tipo de pessoa força você a se olhar no espelho com um olhar crítico.

Então deixe que os outros o enfureçam. É preciso agradecer a quem faz isso, pois você não está furioso com essa pessoa. A raiva que queima aí dentro é usada contra si mesmo, porque você sabe que já poderia ter começado a agir e que é capaz. Só não o fez. O mesmo aconteceu comigo em relação às palestras. É por isso que digo que esse tipo de comparação é sua maior professora. Não porque mostra o que você precisa fazer, mas porque desperta seu poder e sua raiva. E você precisa da raiva como combustível para começar.

Então, seja lá quem o esteja enfurecendo: *deixa pra lá*. Que os outros o irritem. Que o enfureçam. E que mostrem *exatamente* o que você quer e o que precisa fazer para chegar lá.

Vamos falar sobre você

Como transformar esses momentos de inveja e frustração em algo bom? Como transformar a comparação em inspiração? Simples. Diga *deixa comigo* e olhe para os dados fornecidos pelo sucesso alheio.

Sempre que se vir envolvido no jogo da comparação, saiba que algo realmente importante está acontecendo.

Ela mostra as áreas da sua vida que mais precisam de atenção.

Isso significa que o tempo de pensar e dar desculpas acabou. *Deixa comigo*. Que eu comece a trabalhar. Que eu me torne resiliente. Jeff Walker, meu colega e autor de best-sellers, sempre diz o seguinte: "O sucesso depende da resiliência." O que ele quer dizer com isso? Que, para ser bem-sucedido, perder peso, escrever um livro ou se tornar youtuber, é necessário fazer todo dia o trabalho tedioso, irritante e desconfortável. É necessário manter a consistência.

Pense em qualquer mudança que deseje em sua vida, como frequentar a academia. De que modo se fortalece músculos? Exercitando-se todos os dias e fazendo as repetições necessárias. O famoso quarterback Tom Brady disse recentemente, sobre o sucesso: "A verdade é que ninguém precisa ser especial. Só precisa ser o que a maioria das pessoas não é: persistente, determinado e disposto a trabalhar."

Todas as pessoas que despertam sua inveja estão mostrando que, enquanto você inventava desculpas, elas persistiam, evoluindo lentamente no trabalho árduo e tedioso.

Nas palavras de Tom Brady, essas pessoas não são especiais; são apenas persistentes, determinadas e dispostas a trabalhar — o que você não é. Esse é 1.000% o segredo do sucesso.

Isso nos leva de volta à minha amiga Molly. Ela sabia que deveria ter priorizado as redes sociais anos antes. Parte da razão pela qual estava tão chateada era ver os frutos dos esforços de alguém. Isso continuará a acontecer se você não começar a trabalhar pelo que deseja.

O belo site que deixou Molly tão furiosa não surgiu da noite para o dia. A mulher trabalhou nele durante meses. A estratégia de mídia social que abalou minha amiga não se implementou magicamente. Enquanto minha amiga inventava desculpas, a vizinha pesquisava, estudava, aprendia e criava todos aqueles posts que Molly via agora.

As pessoas o deixam tão zangado porque você sabe que poderia ter feito o mesmo. E você se chateia por não ter começado antes. O fato é que a inspiração não é suficiente para motivá-lo a agir.

Por isso a raiva é tão importante. Por isso a comparação pode ser uma de suas maiores professoras. E arrisco dizer que isso ocorrerá provavelmente com alguém que irrita você. Será, por exemplo, Aron do fim do corredor. Um dia, ele vai pedir demissão e se dedicar integralmente ao negócio de barcos customizados que foi construindo nos fins de semana em que você estava com seus amigos.

É por isso que você fica com inveja ao vê-lo pedir demissão. Porque, quando pessoas que você conhece fazem algo, isso significa que já não é possível inventar desculpas para não fazer. Se você se sentou ao lado de Aron durante um ano, sabe que ele não tem superpoderes, fundos de investimento ou vantagens. Ele simplesmente se esforçou. E agora está pedindo demissão. Isso o deixa com inveja. E é por isso que precisava ser ele.

É perfeitamente compreensível ficar chateado ao ver o belo site de alguém, ao observar o colega de trabalho iniciar uma nova vida ou ao entrar na casa reformada de um amigo. Mas, se você quiser mesmo ter sucesso, ser saudável e conquistar seus objetivos, não há tempo para ficar chateado ou desperdiçar energia ficando com inveja. Você precisa dessa energia, porque tem um trabalho a fazer.

Esses momentos são realmente dolorosos e acontecerão muitas vezes em sua vida, então se prepare. Usando a Teoria Let Them, você será capaz de reconhecer quando a comparação estiver tentando lhe ensinar algo. A inveja é uma porta para o futuro, e é seu trabalho reconhecer quando isso acontece, escancarar a porta e cruzá-la.

Quando permite que outras pessoas mostrem o caminho, você percebe que, por baixo de todo o medo, de todas as desculpas e de todo o tempo desperdiçado, está a vida que você sempre quis. Neste exato momento, o que o impede de assumir o controle da sua vida são apenas as desculpas, os medos e as emoções que discutimos ao longo deste livro.

É aqui que você deixa de tentar controlar o que todo mundo pensa, sente e faz e passa a usar seu tempo e sua energia para criar o melhor capítulo da sua vida. Isso é tão importante que darei um exemplo pessoal.

A lição que tiramos da história é que o que a inveja está nos ensinando nem sempre fica tão óbvio. Quando eu tinha quarenta e poucos anos e estava com problemas financeiros — antes de construir a carreira que tenho hoje —, uma de minhas amigas fez uma grande reforma em casa.

Sempre que saíamos para almoçar ou caminhar, eu queria ouvir tudo sobre a reforma e acompanhar o progresso por meio das fotos. Era muito divertido. No entanto, sempre que voltava para casa, eu me sentia... desencorajada e triste.

Nunca esquecerei o dia em que Chris e eu percorremos a longa e sinuosa entrada de veículos da casa dela, depois que a reforma foi finalizada. Fiquei boquiaberta. A casa ficou linda.

Enquanto minha amiga nos guiava em um tour pela residência, eu me vi entrando na espiral da comparação. Lembro que pensei: *Como ela tem tanto dinheiro?*

É claro que eu estava feliz por ela, mas também sentia muita inveja. Minha vizinha realmente merecia tudo aquilo. O marido e ela haviam trabalhado muito durante anos e tinham todo o direito de construir e aproveitar a casa, bem como falar a respeito e ter orgulho daquela conquista.

Eu sabia disso, mas não sabia como ficar genuinamente feliz por minha amiga sem sentir inveja e insegurança. Quando ela abriu a porta do salão de jogos, quase entrei em combustão.

— Este é o salão de jogos do segundo andar. Tem uma mesa de sinuca e uma área de lazer para as crianças aproveitarem agora e, de um jeito responsável, com os amigos no futuro.

Ela deu uma piscadela, e todos rimos.

— E aqui é o quarto dos beliches, para as crianças e os amigos darem festas do pijama. Meus filhos gostaram tanto que não querem mais dormir em seus quartos.

Fiquei de queixo caído. Não me admira que meus filhos sempre quisessem ir para a casa dos coleguinhas e nunca quisessem recebê-los na nossa. Beliches tamanho queen? Um salão de jogos em cima da garagem? Aquele era o sonho de qualquer criança, enquanto o meu sempre fora ter "A" casa onde todos se reuniam.

Naquele ponto do tour, eu estava pronta para descer as escadas, roubar uma garrafa de vinho e me arrastar para um dos beliches tamanho queen — estava me sentindo muito, muito inferior. Eu me sentia uma pessoa horrível por deixar que a inveja contaminasse a legítima felicidade que sentia pela minha amiga. Ela não somente era uma pessoa incrível, amada por todos, linda por dentro e por fora, como agora tinha a casa dos meus sonhos.

Enquanto a noite prosseguia, tentei ignorar o peso que se formara em meu estômago. Tentei agir como se não estivesse nem um pouco incomodada. Mas, quando me vi no carro com Chris, a caminho de casa, sem precisar conter a inveja... eu a despejei nele. Como uma criança de 8 anos, tive um acesso de raiva:

— Nunca teremos uma casa como aquela — soltei, rispidamente. — Por que você entrou no ramo de restaurantes?

Meu marido não sabia o que dizer, então fomos para casa em meio a um silêncio tenso. Estou compartilhando essa história em tantos detalhes porque falamos muitas vezes sobre esse momento durante a terapia de casal. Seria fácil achar que isso tinha a ver com a casa. Não tinha. A verdade que eu precisava descobrir era muito mais profunda. A comparação com minha amiga e a raiva que eu sentia estavam me ensinando uma lição que mudaria minha vida.

Eu não estava zangada com ela, tampouco com meu marido. Estava zangada comigo mesma, porque desistira de ter ambição. Tinha contado com Chris sendo bem-sucedido e me dando apoio financeiro para conseguir as coisas que eu desejava. A verdade é que a vida dele é de responsabilidade exclusivamente dele. Se você quer ser bem-sucedido, é sua responsabilidade se tornar bem-sucedido. Se quer uma casa com beliches tamanho queen e uma cozinha reformada, é responsabilidade sua trabalhar para isso.

Eu vinha evitando essa responsabilidade havia uma década. Aquela experiência me forçou a me olhar no espelho e ser sincera comigo mesma a respeito do que eu queria. A inveja era, na realidade, uma mensagem do meu eu do futuro. Ver minha amiga vencendo me permitiu enxergar mais possibilidades de também conseguir.

Então escancarei a porta e comecei a trabalhar. Não sou especial. Só fiz o que antes estava relutante em fazer. Eu me tornei persistente e determinada a trabalhar pelo que queria. Comecei a ter resiliência. Levei quinze anos trabalhando duro para conseguir meus beliches tamanho queen. Mas consegui, e você também pode.

A Teoria Let Them o ajudará a cavar fundo e encontrar a verdade que a inveja está tentando ensinar a você e entender em que momento você se abandonou. Limitando-se a permanecer na superfície, desperdiçando tempo e energia com pessoas e coisas que estão fora do seu controle, você jamais vai descobrir o seu maior propósito e as possibilidades existentes.

Você tem uma vida bela e incrível pela frente. Tem um potencial que vai além do que imagina. Não está preso ao lugar onde vive, às circunstâncias que enfrenta ou aos aspectos que acredita serem limitações.

Se for sincero consigo mesmo a respeito do que realmente quer e se assumir a responsabilidade de criar isso, você vai conseguir. Não é preciso ser especial. Basta levantar-se todos os dias, dar um passo após o outro e trabalhar muito para fazer e ser um pouco melhor do que fez e foi ontem. Um belo dia, você vai acordar e perceber que não somente transformou a si próprio, como ainda está vivendo aquilo que já invejou.

Vamos resumir o que aprendemos a respeito de superar a comparação crônica. Até agora, você permitiu que o sucesso alheio o paralisasse. A Teoria Let Them o ensina a deixar que os outros obtenham sucesso e a usar isso como inspiração para construir a vida que você deseja.

1. **Problema:** quando mantém o foco em como a vida parece injusta e se compara a outras pessoas, você perde tempo e preciosa energia com o que não pode controlar. Você permite que o sucesso alheio o paralise e o faça se sentir frustrado, empacado, como se estivesse ficando para trás. Essa mentalidade alimenta a procrastinação e o perfeccionismo, evitando que você aja para criar o próprio sucesso.

2. **Verdade:** sempre haverá alguém mais sortudo, que tem o que você quer, que está mais à frente ou que chegou ao sucesso mais rápido. Comparar-se é um instinto natural, mas, quando a comparação toma conta de seus pensamentos, ela mina sua autoconfiança e sua motivação. Não é possível controlar o sucesso alheio, mas é possível controlar a maneira como reagimos a ele.

3. **Solução:** aplique a Teoria Let Them, pare de se torturar e passe a usar a comparação em benefício próprio. Deixe que outros tenham sucesso e o utilize para impulsionar a própria jornada. A vitória alheia é uma evidência de que você também é capaz de chegar lá. Ao transformar inspiração em ação você começa a construir sua merecida vida extraordinária.

Quando pratica o *deixa pra lá*, você aprende com o sucesso das outras pessoas e permite que elas mostrem o caminho. Quando pratica o *deixa comigo*, você se concentra em jogar com o que tem, transformando inspiração em ação e ganhando por jogar *com* os outros, e não *contra* eles.

Chegou a hora de usar suas cartas e vencer o jogo da vida.

Você acaba de concluir a primeira metade deste livro e, a esta altura, já deve ter sentido o poder da Teoria Let Them em sua vida. Você aprendeu o quanto é libertador concentrar-se em si mesmo, em vez de desperdiçar energia no que não é possível controlar — o comportamento, as opiniões, as emoções e o sucesso dos outros.

Quanto mais coloca em prática o *deixa pra lá* e o *deixa comigo*, mais você libera espaço mental, energia emocional e tempo que nem sabia que tinha. Com essa liberdade, pode se mostrar de uma nova maneira para si e para aqueles ao seu redor.

Na próxima seção, vamos explorar o uso da teoria para lidar com a delicada dinâmica das relações entre adultos — amigos, familiares, pares românticos ou colegas de trabalho. Você vai descobrir como estabelecer limites claros, fortalecer laços e, finalmente, libertar-se da exaustiva necessidade de controlar todos ao redor.

Neste instante, talvez você esteja se sentindo frustrado e solitário ou não saiba se as conexões que você deseja são possíveis.

Mas eis a verdade: os melhores relacionamentos da sua vida ainda vão acontecer. As amizades mais gratificantes, as mais belas histórias de amor e os laços familiares mais incríveis o esperam, se aprender a aceitar as pessoas como são e parar de tentar forçar as relações a serem o que não são.

Quanto mais diminuir suas expectativas, seu controle e sua necessidade de consertar os outros, mais seus relacionamentos vão florescer. Nunca é tarde demais para encontrar amigos maravilhosos, redimir-se, fortalecer sua relação familiar ou criar o amor com o qual você sempre sonhou.

Não é extremamente animador saber que os momentos mais significativos e as conexões mais profundas da sua vida podem estar logo ali, virando a esquina? Se aplicar a Teoria Let Them, eles estarão.

Então vamos começar.

Relacionamentos e a Teoria Let Them

Dominando as amizades na vida adulta

Motivando outras pessoas a mudar

Ajudando uma pessoa que está passando por dificuldades

Escolhendo o amor que você merece

Quanto mais você permitir que as pessoas sejam quem são, melhores serão os seus relacionamentos.

— Mel Robbins

Dominando as amizades na vida adulta

CAPÍTULO 11

A verdade que ninguém conta sobre amizades na vida adulta

Sejamos sinceros: amizades na vida adulta são difíceis. Todo mundo que conheço tem dificuldade em iniciá-las, desfazê-las ou encontrar tempo para mantê-las vivas.

Se chegou a um ponto da vida no qual se pergunta "Para onde foram os meus amigos?", você não está sozinho. Talvez ache que não tem amigos. Ou que eles estão em uma fase diferente da vida. Talvez você esteja preso em um melodrama, esperando que a outra parte entre em contato ou se sentindo inseguro a respeito de sua relação. Ou talvez sinta que a vida de todo mundo é uma grande festa e a sua, não. Você quer amizades melhores, mas não sabe onde encontrá-las.

Também já passei por isso.

Nesta seção, vamos falar sobre amizades na vida adulta, com as quais até agora você lidou da mesma maneira como fazia quando era criança: apenas na expectativa de que algo aconteça. Por isso, elas não são o que poderiam ser.

A verdade é que as amizades mudam drasticamente quando você se torna adulto — e ninguém vê as mudanças chegando. É por isso que você precisa usar a Teoria Let Them para assumir o controle dessa área da sua vida.

A amizade é um dos melhores e mais significativos aspectos da experiência humana. Você merece amizades incríveis. Amigos são maravilhosos: tornam a vida mais divertida e gratificante, e podem ser a família que escolhemos para nós mesmos.

A grande dispersão

É difícil coordenar amizades na vida adulta porque, quando você chega aos 20 anos, elas mudam de um esporte coletivo para um esporte individual — e ninguém entende isso.

Quando não reconhecemos essa transformação (e ninguém reconhece), não mudamos a abordagem e, consequentemente, acabamos nos sentindo sozinhos. Também achamos desafiador continuar conectados àqueles que amamos, em um mundo cada vez mais ocupado e distraído.

Conforme crescemos, mudamos de emprego e de cidade, iniciamos e terminamos relacionamentos românticos, começamos a enfrentar o desafio de "encontrar nossa turma" em novos lugares e capítulos da vida.

A Teoria Let Them ajudará você a entender as amizades na vida adulta de um jeito mais profundo e lhe dará o poder de fortalecer as já existentes e de conhecer suas novas pessoas favoritas.

Então, o que muda?

Vamos falar sobre a diferença entre as amizades na infância e as amizades após as significativas transformações que ocorrem quando nos tornamos adultos.

Quando eram pequenos, você, seus amigos e seus colegas de classe pareciam um time, vivendo exatamente no mesmo ritmo e lugar. Do maternal ao ensino médio, todos tinham a mesma rotina diária, pegavam o mesmo ônibus, liam os mesmos livros e aprendiam as mesmas coisas na escola.

Você encontrava com seus amigos o tempo inteiro: nas aulas, nos corredores da escola, na quadra e no bairro. Todos passavam ao mesmo tempo por marcos da vida como aniversários, formaturas e programação de férias, além de frequentarem os mesmos clubes e terem as mesmas atividades, matérias e os mesmos esportes — isso inconscientemente o fazia sentir-se parte de uma grande equipe que atravessava as vivências com você.

Por isso as amizades pareciam um esporte coletivo. Todo mundo andava em grupo.

Durante seus primeiros vinte anos de vida, a estrutura de suas amizades foi estabelecida por seus pais, pela escola, pelos times esportivos, pelos alojamentos da faculdade, pelas fraternidades e pelas atividades extracurriculares — tudo isso facilitava o convívio com pessoas que tinham a mesma idade e estavam passando pelas mesmas experiências.

Assim, não só era fácil fazer amigos, como você também passava tanto tempo e compartilhava tantas experiências com eles que as amizades eram verdadeiramente profundas. E elas pareciam um esporte coletivo porque se você fizesse parte de um time, de um grupo de amigos ou de um clube, esperava ser chamado sempre que algo fosse combinado.

Sua infância o levou a acreditar que sempre receberia convites para tudo, que as amizades sempre seriam fáceis, que você veria seus amigos o tempo todo — e que sempre haveria alguma coisa divertida acontecendo.

E então *bum*. Você fez 20 anos e entrou em uma fase das amizades que chamo de "a grande dispersão".

A grande dispersão acontece da seguinte forma: o ensino médio ou a faculdade terminam, e cada um vai para um lado. De repente, todo mundo mora em um local diferente, e muito em breve, todos terão cronogramas diferentes, trabalharão em lugares diferentes, sairão com pessoas diferentes e passarão pelos marcos da vida em momentos diferentes. A estrutura que sustentava todas as suas amizades desapareceu.

É por isso que você sente que perdeu o controle de todos os aspectos de sua vida. Não existe um caminho, um modelo, um cronograma ou marcos para ditar o que fazer e quando fazer. Está tudo em suas mãos.

Em outras palavras, é aí que a vida adulta começa. Pela primeira vez, você está oficialmente por conta própria. Cabe somente a você escolher como passar seu tempo, onde trabalhar, em que cidade morar e com quem sair.

Com o passar do tempo, os amigos próximos que se mudaram para cidades diferentes começam a parecer cada vez mais distantes. Ninguém tem tempo livre. Tentar conciliar a agenda de todo mundo para um encontro do grupo parece impossível. O que mantém os amigos unidos é um grupo no WhatsApp, com cada vez menos mensagens. Naturalmente, todo mundo está concentrado em viver a própria vida e em se dedicar às pessoas que estão perto.

É quando a solidão o atinge para valer. É quando as amizades na vida adulta ficam difíceis. A estrutura que criou a oportunidade e a expectativa de ver seus amigos vinte e quatro horas por dia, sete dias por semana, desaparece. Você começa a se perguntar: "Onde foram parar todos os meus amigos?" Você sente que está não está mais controle. Tenta se agarrar a alguma coisa. Sente-se inseguro. E aí tenta se agarrar mais ainda a alguma coisa.

A realidade é que amizades na vida adulta vêm e vão. A expectativa acaba por destruí-las. É preciso ter uma abordagem mais flexível e proativa. E é por isso que você se pegará praticando o *deixa pra lá* e o *deixa comigo* o tempo todo.

Que eles se mudem. Que priorizem os novos amigos. Que não tenham tempo para você. Que não mandem mensagem. Que não o incluam. Que marquem um café sem você.

Isso acontece com todo mundo, e pode ser incrivelmente confuso. Daqui para a frente, cabe a você modificar a maneira como vê a amizade na vida adulta — porque a grande dispersão já aconteceu, e versões dela vão seguir acontecendo conforme você envelhece.

Quando seus amigos solteiros se casam, eles se dispersam. Quando começam a ter filhos, eles se dispersam. Quando se mudam do centro para bairros mais afastados, eles se dispersam. Quando os filhos saem de casa ou o casal se divorcia, eles se dispersam. Quando envelhecem, mudam-se para casas menores, aposentam-se ou sofrem uma perda, eles se dispersam.

Isso vai acontecer repetidamente, na sua vida e na de seus amigos. É normal. Por esse motivo, você precisa da Teoria Let Them. Ela vai ensiná-lo a ser mais flexível em sua forma de lidar com as amizades e vai mostrar a você como usar seu tempo com sabedoria, para criar alguns dos melhores vínculos que você já teve.

Os três pilares de uma amizade

Acredito que três fatores tornam uma grande amizade possível: proximidade, timing e conexão. Esses pilares são a fundação invisível sobre a qual toda amizade é construída.

Quando amigos se afastam ou perdem contato, é porque um ou mais pilares fundamentais estão faltando.

Entender o papel desse trio vai ajudá-lo a usar a Teoria Let Them para ser mais flexível, compreensivo e proativo em suas amizades na vida adulta.

O primeiro pilar: proximidade

Proximidade significa que, com frequência, você está com seus amigos. Isso é importante porque, quando estamos fisicamente próximos de alguém, é natural passarmos bem mais tempo com essa pessoa. Se vocês não vivem perto, não vão se encontrar com tanta frequência, então permanecer conectado exigirá esforço. Não é impossível, mas é mais difícil. É mais fácil aproximar-se de pessoas que você vê o tempo todo. E isso não é apenas senso comum. É um fato.

Nas pesquisas sobre o conceito de proximidade, comprovou-se que esse fator tem impacto sobre quem escolhemos como amigos. Quanto mais vemos alguém pessoalmente, mais oportunidades temos de conhecer a pessoa, passar tempo juntos, compartilhar experiências e formar uma amizade mais profunda.

De acordo com um estudo da Universidade do Kansas, para se tornar colega, "amigo casual" de alguém, é necessário passar 74 horas com a pessoa. Para se tornar "amigo próximo", são necessárias duzentas horas. Vamos levar essa informação para o contexto das amizades que você tinha quando era criança, analisando como elas mudaram quando você se tornou adulto.

No ensino médio, você somava duzentas horas com seus amigos a cada cinco ou seis semanas. Na faculdade, passava ainda mais tempo, porque morava com eles ou ao menos próximo e saíam juntos. Faziam todas as refeições juntos. Passava todos os fins de semana com eles. Essa proximidade lhe dava tempo de fortalecer as conexões e compartilhar experiências e memórias infinitas, o que, por sua vez, permitia construir confiança nesses relacionamentos.

Se estamos fisicamente perto de alguém, morando do outro lado da rua, no mesmo dormitório ou no fim do corredor, sentado na carteira ou na baia ao lado, ou nos vendo todos os fins de semana no jogo de futebol das crianças, naturalmente passamos mais tempo juntos por causa da proximidade.

Isso faz diferença. Muita diferença. E também explica por que era muito mais fácil fazer amigos quando erámos mais novos. Estávamos o tempo todo perto de pessoas da nossa idade. E é por isso que, na fase adulta, quando todo mundo se dispersa e passa a ter uma rotina diferente, é difícil fazer novos amigos — porque duzentas horas com alguém é muito tempo.

Além disso, quando nos tornamos adultos, não temos tanto tempo livre quanto antes, porque agora trabalhamos. De acordo com o Estudo Americano do Tempo, entre os 21 e os 60 anos passaremos mais tempo com os colegas de trabalho do que com a família e os amigos.

Isso significa que sua única chance de estar com os amigos é depois do trabalho ou nos fins de semana. Imagine quantos cafés e churrascos

A verdade que ninguém conta sobre amizades na vida adulta **165**

são necessários para passar duzentas horas com um novo amigo adulto! Se a proximidade é tão importante, isso também faz você se perguntar por que não se torna amigo de todos os seus colegas de trabalho automaticamente, já que passa a maior parte do tempo com eles.

O segundo pilar: timing

O timing se refere à atual fase da sua vida. Se você e a outra parte não estiverem na mesma sintonia, será muito mais difícil relacionar-se, porque vocês terão menos em comum.

Em nenhum lugar o impacto do timing é mais evidente do que nas amizades com colegas de trabalho. Como você acabou de aprender, entre os 21 e os 60 anos passaremos mais tempo com essas pessoas do que com nossos amigos e familiares, mas tem um porém: todo mundo estará em um capítulo diferente da vida. Isso significa que, durante quatro décadas, a maioria das pessoas com quem vamos passar mais tempo no trabalho não estará no mesmo momento que nós.

Por exemplo, se todo mundo no trabalho é quarenta anos mais velho, pode ser difícil relacionar-se. Uma de minhas filhas contava que as perguntas para "quebrar o gelo" no início das reuniões eram algo como "Onde você se casou?" e "Qual seu plano de aposentadoria privada?".

Ela sentia que precisava mentir sobre sua vida toda segunda-feira de manhã, porque, enquanto todos compartilhavam o que haviam feito com os filhos no fim de semana, ela tinha saído com as amigas e vomitado em uma lata de lixo.

É por isso que o timing importa. Porque, a despeito de minha filha passar tanto tempo com os colegas, se dar bem com eles e gostar muito daquelas pessoas, estavam em fases da vida totalmente diferentes. É por isso que nunca saíam juntos no fim de semana ou jantavam após o expediente: não tinham nada em comum além do trabalho.

Posso dar outro exemplo de como o timing afeta as amizades. Chris e eu temos dois amigos que adoramos. Acho os dois muito legais. Adoro conversar com eles. Mas meu marido e eu somos quinze anos mais jovens, e o outro casal já tem netos. Temos bem menos assunto, porque estamos em momentos de vida significativamente diferentes.

Ainda somos amigos? Com certeza! Eu os amo de paixão! Mas essa amizade não se aprofunda muito, porque não moramos perto, não nos vemos com frequência e o timing não combina. Os três pilares da amizade me permitem entender que nada disso é pessoal.

Amizades vêm e vão. Uma hora podemos nos sentir próximos da pessoa e, em seguida, nos sentir mais distantes.

A Teoria Let Them realmente me ajudou a relaxar em relação a minhas amizades na vida adulta. E ela vai ajudar você a fazer o mesmo, porque, quanto mais você amadurecer, mais pessoas vão entrar e sair de sua vida. *Deixa pra lá.*

Quando paramos de esperar que todo mundo seja nosso melhor amigo, nos convide para tudo ou nos inclua em todos os programas, as coisas ficam muito mais fáceis. Há uma maneira totalmente diferente de ver as amizades na fase adulta usando a Teoria Let Them — e essa maneira vai tornar sua vida muito mais gratificante, saudável e feliz.

O terceiro pilar: conexão

Ou você sente uma ligação com alguém, ou não sente. Ninguém consegue explicar, mas acredite: conexão é algo que existe ou não. Não há razão científica para isso. Precisamos apenas confiar.

Aqui vai outra verdade difícil: a conexão muda com o tempo. Às vezes, para pior, às vezes, para melhor. E isso é bom, porque significa que você e as pessoas de sua vida estão crescendo e se transformando em novas versões de si mesmos.

Por exemplo, você morava com cinco amigos durante a faculdade. Você os adorava, a energia de todo mundo combinava, e foi a melhor experiência da sua vida. Então, você e um dos integrantes desse grupo foram morar juntos após a formatura, e em quatro meses algo simplesmente parecia não estar dando certo. Isso é muito comum. Significa que os dois estão crescendo e mudando, não que a amizade está chegando ao fim.

Nosso erro é ficar obcecados pelo que está errado, em vez de manter o foco na aceitação, na gentileza e na admiração que sentimos pelo outro. Só porque vocês foram melhores amigos durante um momento da vida, não significa que serão no seguinte, e isso acontece.

Na verdade, já que entramos nesse assunto, preciso dizer que detesto a expressão "melhor amigo". Ela coloca pressão e expectativas demais em um relacionamento que sempre precisará de espaço para crescer e evoluir. Conforme as amizades entram e saem da sua vida, *deixa pra lá*. Confie no timing.

É esperado que certas pessoas fiquem em sua vida por algum tempo. Outras, por uma razão específica. E algumas vão seguir com você a vida inteira.

É assim que as coisas são. Quando alguém se afastar ou a energia começar a parecer diferente, não o transforme em inimigo. Você sabe que a energia está mudando porque a amizade começa a fazer você se sentir drenado. As conversas ficam desconfortáveis. Você sente que algo está errado ou forçado. Confie nessa sensação. Eu aprendi, da maneira mais difícil, que agarrar-se a algo ou tentar insistir em uma situação só piora as coisas.

Costumamos nos agarrar a relacionamentos que já chegaram ao fim, pois sabemos que, no segundo em que os deixarmos de lado, eles vão se desvanecer. Foi exatamente o que aconteceu comigo. De repente, eu me vi excluída do que achava ser meu grupo mais próximo de amigos. Não sabia o que fazer e definitivamente não lidei bem com isso.

CAPÍTULO 12

Por que algumas amizades simplesmente acabam

Eis o que aconteceu.

Uma das épocas mais divertidas da minha vida foi quando eu era uma jovem mãe de três. Vivíamos em um bairro com um grande grupo de amigos e criávamos nossos filhos juntos, construindo uma comunidade realmente incrível.

As crianças tinham a mesma idade e frequentavam a mesma escola primária. Foi um dos períodos mais socialmente movimentados da minha vida. Encontrávamos nossos amigos o tempo todo, por causa dos filhos, do colégio e das agendas parecidas. Para ser sincera, eu me sentia de volta ao ensino médio, sempre com planos, convites e pessoas para encontrar.

Ficamos especialmente próximos de dois casais, com os quais fazíamos milhares de coisas — viagens nos fins de semana, saíamos de casa em casa para pedir doces no Halloween, treinos no sábado de manhã, brunch no domingo, encontros para assistir futebol americano, churrascos e muito mais.

Chris e eu estávamos genuinamente felizes. Parecia pura sorte nós termos nos mudado para uma cidadezinha onde não conhecíamos ninguém e termos acertado em cheio ao encontrar tantos casais incríveis com os quais adorávamos conviver — e as crianças também se davam bem! Era bom demais para ser verdade.

Ao mesmo tempo, um casal muito querido morava em outro estado e sempre dizia invejar nossa comunidade e nosso grande e divertido círculo de amigos. Achávamos que a única maneira de as coisas melhorarem seria se eles se mudassem para nossa cidade.

Então Chris e eu começamos a incentivá-los: "Vocês precisam se mudar para cá!" E eles se mudaram mesmo. Na verdade, compraram uma casa em frente a dos dois casais com os quais sempre fazíamos tudo. No começo, fiquei *muito* animada. Afinal, nossos amigos não só tinham se mudado para nossa cidade, como também se tornaram vizinhos dos dois casais de quem mais gostávamos! Nós morávamos a cinco minutos de carro, e tudo parecia perfeito!

Naturalmente, eu esperava que a vida se tornasse uma grande festa, com as quatro famílias juntas o tempo todo. De início, foi assim. Eles telefonavam e nos convidavam para participar de jantares no meio da semana. Mas, com o tempo, algo inesperado começou a acontecer. Os convites foram diminuindo. E ficou nítido que as três famílias faziam coisas juntas, sem nos chamar... o tempo todo.

Olhando para trás, entendo que eles tenham feito isso. A proximidade importa. Eles moravam na mesma rua. Podiam acenar uns para os outros, da porta de casa. Tinham filhos da mesma idade, que pegavam o mesmo ônibus, e ainda se alternavam para levar as crianças aos treinos.

Hoje, eu entendo. Não era pessoal. Quando você está ao lado de alguém, esperando que as crianças desçam do ônibus, naturalmente se vira e pergunta: "O que vocês vão fazer hoje à noite? Por que não jantam lá em casa?"

Fazia sentido se tornarem melhores amigos! E eles tinham liberdade para fazer isso! Mas, naquele momento, tudo o que eu observava era aquele casal de Atlanta roubando, sem o menor remorso, o que eu via como nosso lugar no grupo de amigos. E não lidei bem com isso.

Eu fui horrível

Fiz o que a maioria das pessoas faz quando se sente ameaçada ou excluída, porque não compreendia as amizades na vida adulta. Fui consumida pela inveja e pela raiva. *Antes éramos nós*, eu pensava. Eles *roubaram* nosso grupo de amigos. E, assim que minha energia em relação a eles mudou, tudo mudou.

No começo, eu queria ser divertida, amigável e despreocupada perto deles, para que a situação voltasse a ser o que era. Mas, sempre que pensava na situação ou os via, era como se algo ruim tomasse conta da minha mente, do meu corpo e do meu espírito.

Eu não conseguia controlar meus sentimentos. Fiquei fria e amarga. Minha energia mudou, e todo mundo sentiu. Chris sentiu. Os três casais sentiram. Até os amigos do grupo maior sentiram. Eu me transformei em uma megera, mesmo sem querer. Tentava não pensar no assunto, mas, enquanto estávamos em casa comendo espaguete em uma noite qualquer da semana, imaginava nossos amigos juntos, fazendo churrasco no quintal. Isso me consumia.

Fico constrangida por ter me sentido assim e por ter agido de maneira mesquinha e insegura. Mas, naquele momento, eu não entendia minhas emoções e não sabia como lidar com elas. Eu não conhecia a Teoria Let Them. Acabei me tornando um sinal de alerta ambulante quando o assunto era amizade.

Se encontrasse qualquer uma daquelas seis pessoas no jogo de futebol sábado de manhã, durante uma reunião na escola, em uma festa ou no supermercado, eu ficava muito estressada. Queria agir normalmente. Gostava deles e queria que as coisas mudassem. Mas não sabia lidar com meus sentimentos.

Eu não conseguia me controlar. Meu tom de voz mudava. Meus braços se cruzavam sozinhos. E, embora eu não quisesse sentir o que estava sentindo, não sabia como evitar. Não acho que alguém tenha nos excluído de propósito.

Hoje, quando olho para trás, vejo a situação com clareza. Consigo ver como eu estava irritada e invejosa. Também não gostaria da minha presença em um churrasco. Não gostaria da minha energia negativa. Era um milagre que ainda fosse convidada para qualquer coisa naquele momento da minha vida!

Meu marido não se incomodava com o fato de a dinâmica do grupo ter mudado. Ele não levava nada para o lado pessoal. Mas eu não conseguia mudar o que estava sentindo. Ainda hoje é profundamente doloroso e íntimo falar sobre isso, e assumo total responsabilidade por minha falta de maturidade e por meu comportamento tóxico. Eu agia como uma criança. Em um minuto, estava emburrada; no seguinte, fingia não me importar. Dava chiliques na frente do coitado do Chris com frequência quando estávamos a sós.

Se eu conhecesse a Teoria Let Them naquela época, teria sido capaz de deixar que eles fossem amigos. Teria conseguido superar a situação. Teria assumido a responsabilidade de entender e processar minhas emoções de maneira saudável, feito uma mulher adulta e madura. Mas, naquele momento, eu não fazia ideia de como lidar com minhas emoções ou com o que estava sentindo. Tudo parecia um ataque pessoal. Eles se tornaram os vilões da minha história.

Por quê? Porque é mais fácil culpar alguém e espumar de raiva do que assumir a responsabilidade. Eu estava cometendo o maior erro que alguém pode cometer nas amizades da vida adulta: esperava que fôssemos amigos para sempre, que eu fosse incluída sempre e que tudo fosse fácil.

Essa história ilustra que a proximidade realmente desempenha um grande papel na formação e na manutenção das amizades na vida adulta, o que nem sempre podemos controlar. Também ilustra como a energia pode destruir uma amizade, e isso podemos controlar. A situação ocorreu pouco antes de eu fazer 40 anos, mas pode acontecer em qualquer fase da vida. Em algum momento, você deixará de se sentir parte de um grupo de amigos e se sentirá um forasteiro. Isso é normal.

Quando as pessoas vêm e vão, dispersam-se em várias direções, transformam a própria vida e se tornam aquilo que deveriam ser, os três pilares da amizade se modificam: proximidade, timing e conexão. É por isso que as amizades quando adulto requerem flexibilidade. É por isso que não costuma ser pessoal quando as pessoas entram e saem da sua vida.

Deixa pra lá.

"Eu deixei pra lá, mas agora não tenho amigos."

Ao pesquisar para este livro e analisar a história das milhares de pessoas que usam a teoria em todo o mundo, vi que um dos aspectos mais difíceis é constatar que aqueles que, para você, são amigos, na verdade, não são.

Quando você diz *deixa pra lá*, os outros revelam exatamente quem são e a posição que você ocupa na vida deles. Ao usar a Teoria Let Them com seus amigos, começará a ver que, em muitos dos seus relacionamentos, o esforço é unilateral.

É você quem liga e, quando para de fazê-lo, ninguém retorna. É você quem sempre entra em contato e faz planos e, quando deixa de tomar a iniciativa, ninguém o convida. É doloroso ver que você é o único se dedicando. Quando isso acontecer, e vai acontecer, quero que você retorne aos três pilares da amizade: proximidade, timing e conexão.

Quando uma amizade acaba ou alguém revela quem é, um desses três pilares está ausente. Talvez mais de um. Antes de se ver como uma vítima, começar a se isolar ou ficar zangado, analise os fatos.

Você ou seu amigo amadureceram? A rotina e os horários mudaram? Vocês se encontram por acaso tanto quanto antes? Sente que o timing de vocês ainda é o mesmo, ou parece que estão em momentos diferentes da vida? Alguma grande mudança ocorreu com um dos dois, alterando a conexão entre vocês?

Fazer essas perguntas a si mesmo é realmente importante, porque tendemos a achar que fizemos algo errado ou culpamos a outra pessoa e decidimos encerrar a amizade.

Antes de se afastar de um amigo, parta do pressuposto de que ele tem boas intenções. Às vezes, você é amigo de alguém que nunca faz planos, é extremamente introvertido ou está enfrentando situações difíceis. Não é que você esteja sendo ignorado; talvez a pessoa só esteja exausta daquele capítulo da própria vida. Ela não se distanciou por algum problema com você. E o fato de você ainda o procurar pode ser a tábua de salvação de que ela tanto precisa.

Durante as pesquisas para este livro, notei muitos comentários de pessoas chateadas especificamente por amigos não responderem mensagens. Não quero que você use a teoria para encerrar relacionamentos porque alguém não responde com a mesma frequência de antes.

Amizades não são toma lá, dá cá. Não existe um placar. Procure as pessoas porque você quer procurá-las. Mas não espere resposta. A rapidez ou frequência no retorno de alguém não é um sinal do quanto a pessoa se importa com você. É mais provável que seja um indicativo de como ela pode estar sobrecarregada. Há milhões de coisas acontecendo na vida de todo mundo, e, em 99% do tempo, não fazemos ideia do que o outro está enfrentando. Assim, especialmente com amigos, não julgue quando não receber resposta. Presuma que eles têm boas intenções.

Permita que não respondam suas mensagens

Posso dizer, pessoalmente, que os quatro últimos anos foram os mais intensos e atribulados da minha vida, e isso teve um grande impacto nas minhas amizades. Depois de viver em Boston por 26 anos, nós nos mudamos para uma cidadezinha rural em outro estado, onde não conheço ninguém da minha idade.

Ao mesmo tempo, minha empresa passou por um período de imenso crescimento, e eu nunca tinha gerenciado um negócio assim antes.

Meu principal compromisso era passar tempo com minha família e me estabelecer na nova comunidade. Então, cada instante livre que eu tinha era usado para ficar com meus familiares e tentar fazer novas amizades em nossa cidadezinha.

Tenho certeza de que muitos amigos acreditam que eu os ignorei, negligenciei o relacionamento ou sou péssima amiga. E, desse ponto de vista, eles estão certos.

Não é que que eu não me importe. É que nos últimos três anos foquei meu tempo e minha energia em outras coisas, e ser proativa e consistente no meu grupo de amigos não estava entre minhas prioridades. E tudo bem.

Quando o contato diminui, isso não significa que você perdeu um amigo. Detesto que muitas pessoas pensem que, se alguém está distante, é porque se tornou inimigo. Deixe que fiquem distantes. Só porque não estão próximos não significa que estão contra você. Transforme em hábito sentir-se feliz pelas pessoas e lhes desejar o melhor.

Alguns amigos que "desapareceram" por alguns anos estavam cuidando do pai ou da mãe idosos, vivendo um período difícil com os filhos ou sendo consumidos por um relacionamento pouco saudável ou uma carreira muito exigente. Não tinha nada a ver comigo. Eles ainda são meus amigos.

Digo isso pois não quero que você use a teoria para fazer suposições e destruir relações incríveis por não ter sido flexível ou não ter permitido que as pessoas entrassem e saíssem da sua vida devido ao que estão passando. Muitas vezes, basta uma mensagem ou um telefonema para retomar a amizade do ponto onde pararam.

Depois de quatro anos incrivelmente agitados, agora estou instalada em minha nova casa, os estúdios de Boston estão prontos e funcionando bem, passei muito mais tempo com meus pais idosos e nossos filhos saíram de casa, então um novo capítulo começou para mim. Nele, dar prioridade às amizades está no topo da lista.

Se você já recebeu um telefonema ou mensagem de alguém com quem perdeu o contato, sabe que essa é uma das melhores surpresas do mundo.

Existem pessoas em minha vida com as quais não falo há anos, mas, se saísse para tomar um café com elas, sei que imediatamente retomaríamos uma conexão profunda e amorosa. E estou animada para fazer isso por mim mesma. *Deixa comigo*.

A conexão que você tem com outra pessoa nunca se rompe de verdade. São apenas a proximidade e o timing que fazem vocês perderem o contato. Assim, nunca é tarde demais para se reconectar com velhos amigos, e isso está totalmente na sua esfera de controle.

Deixa pra lá vai ajudá-lo a ser flexível e empático, permitindo que as pessoas entrem e saiam da sua vida. *Deixa comigo* vai lembrá-lo de não ficar sentado, esperando convites ou presumindo intenções ardilosas. Também vai motivar você a assumir a liderança, procurar seus velhos amigos e criar novas amizades.

A Teoria Let Them vai ajudar você a encontrar sua turma, mesmo que comece do zero. Quando começar a aplicá-la, formará algumas das amizades mais incríveis da sua vida. Na verdade, você verá que ainda não conhece algumas das suas pessoas favoritas. Não é empolgante saber que há tantas pessoas, conexões e experiências incríveis só nos esperando tomar a iniciativa e dizer "olá"?

Vamos usar a teoria para encontrá-las. Fiz isso aos 54 anos, quando me mudei para uma comunidade diferente. A seguir conto a história toda, e então você e eu vamos nos concentrar para valer em aplicar o conceito de *deixa comigo* nas amizades.

CAPÍTULO 13

Como fazer as melhores amizades da sua vida

Quando minha família se mudou para outra cidade, eu me senti muito sozinha. Tinha acabado de chegar ali. Não conhecia ninguém da minha idade. E estava infeliz.

Em algum momento você vai passar pela mesma situação. Toda mudança de vida acarreta mudanças de amizade. Você vai passar por isso se terminar um relacionamento ou se divorciar e as pessoas escolherem um lado. Vai passar por isso se você ou um ente querido estiver atravessando dificuldades e as pessoas não souberem como apoiar, ou se ficarem desconfortáveis e se distanciarem. Vai passar por isso quando precisar se mudar por causa do trabalho ou dos estudos.

E, mesmo se estiver superempolgado com a mudança — indo para a faculdade ou a cidade dos sonhos —, a realidade é que, ao chegar lá, você não vai ter amigos. Talvez você tenha lidado com esse tipo de situação pela primeira vez na faculdade. Você espera fazer novos melhores amigos instantaneamente, mas não é o que acontece. Todos estão nervosos e grudam no primeiro que encontram, tentando formar um grupo.

Após uma semana, todo mundo aparentemente já têm um grupo de amigos. Porém, se você pensar no seu grupo de amigos da faculdade ou do ensino médio, perceberá que, na formatura, ele já havia mudado bastante. Isso porque leva tempo para encontrar sua turma.

Espere um ano

Quando minha filha Sawyer foi para a faculdade, ela me ligava chorando o tempo todo: "Estou no lugar errado. Meus amigos não estão aqui. Acho que quero fazer transferência." Eu sempre a aconselhava a ir ao refeitório e pedir para se sentar com alguém que parecesse interessante: "Você precisa se abrir e, mais importante, precisa esperar um ano."

Ela odiava esse conselho e me ligou o ano inteiro com essa mesma queixa. Sentia-se muito sozinha e estava desesperada. As duas amigas que tinha feito no início sentiam-se do mesmo modo. (Oi, Lexi e Micaela!) Mas as três continuaram saindo e dando a cara à tapa durante todo o primeiro ano.

Sei que Sawyer pedia para se sentar com as pessoas, marcava almoços pelas redes sociais, entrou para um milhão de clubes, fez teste para a equipe de lacrosse (mas não conseguiu entrar), ia a eventos no campus, mas não sentiu uma conexão com ninguém. Foi um ano inteiro tentando. Até que, nas últimas semanas do ano eletivo, conheceu Mary Margaret, que, hoje, é uma de suas amigas mais próximas e que a apresentou (e suas duas colegas) a outras sete meninas que são a turma dela hoje. Foi de fato necessário esperar um ano.

Quando me mudei, esqueci meu próprio conselho. Precisava ser lembrada de que poderia levar um ano. Uma semana depois da mudança, tinha certeza de que havia cometido um erro gigantesco. Senti-me péssima por 365 dias. Chorava o tempo todo e estava convencida de que jamais encontraria uma pessoa com quem me conectasse ou me identificasse. Contudo, o que eu fiz durante aquele primeiro ano?

Nada. Fiquei em casa me sentindo sozinha.

Não estava me abrindo para novas oportunidades. Não estava indo atrás de programas ou pessoas com quem poderia me conectar. Ouvia músicas tristes e ficava sentindo pena de mim. Chorava e reclamava com meu marido. Estava fechada. Cometi o erro de imaginar que alguma amizade fosse cair do céu. Não é assim que a coisa funciona.

Com certeza você já teve alguma experiência parecida. Talvez tenha sido uma mudança, uma troca de emprego, um término, a necessidade de cuidar de um familiar em dificuldade ou a síndrome do ninho vazio. Nesses momentos, tenho certeza de que você se sentiu muito só. Saiba que não é o único. Tudo isso é muito comum.

Mesmo quem tem ótimos amigos que estão longe, sente-se só porque não tem outros por perto. No meu caso, estava tão insuportável que, um dia, enquanto caminhava com minhas duas filhas adultas, comecei a chorar porque não tinha amigos, dizendo que odiava o lugar onde morávamos.

Estávamos passando pela casa de uma mulher que eu havia conhecido seis meses antes e contei a elas que a moça parecia ser legal. Minhas filhas me obrigaram a bater à porta naquela hora mesmo e falar com ela.

Eu não queria. Fiquei realmente com medo. Sentia-me uma fracassada. *A situação chegou mesmo a esse ponto?*

Tinha chegado, sim. Pensando bem, era a mesma coisa que eu dizia à minha filha Sawyer no primeiro ano da faculdade, quando ela me ligava chorando.

Foi constrangedor bater à porta da casa. Senti o coração disparar quando ouvi os cachorros latindo e passos se aproximando da porta. E, quando me atenderam, não era a mulher que eu tinha conhecido; era o marido dela.

— A Mia está em casa? — perguntei, continuando em seguida: — Eu a conheci há um tempo, sou nova aqui e tenho me sentido muito sozinha, por isso pensei em passar e dizer "oi"...

Minhas filhas completaram:

— Nossa mãe precisa de amigos. Ela achou sua mulher legal, então nós a incentivamos a dar uma passadinha aqui.

Ele foi muito gentil; nos convidou para entrar e mostrou a casa e os cachorros. Mia ficou animada com a visita, trocamos números de telefone e, uma semana depois, éramos nós duas que caminhávamos naquele trajeto. Foi o início dessa etapa da vida e do aprendizado de que a amizade entre adultos não é uma coisa que simplesmente aconte-ce. É algo que precisa ser criado.

Fico feliz em contar que, desde aquela batida dolorosa à porta de Mia e uma centena de outras situaçõezinhas incômodas — apresen-tando-me a alguém num café, entrando numa fazenda da região para dizer aos donos que as flores deles eram incríveis, cumprimentando a pessoa ao lado na ginástica —, fui, aos poucos, criando minha pequena comunidade.

No decorrer do ano, comecei a sentir que eu não somente conhecia os rostos da minha pequena comunidade, mas que, ao conhecê-los, encontrei minha turma. É por isso que você também precisa pensar no *deixa comigo*.

O hábito de "dar o primeiro passo"

Permita-se ser a pessoa que se apresenta. Permita-se ser o primeiro a dizer: "Sou novo na cidade. Há quanto tempo você mora aqui?" Permita-se ser o primeiro a dizer: "Se quiser dar uma caminhada, é só avisar. Esse é o meu número."

Devagar, mas com constância, uma conversa incômoda de cada vez, não só conheci minha turma, como encontrei algumas das pessoas mais incríveis nessa cidade do interior. Se eu posso fazer amizades in-críveis aos cinquenta e tantos anos, você também pode, onde quer que more, em qualquer idade.

Nunca é tarde demais, porque todo mundo quer e precisa de amigos. Mesmo que as pessoas já tenham o "grupo de amigos", sempre há espaço para alguém com quem realmente se identifiquem.

Você só precisa dar o primeiro passo.

Seja a pessoa que diz "oi" a qualquer um que esteja perto. Isso faz toda diferença. Por muito tempo eu não tinha atitudes parecidas. Durante o ano no qual fiquei em casa chorando, estava fechada mes-mo quando saía. Entrava num café, via as pessoas de sempre e, por nunca perguntar, não sabia o nome de ninguém. Ficava na minha. Não conversava.

No momento em que comecei a "dar o primeiro passo", entrei no mesmo local que tinha frequentado quase todos os dias, durante um ano inteiro. Ao chegar ao balcão, falei:

— Oi, eu sou a Mel. Qual é o seu nome?

— Kevin.

Quando ele me entregou o café, peguei o telefone e criei um contato com o número do estabelecimento. Na seção de notas, acrescentei: "Kevin é o barista alto com barba." Fiquei com medo de esquecer o nome dele se esperasse até chegar ao carro.

Em seguida, virei-me para o casal jovem que eu via ali todos os dias, mas com quem nunca tinha conversado.

— Oi, pessoal, vejo vocês por aqui sempre. Faz pouco tempo que me mudei para cá, e queria me apresentar. Sou a Mel, como vocês se chamam?

Gregory e Jordan. Que casal gentil. Também coloquei o nome deles na seção de notas do contato do café, abaixo de Kevin, com uma descrição curta: "Casal bonitinho. Eles são de Los Angeles. Por acaso também se mudaram há um ano."

Depois perguntei o que eles faziam. Quer saber de uma coincidência? Gregory trabalha com podcasts. Jordan é psicóloga. Quais são as chances de algo assim acontecer? E pensar que passei um ano sentada a três metros de duas pessoas com quem tinha tanto em comum! O que eu estava fazendo no café era muito mais do que papear. Estava começando a criar uma comunidade.

A receptividade que você oferece aos outros sempre é retribuída de alguma forma. Saber o nome dos rostos familiares ao redor faz você se sentir mais conectado com o lugar onde mora. Além disso, quanto mais pessoas você conhece, mais rapidamente encontrará aquelas com quem se conecta de verdade.

Isso é só o começo. Ao dar o primeiro passo, você cria uma conexão que tem um impacto gigantesco em seu bem-estar e sua felicidade.

Muitas vezes, isso não é percebido. Pesquisadores afirmam que as pessoas que se sentam perto de você num café ou que ficam perto no elevador de seu prédio não são estranhos — são "laços fracos".

Elas formam uma parte superpoderosa e importante da vida, e podem se tornar um alicerce que você constrói e que o sustenta no cotidiano. Aprenda o nome delas. Diga "oi". Faça carinho no cachorro delas. Escreva descrições na sua lista de contatos, para refrescar a memória antes de entrar no café no dia seguinte.

Assim, uma conversa por vez, comecei a criar meu suporte social — a rede de pessoas que eu conhecia pelo primeiro nome, "Oi, Kevin", "Oi, Gregory", "Oi, Jordan", e que me fazia sentir menos sozinha.

Aliás, foi assim que conheci um de meus amigos mais íntimos, David. Durante um ano, moramos a um quilômetro e meio de distância e não nos conhecíamos porque ficávamos sozinhos em casa, reclamando da vida. Começamos com um "oi" num café, e, hoje, ele é uma de minhas pessoas preferidas em todo o mundo. David e o marido são como família para mim.

Se eu consigo fazer isso, então você também consegue. A Teoria Let Them vai ajudar você nessa jornada.

Algumas pessoas vão reagir de modo esquisito? Vão. *Deixa pra lá*. A maioria das pessoas será calorosa e receptiva? Será. É isso. *Deixa pra lá*.

Fazer amigos tem a ver com a parte do *deixa comigo*. Aqui estão algumas atitudes simples que adotei para "dar o primeiro passo":

1. Elogie as pessoas aonde quer que você vá

Se você gostou a cor do esmalte da pessoa, fale. Se amou a roupa dela, diga isso. Se gostou das meias dela, fale! As pessoas adoram elogios porque se sentem vistas e valorizadas. É um modo certeiro de quebrar o gelo com alguém, sem se sentir esquisito.

2. Demonstre curiosidade

Pergunte o que a pessoa está lendo. Pergunte o que ela pediu do cardápio. As pessoas adoram falar de si mesmas. Mesmo se o papo não for mais longe do que um "obrigado", você ganha pontos por ter dado o primeiro passo.

3. Sorria e diga "oi" a qualquer pessoa por quem você passe ou com que encontre

Ser caloroso e acessível é uma habilidade. Se exercitá-la, isso se tornará parte de sua essência. Quando você leva a vida com uma atitude receptiva, a vida se abre para você.

4. Faça isso sem expectativas

Ao ser cordial com desconhecidos, você promove conexões que melhoram sua vida. A cordialidade que você oferece aos outros sempre retorna de alguma forma.

Tenha em mente que, quanto mais fizer isso sem esperar ser convidado para jantar ou que alguém se identifique com você imediatamente, mais depressa as pessoas certas vão aparecer. Pense nisso em termos de energia. Você está abrindo sua energia, descobrindo que as pessoas que devem fazer parte da sua vida vão se encaixar nela naturalmente.

A solidão é real, mas você não está preso a ela. É difícil se expor, e é mais difícil ainda ficar em casa sentindo-se sozinho. Eu prefiro ter um momento constrangedor a continuar me sentindo só. E sei que você também preferiria.

E, finalmente, espere um ano.

Construir uma rede com pessoas acolhedoras que fazem você se sentir parte de uma comunidade é uma camada essencial das amizades na vida adulta. Ao começar a me conectar com todas essas pessoas que estavam ao meu redor foi impressionante perceber que eu era a única desconectada do potencial da amizade.

Criando uma comunidade em qualquer lugar

Quem me impedia de me conectar com a comunidade à minha volta era eu mesma. Ao me isolar eu tinha me fechado para o grupo que estava à minha espera. Sua alma gêmea ou seu amigo mais querido pode estar agora mesmo sentado a duas mesas de distância em um café.

Não espere que os outros venham ao seu encontro. Dê o primeiro passo e os encontre. E, se quer mesmo acelerar a habilidade de conhecer pessoas com quem vai se identificar, experimente atitudes que meu marido e eu adotamos:

1. Procure eventos e aulas em grupo que interessem a você

Pode ser qualquer coisa: crossfit, yoga, corrida, caminhada, culinária, pintura, improvisação ou restauração de móveis. O importante é estar perto de quem tem interesses semelhantes aos seus. Isso facilitará encontrar pessoas com quem você tenha coisas em comum.

2. Quando se identificar com alguém, leve isso para fora da aula

Dê o primeiro passo e chame a pessoa para tomar um café ou dar uma volta. Quanto maior o número de indivíduos com quem fizer isso, mais fácil se tornará o processo e mais rapidamente será possível encontrar sua turma.

3. À medida que for conhecendo mais gente, procure eventos interessantes e convide as pessoas com quem você tem andado, para ver se alguém quer ir em grupo

Talvez seja um show, uma palestra ou um dia de voluntariado. Eu criei um grupo de caminhada com uma mulher que conheci no cabeleireiro. Certo dia, ela trouxe uma amiga. Pouco a pouco comecei a convidar outras pessoas que eu tinha conhecido. Toda quarta-feira, nós nos encontrávamos às 6h30 para caminhar por um trajeto específico no bairro.

Três anos se passaram e nós continuamos firmes e fortes. O grupo de mensagens tem tanta gente que não conseguimos adicionar mais ninguém, e aparecem pessoas novas o tempo todo. Esse é mais um exemplo de por que o processo demora um ano inteiro.

A caminhada é apenas um exemplo. Já convidei pessoas para ouvir jazz numa pousada da região, ir a um workshop de produção de guirlandas, jogar um bingo de drag queens e participar de um mutirão para ajudar um fazendeiro a colher dálias.

Meu marido, Chris, adotou a mesma abordagem. Entrou para uma academia, inscreveu-se numa liga de golfe e fez algumas aulas de tênis. Também esquiou numa montanha da região e foi voluntário num centro de tratamento para pessoas com doenças terminais. Tudo isso o levou a conhecer pessoas com interesses parecidos.

Chris então começou a procurar coisas divertidas que aconteciam na cidade ou nos arredores e chamava um novo amigo para ir com ele. Entrou para uma equipe de competição de corridas de esqui. Criou um grupo para "escalar a montanha e descer esquiando" nas manhãs de terça-feira. Eles se encontram num estacionamento; a notícia se espalhou, e toda semana é possível ver um grupo de quinze a vinte pessoas de todas as idades subindo a montanha juntas.

O que isso mostra?

Que, devagar e sempre, é possível fazer novas amizades — e todos nós estamos em busca de oportunidades para nos conectar com outras pessoas e fazer novos amigos.

Em vez de ficar sentado esperando que outra pessoa reúna um grupo para caminhada em trilhas ou na cidade, ou comece um clube de leitura, dê o primeiro passo.

Com a Teoria Let Them, você, além de fazer amizades melhores, vai ser um amigo melhor. Isso importa. Os relacionamentos criam uma vida boa. Bons amigos nos fazem pessoas mais felizes, mais saudáveis e dão sentido à vida. E as amizades são algo que você vai valorizar muito no decorrer da vida.

A Teoria Let Them vai ajudar você a fazer as amizades que merece e que vão exigir certa flexibilidade. Lembre-se, os amigos vêm e vão ao longo da vida. Pare de esperar um convite. Pare de se apegar quando a realidade começar a mudar. Assuma a responsabilidade pelo modo como você se abre. *Deixa pra lá* vai ajudar você a ser mais maleável, a não levar tudo para o lado pessoal, a permitir que as pessoas certas cheguem e a deixar que as erradas vão embora.

Também vai orientá-lo nesse período que pode ser muito estranho de novas amizades. Se você diz "oi" num café e a pessoa não é muito simpática, *deixa pra lá*. Se a agenda de alguém é tão lotada que a pessoa não tem tempo para uma caminhada, *deixa pra lá*. Se ela cancela os planos porque teve uma semana difícil no trabalho, *deixa pra lá*. Se ela se apaixona ou tem um bebê e você não é mais uma prioridade, *deixa pra lá*. Se ela se muda para longe e começa um novo capítulo na vida, *deixa pra lá*. Se ela para de atender aos telefonemas, *deixa pra lá*. Se ela prioriza outras amizades ou o trabalho, *deixa pra lá*. Se o timing, a proximidade ou a conexão não estão batendo, *deixa pra lá*.

As pessoas vêm e vão. E, quanto mais flexível você for, mais isso acontecerá. *Deixar pra lá* é lindo. Concentre-se no *deixa comigo*, porque é o que você pode controlar.

Deixa comigo: vou ser compreensivo. *Deixa comigo:* vou me esforçar. *Deixa comigo:* vou fazer contato sem expectativas, só porque me importo. *Deixa comigo:* vou planejar tudo. *Deixa comigo:* vou confiar quando a energia parecer errada. *Deixa comigo:* vou telefonar ou mandar uma mensagem se eu pensar em alguém. *Deixa comigo:* vou agir com o pensamento de que ainda não conheci alguns de meus melhores amigos.

Deixa comigo: eu dou o primeiro passo.

Que tal fazermos um resumo de como dominar as amizades na vida adulta?

Perceba que você lida com as amizades na vida adulta do mesmo modo como fazia na infância: esperando que aconteçam naturalmente. A Teoria Let Them dá a você a motivação para não esperar que elas simplesmente aconteçam e responsabilidade por criá-las.

1. **Problema:** a Grande Dispersão aconteceu sem que você percebesse. Desde então, você vem lidando com as amizades do modo errado. Esperando ser incluído. Esperando estar perto dos amigos o tempo todo. Esperando a resposta à mensagem de texto. Essa expectativa leva a sentimentos de desconexão, ao isolamento e à incerteza para se aproximar de amizades novas ou existentes.

2. **Verdade:** existem três pilares das amizades na vida adulta: proximidade, timing e conexão. É sua responsabilidade compreendê-los e adotar uma mentalidade flexível e uma abordagem proativa em relação às amizades. Você tem um enorme poder nos relacionamentos, e algumas de suas pessoas preferidas só estão esperando que você dê o primeiro passo.

3. **Solução:** com a Teoria Let Them você vai criar conexões sem expectativas. Dê o primeiro passo. Diga "oi" às pessoas em torno e crie um sentimento de comunidade onde você mora. Inscreva-se naquele curso. Monte um clube de leitura. Mande uma mensagem de texto. Uma conversa incômoda por vez, você vai encontrar o seu grupinho. Essa abordagem cria uma comunidade incrível ao seu redor, repleta de amizades significativas, solidárias e com as quais você se identifica.

Quando diz *deixa pra lá*, libera a necessidade de se apegar a amizades que não fazem mais sentido para você e abre espaço para conexões realmente significativas. Quando diz *deixa comigo*, assume o controle da sua vida social, estendendo a mão e iniciando e cultivando o tipo de amizade que reflete seus valores e lhe traz felicidade.

188   Deixa pra lá

É hora de parar de esperar e começar a criar — fazer as melhores amizades de sua vida e se cercar de uma comunidade que o levanta e sustenta. Você tem muitas risadas para dar, memórias para criar e aventuras incríveis para aproveitar no futuro.

Está tudo lá, esperando você estender a mão e começar.

Basta dar o primeiro passo.

Motivando outras pessoas a mudar

CAPÍTULO 14

As pessoas só mudam quando querem

Uma das perguntas que mais recebo é: "Como eu incentivo alguém a mudar?"

Não dá para fazer isso.

A verdade é que as pessoas só mudam quando querem. Não importa o quanto você queira que alguém mude. Não importa o quanto seus motivos sejam válidos. Ou que você esteja certo ao achar que alguém deva mudar. Ou qualquer que seja o tamanho das consequências se ele não mudar. Se a pessoa não quiser, não vai mudar. E pior: quando você pressiona alguém, só cria mais tensão, ressentimento e distância nos relacionamentos. Tenho como provar.

Pense numa pessoa de quem você gosta e que você deseja que mude. Pode ser qualquer uma: sua mãe, sua sobrinha, seu colega de quarto, seu irmão, seu companheiro, seu ex, seus filhos, sua cunhada, seu melhor amigo. Qualquer pessoa.

Você quer que ela arranje um emprego melhor, perca peso, fique mais motivada, acorde mais cedo, respeite o orçamento, arrume a bagunça, namore pessoas mais interessantes, seja mais proativa, beba menos, ajude a cuidar do cachorro, pare de ser tão negativa, mude o ponto de vista político, dê mais valor aos outros, pare de fumar, envolva-se mais com os filhos ou não deixe louça suja na pia.

Você pode se preocupar com ela. Pode não entender por que ela não percebe que tem um problema ou por que não está motivada. Provavelmente até pensou: *Por que ela não consegue fazer o que estou pedindo?!* Sei exatamente como você se sente.

A verdade é que, quando pressionamos alguém, isso só faz com que a pessoa rejeite a sugestão. Estamos indo contra a lei fundamental da natureza humana. Todos precisam sentir que estão no controle das próprias decisões. Você pode querer que as pessoas mudem, mas pressioná-las só vai criar resistência à mudança.

Você pode ter a melhor das intenções, mas isso gera os piores resultados. A derrota é certa na luta contra a natureza humana.

O que você está prestes a aprender é tão poderoso que, de todos os capítulos deste livro, este é o que mais compartilhei com as pessoas que amo. Porque, convenhamos, todos nós conhecemos alguém que gostaríamos que mudasse. E a realidade é que as pessoas só mudam quando *sentem* vontade de mudar. Mas há muito mais na palavra *sentir* do que você imagina.

Se alguém não sente vontade de mudar, isso não significa que essa pessoa seja preguiçosa ou que, no fundo, não queira mudar. É mais provável que ela se sinta desanimada, com a sensação de que é incapaz de mudar, como se nada do que fizesse fosse dar certo ou tudo fosse difícil demais — e que no fim ela fosse fracassar.

Isso não é uma opinião pessoal minha — vem de cinquenta anos de pesquisas clínicas citadas por alguns dos especialistas mais respeitados do mundo. Juntos, vamos nos aprofundar nos motivos pelos quais as pessoas ficam presas em situações prejudiciais e, neste capítulo, vamos explorar a neurociência da mudança e da motivação. Com a Teoria Let Them e com a ajuda de especialistas renomados você vai aprender uma abordagem inédita para lidar com situações em que deseja que outra pessoa mude o comportamento.

É verdade: você não pode fazer outra pessoa mudar. Porém, eu nunca disse que não pode influenciá-la a isso.

Enquanto compartilho exemplos de minha vida e guio você pelo passo a passo da Teoria Let Them, com o objetivo de influenciar a mudança em outra pessoa, quero que tenha em mente seus relacionamentos e as pessoas que estejam frustrando você.

Quando queremos que alguém mude

"Eu gostaria que você se cuidasse mais."

Uma amiga é casada com um homem que precisa melhorar seu estilo de vida (e é profundamente apaixonada por ele). Talvez você também esteja nessa situação com uma pessoa querida. No decorrer dos anos, ela tentou de tudo para que o marido cuidasse da saúde.

Ela já pediu, implorou, deu indiretas e, às vezes, até caiu em prantos na frente dele. E isso a preocupa... MUITO.

Minha amiga já ficou com raiva e fez comentários passivo-agressivos. Matriculou o marido na academia. Comprou tênis de corrida novos para ele. Preparou jantares saudáveis. Até comprou uma bicicleta ergométrica para que se exercitasse em casa.

Nada funcionou. E ela começou a ficar estressada com tudo. Com a comida que ele pedia no restaurante, a resistência em malhar, as sobremesas depois do jantar ou as horas na frente da TV toda noite. Tudo o que ele faz a estressa. E isso a deixa tremendamente frustrada.

Vamos ser justos, ele tentou. Fez dietas, foi algumas vezes à academia e até fez aulas de ginástica on-line — mas nada disso por um período significativo. Assim, o casal permanece nesse impasse.

Ela fica furiosa porque o marido não muda. E ele fica chateado porque a esposa não para de pegar no seu pé. Parece familiar? Para mim, sim.

Tenho certeza de que para você também, se parar para pensar naquela pessoa que você deseja mudar para melhor.

Sei que você quer o melhor para ela, e que é por isso que você quer que mude. Você ama essa pessoa. Por isso se estressa com a situação.

Você também deseja que ela seja mais saudável. Encontre um emprego melhor. Estude mais. Faça terapia. Conheça outras pessoas depois de um divórcio. Ou que simplesmente saia de casa e passe mais tempo com os amigos.

É compreensível querer que alguém que você ama mude para melhor, seja mais feliz e saudável. É bom querer que alguém tenha uma vida plena. É lindo ver um mundo melhor para alguém querido. É importante acreditar na capacidade das pessoas de melhorar de vida, alcançar o próprio potencial e atingir objetivos.

O problema não é desejar isso para o outro, mas o modo como você vem abordando esse tema e como isso impacta a dinâmica da relação de vocês.

Talvez, enquanto lê isso, você esteja percebendo que alguém está pressionando VOCÊ a mudar. A pessoa nem precisa falar nada sobre seu trabalho, seus hábitos ou quem você namora, porque o comportamento dela deixa muito evidente que não aceita como você é neste momento.

Ela quer que você viva de um modo diferente. É irritante, eu sei. E nossa tendência natural é rejeitar esse tipo de sugestão.

A Teoria Let Them me fez refletir sobre essa reação impulsiva à pressão externa (e sobre a reação inata de resistir), e pensar em como as mudanças costumam ser difíceis para todos.

Por que mudar é tão difícil?

Quando quer que alguém mude, você presume que seria fácil ela... simplesmente fazer isso, certo?

Eu já estive nessa situação. Você só precisa chamar atenção para o óbvio, não é? Basta dizer à pessoa que ela se sentiria muito melhor se malhasse. Ou lembrá-la de que tem capacidade para conseguir outro emprego e de que um salário melhor resolveria todos os problemas financeiros. Ou o fato de que ela não vai encontrar uma pessoa incrível se ficar o fim de semana inteiro em casa jogando videogame.

As pessoas só mudam quando querem **195**

Quer dizer, sem dúvida a própria pessoa nunca pensou nessas opções. Certo?

Agora, inverta a situação. Quantas vezes alguém mostrou o óbvio a você? Como se você já não soubesse que fazer exercícios ajuda a perder peso. Ou que chorar sozinha no quarto não vai trazer o ex de volta. Ou que fazer a prova para a faculdade de enfermagem é uma exigência para começar o curso.

É quase ofensivo quando alguém faz isso com você. Você se sente atacado. E é irritante quando bancam o superior e agem como se bastasse estalar os dedos para mudar ou encontrar um emprego que pague mais. Como essa pessoa se atreve a achar que sabe o que é melhor para você?!

O fato é que mudar é difícil para todo mundo, inclusive para você. Ninguém quer se sentir pressionado pelos outros; todos nós já nos pressionamos demais!

Vamos pegar o exemplo de minha amiga e do marido dela. Claro que ele quer ficar em forma e perder peso! Não é fácil carregar 25 quilos a mais. O homem odeia ser o mais pesado do grupo de amigos. Isso não é bom para o coração e ele sabe. Não é burro. E sabe como será difícil e trabalhoso mudar.

Não vai ser fácil acordar cedo, diminuir o consumo de álcool, ficar constrangido na academia, começar uma dieta. Não vai, mesmo. Assim como é difícil parar de fumar para quem tem esse hábito ou segurar os gastos para quem está sempre fazendo compras. É difícil ser solteiro, motivo pelo qual as pessoas permanecem em relacionamentos falidos por mais tempo do que deveriam. É difícil acreditar em você mesmo e arranjar um emprego fantástico se você foi demitido.

Mudar nunca é moleza. Se fosse divertido e fácil, a pessoa que você ama já estaria fazendo isso.

A coisa mais carinhosa que você pode fazer é parar de pressionar e *deixar pra lá*. Neste momento, você tem uma expectativa irreal e uma abordagem que é um tiro saindo pela culatra. Portanto, sua única opção é *deixar pra lá*. Deixar os adultos serem adultos.

A Teoria Let Them vai obrigar você a dar um passo para trás e tratar os relacionamentos com mais compaixão, humildade e de forma mais eficaz. Primeiro é preciso entender a ciência da motivação e da mudança, de modo que sua abordagem seja mais eficiente.

Verdade nº 1: adultos só mudam quando querem

Pare de tentar motivar as pessoas. Isso não funciona. Segundo pesquisas, a motivação precisa vir de cada um.

Todo mundo ama a palavra *motivação* — e talvez você também. Minha amiga reclama que o marido não está "motivado" para se cuidar. E talvez você se sinta um pouco frustrada porque a pessoa que você quer mudar também não esteja motivada.

Mas não é tão simples. Vamos começar com a definição de *motivação*, que significa "sentir vontade de fazer alguma coisa". Como você está vendo, os adultos só fazem o que sentem vontade de fazer.

Seu marido não *quer* se exercitar. É por isso que ele não está motivado! Ele não quer fazer isso e você não pode motivá-lo, porque o "sentimento" precisa vir de dentro.

O problema da motivação é que ela nunca está presente quando precisamos. Se fosse automática, todo mundo teria um abdome tanquinho, um milhão de dólares no banco e o melhor trabalho do mundo. Além disso, se você fizesse as pessoas "sentirem vontade de fazer" as coisas como num passe de mágica, estaria praticando controle da mente... e não motivação.

Veja bem, até eu já cometi essa bobagem.

Por exemplo, passei anos tentando "motivar" pessoas a mudar da mesma forma que me obriguei a mudar: pressionando. Fiquei em cima da minha melhor amiga para sair com outras pessoas, contratei um personal trainer de presente para o meu irmão, tentei obrigar minha mãe a fazer terapia. E o resultado foi fracasso.

Fracassei porque pressionar uma pessoa só faz com que ela se torne reativa à ideia.

Verdade nº 2: seres humanos são programados para correrem atrás do que faz com que se sintam bem

Outro motivo para a pressão não funcionar? Os seres humanos são programados para irem atrás da solução mais fácil em determinado momento e para se distanciarem do que parece difícil.

Isso é neurociência. Durante as pesquisas para este livro, conversei com o Dr. Alok Kanojia, psiquiatra formado em Harvard — também conhecido como "Dr. K" pelos milhões de pessoas que o acompanham no site Healthy Gamer.

Dr. K é uma das principais vozes quando o assunto é motivação e mudança de comportamento, e me disse, sem rodeios, que pressionar outras pessoas é um tiro no pé porque "ninguém sabe como as pessoas vão reagir".

Segundo ele, o que você precisa saber é que o ser humano sempre vai escolher o prazer em vez do esforço. No momento, o trabalho necessário para mudar é penoso e difícil. Por isso, ninguém se sente motivado a mudar — mesmo quando sabe que será bom a longo prazo.

O marido da minha amiga sabe que vai precisar ir muitas vezes à academia (e que vai precisar mudar todo seu estilo de vida) para melhorar a saúde. E o sofá em que está sentado? É confortável NAQUELE MOMENTO. Os salgadinhos que está comendo? São deliciosos NAQUELE MOMENTO. O jogo a que está assistindo? É entretenimento NAQUELE MOMENTO.

Mesmo sabendo que a esteira e o supino *acabarão gerando* um bom resultado, a gratificação não é IMEDIATA. Na verdade, o que ele vai sentir assim que se levantar do sofá e subir na esteira é... sofrimento.

A esteira e o supino serão cansativos. Vão deixá-lo dolorido e exigir dedicação... e se ele não conseguir seguir à risca os treinos? E se não valer a pena? E se não perder peso? E se não conseguir seguir o planejamento? Não seria melhor e mais fácil terminar com o saco de salgadinhos e tentar de novo amanhã?

Claro que seria. E é por isso que ele não está motivado a mudar! O marido não faz isso porque não quer.

O Dr. K me explicou que, quando pressionamos os outros a mudar, "passamos a vida inteira nadando contra a corrente. Em vez de entender nossos circuitos motivacionais, tentamos dominá-los. Em vez de utilizá-los, lutamos contra eles para superá-los".

Ao pressionar alguém, você está lutando contra a programação do cérebro humano. As pessoas são programadas para ir em direção ao que parece fácil e prazeroso naquele momento. O Dr. K afirma que, para provocar uma mudança, a pessoa deve ser capaz de se afastar da dor que vai sentir no momento e da ação que precisa realizar.

Isso significa que, enquanto está sentada no sofá, ela terá que dizer a si mesma: "Vai ser um saco, mas vou malhar mesmo assim."

A pessoa precisa agir dessa maneira. Precisa se separar da dor. Precisa ignorar seus sentimentos e se obrigar a fazer o que precisa ser feito. Ninguém pode fazer isso por ela. Assim, *deixa pra lá:* deixe a pessoa sentada no sofá.

E não é só isso. Existem ainda mais motivos psicológicos para a pressão funcionar como um tiro no pé.

Verdade nº 3: todo mundo acha que é a exceção

Enquanto pesquisava para este livro, conversei também com a Dra. Tali Sharot, neurocientista comportamental e diretora do Affective Brain Lab da University College London e do MIT. Sua pesquisa integra neurociência, economia comportamental e psicologia para estudar como a emoção e o comportamento influenciam as crenças e as decisões das pessoas.

Uma das suas descobertas é revolucionária: as pessoas acreditam que avisos de advertência, ameaças e riscos conhecidos não se aplicam a elas.

Por isso que o marido de minha amiga acha que é a única pessoa no mundo que pode estar acima do peso e ser sedentária e jamais ter um ataque cardíaco. É por isso que ele consegue se convencer de que, permanecendo exatamente como está, nada de ruim vai lhe acontecer.

Pelo mesmo motivo, sua amiga acha que é a única pessoa no planeta que pode fumar cigarro eletrônico várias vezes por dia sem consequências para os pulmões. Por razão similar, você acha que "demitir-se silenciosamente" do trabalho chegando tarde, saindo cedo e trabalhando pouco passará despercebido. É por isso também que sua cara-metade não acredita quando você diz: "Se isso não mudar, eu vou embora."

Todos acham que são a exceção quando se trata de consequências ruins. E isso explica por que lágrimas, súplicas e ultimatos também não adiantam.

Nosso cérebro deliberadamente ignora as piores hipóteses — razão pela qual os suspiros cheios de desprezo são ignorados.

As pessoas acham que são a exceção. (Você também, quando se trata de mudanças que resiste em fazer.) Ser passivo-agressivo, trazer o assunto à tona sempre que pode ou usar ameaças como forma de pressão será sempre ineficaz.

A Dra. Sharot explicou que as tomografias cerebrais mostram que, quando alguém está lhe dizendo algo negativo, como "Vou embora se você não parar de beber" ou "Aquele cara que você namora é um narcisista", o cérebro desliga a conexão.

Nas imagens dá para ver que a parte do cérebro que está ouvindo as informações negativas se desliga! O que isso significa?

Significa que as ameaças, os alertas, os comentários passivo-agressivos, as reviradas de olho e as táticas de amedrontar nem ao menos são registrados no cérebro da pessoa. Você está desperdiçando seu tempo, suas palavras e seu fôlego. Não é de espantar que fique tão frustrado e estressado com a situação!

A Teoria Let Them é a abordagem diferente que você precisa para usar seu tempo e sua energia de um modo muito mais eficaz e empático.

E, se você fizer do modo certo, poderá inspirar a pessoa a querer mudar por si mesma.

Voltemos ao exemplo da minha amiga e do marido dela. Coloque-se na situação deles.

Digamos que você chegue em casa depois de um longo dia de trabalho e seu marido esteja feliz, deitado no sofá, assistindo a um jogo de basquete e comendo salgadinhos.

Ele está muito bem ali, sentado. Na verdade, está feliz de verdade e diz, com um sorriso enorme no rosto:

— Oi, amor!

Mas você... você olha para ele, o estresse bate, você se prepara para uma briga. Agora está irritada, a raiva borbulhando por dentro, e só responde com um murmúrio.

— Ah, oi.

Você não está pensando em nenhuma dessas coisas que acabou de aprender sobre o cérebro humano, sobre a ciência da motivação nem sobre o que falamos até o momento. Só imagina como para ele seria fácil levantar-se e fazer alguma coisa que não seja ficar de preguiça no sofá.

Por já estar numa postura de julgamento, e não de aceitação, você não reflete sobre todos aqueles pequenos passos que ele vai precisar dar para ir à academia e sobre como isso será doloroso.

Não está pensando que ele vai ter que ir para o quarto, colocar a roupa de treino, encher uma garrafa de água, procurar pelas chaves do carro, dirigir até a academia, chegar à área da musculação e, então, começar a atividade.

Em vez disso, você ignora a realidade, a ciência e a verdade sobre como mudar é difícil para todo mundo — e se deixar ser dominada pela raiva porque ele não está fazendo o que você quer no momento em que você quer.

Na realidade, o que essa situação exige é compaixão, não desprezo... respostas desagradáveis e mal-humoradas não farão com que ele se levante do sofá. Às vezes, isso pode até manter seu marido deitado no sofá até que ele perca o controle remoto no meio das almofadas.

Não importa se você tem as melhores intenções; por trás da resposta irritada ele sente que você está tentando consertá-lo — provocando uma sensação de dor que apenas vai afastá-lo de você. Isso o coloca na defensiva e só irá afastá-lo ainda mais da mudança.

É aí que entra O impasse

A pressão não provoca mudança — provoca resistência. Quando você tenta controlar o comportamento de outra pessoa, faz parte do instinto dela lutar contra isso. Em vez de inspirar mudança, a pressão cria uma batalha pelo controle.

Quando conversei com a Dra. Sharot, ela reiterou que os seres humanos têm uma necessidade inata de estar no controle. É um instinto de sobrevivência. Sentir-se no controle de sua vida é o que faz você se sentir seguro. Sentir-se no controle é o que faz todas as outras pessoas de sua vida se sentirem em segurança também.

Isso significa que, assim como você, seu parceiro, seu colega de quarto, sua mãe, seu chefe e seus amigos têm o mesmo instinto de sobrevivência inato para estar no controle.

As pessoas que você ama só se sentem seguras quando se sentem no controle da própria vida.

Assim, quando você começa a pressioná-las ou a dizer o que elas devem fazer, está ameaçando a necessidade inata que elas têm de controlar a própria vida, ser responsáveis pelas próprias decisões e pelos próprios atos. Está interferindo na *capacidade* delas — na sensação de que controlam a si mesmas, controlam a própria vida, os próprios pensamentos e comportamentos.

Ao sugerir que "o dia lá fora está perfeito para uma corrida", se a pessoa não está com vontade de correr, você soará como uma ameaça. Sua ideia — não importando o quanto queria que fosse útil — faz parecer que está tentando tirar o direito dela de ser dona de si mesma, de ser uma pessoa que faz o que quer, quando quer.

É por isso que precisamos deixar que os adultos sejam adultos. *Deixa pra lá.*

A base para um relacionamento saudável e amoroso é aceitar o outro como ele é. Quando alguém se sente aceito, ele se sente seguro com você.

Mas o exato oposto acontece se você pressiona, obriga a mudar, critica ou espera que a pessoa se comporte de um modo diferente do que ela é. Essa atitude coloca você e seu ente querido numa batalha pelo controle, quer você perceba ou não.

Está lembrado da pesquisa do Dr. K que mostrava que o cérebro é programado para ir atrás do prazer e ficar longe da dor? Sentir-se encurralado é horrível, por isso a pessoa se afasta. Mesmo assim, você pressiona cada vez mais, o que a faz resistir ainda mais.

Será um impasse interminável entre os dois. Você tem o poder de acabar com isso.

Deixa pra lá: que a pessoa fique sentada no sofá. Porque, se quiser acabar com o impasse, você terá que fazer isso.

Quem você acha que está no controle, minha amiga ou o marido? O marido. Enquanto ignorar a mulher, ele estará no controle da própria vida, das próprias decisões e do próprio comportamento.

No instante em que ele obedecer à esposa, perderá a sensação de autonomia e ela "vencerá". Nesse ponto, a discussão não será mais sobre exercícios, e sim sobre quem tem o poder.

Isso também explica por que minha amiga não consegue deixar a questão de lado. A saúde dele a preocupa e faz com que sinta que perdeu o controle de uma parte importante da própria vida... ela tenta controlar o marido para sentir que tem controle sobre a própria vida.

Por outro lado, ele se sente ameaçado e a pressiona de volta, em nome da própria sobrevivência. E, quanto mais teimoso fica, mais pressionado é.

Consegue perceber como essa dinâmica gera um confronto cada vez maior?

E não é somente o Dr. K que diz isso. Quando conversei com o Dr. Stuart Ablon, ele citou cinquenta anos de pesquisa no campo da neurociência que provam por que "obrigar os outros" a fazer alguma coisa só cria mais resistência.

Talvez você enxergue esse mesmo impasse entre você e um de seus filhos ou seu pai idoso, ou entre você e seu cônjuge. Ou talvez você sinta esse impasse porque outra pessoa o está pressionando.

A verdade é que ninguém quer se sentir pressionado por amigos, familiares ou entes queridos. O que você quer é amor incondicional, aceitação, gentileza e compaixão. Você não deseja ser controlado, e sim se sentir aceito por ser quem é e onde está na vida.

É isso que lhe permite ser você mesmo e se sentir seguro nos relacionamentos.

Tenho certeza de que você não quer ter que ouvir que a sua melhor amiga não gosta de quem você está namorando, ou ser soterrado pelo seu parceiro trazendo um formulário de inscrição da academia, uma nova bicicleta ergométrica ou legumes orgânicos.

Isso nos leva a outra verdade.

Na maior parte do tempo, bem no fundo, a pessoa provavelmente deseja mudar. O Dr. K falou muito sobre essa tensão interna que as pessoas sentem quando sabem que, a longo prazo, o comportamento delas não será bom para elas mesmas.

É exatamente isso que o marido da minha amiga sente. É por isso que ele começa e para. Que continua tentando. Que luta com dificuldades.

Mudar é difícil para todos. E é ainda mais difícil quando há alguém falando em seu ouvido. Dessa forma, você não precisa lidar apenas com a pressão, também precisa admitir que a pessoa estava certa quando finalmente acaba fazendo o que ela queria.

O Dr. K enfatiza que a ideia de mudar precisa ser DA PESSOA. O marido precisa de um motivo para sair do lugar — um motivo que não seja apenas acalmar a esposa. Caso contrário, a mudança não será duradoura e o ressentimento entre os dois só vai crescer.

As pessoas fazem o que têm vontade

As pessoas só mudam quando estão prontas para fazê-lo por si mesmas. Pare de castigá-las por não mudarem no seu tempo. Pare de tentar "motivá-las" a fazer algo que elas obviamente não querem.

É perda de tempo. Isso está estressando você e arruinando o seu relacionamento. Não está funcionando, e, mais importante, está criando uma barreira entre vocês.

Amar alguém significa respeitar o tempo da pessoa. Aprenda a deixar os adultos serem adultos. Por isso a Teoria Let Them é tão eficaz.

Quando você *deixa pra lá*, aceita a pessoa como ela é neste momento. Permita que ela evolua de acordo com o próprio tempo. Que ela se dê mal na carreira. Que fume cigarro eletrônico. Que desista. Que continue naquele horrível. Que faça promessas que não cumpre. Que seja bagunceira. Que use calça de moletom num jantar de gala. Que jogue videogame o fim de semana todo. Que fique sentada no sofá e nunca vá à academia. Que viva a própria vida. E sabe o que mais você está dizendo? Confio que VOCÊ vai se resolver.

É simples, mas eu não disse que era fácil. Sei que talvez você leia isso pensando: *Ah, então não há nada que eu possa fazer?* Sempre há algo a ser feito.

As pessoas só mudam quando querem **205**

Porque sempre há algo que está sob o seu controle: VOCÊ. A única mudança de comportamento que pode controlar é a sua. É aí que está seu poder.

A primeira mudança em seu comportamento é parar de pressionar e começar a aceitar. *Deixa pra lá.* Quando você aceita alguém como é, a frustrante e ineficaz batalha pelo controle termina, e você se prepara para vencer a guerra da mudança positiva.

Isso é ciência.

Contudo, tenho certeza de que você quer perguntar: se a pressão não funciona, então o que eu faço? Eu disse que você não pode mudar o comportamento do outro... mas não disse que não pode influenciá-lo. E é aí que entra o *deixa comigo* e o ajuda a desbloquear o poder de sua influência.

Décadas de pesquisas feitas por neurocientistas e psicólogos mostram que você não pode motivar alguém a mudar, mas pode "inspirar" a pessoa a mudar e até a fazer com que acredite que teve a ideia.

No próximo capítulo, mostrarei como aproveitar o desejo inato de mudança do outro, optando por não pressioná-lo: *deixa pra lá*. Use sua influência para dizer e fazer a coisa certa na hora certa, sempre tendo como base os ensinamentos da ciência.

CAPÍTULO 15

Desbloqueie o poder da sua influência

Q uando você para de tentar pressionar as pessoas e *deixa pra lá*, algo mágico acontece. Você passa a ter tempo e energia para desbloquear o poder de sua influência positiva.

Os seres humanos são criaturas sociais altamente influenciadas e inspiradas por aqueles ao redor. Isso foi provado por décadas de pesquisas sobre o comportamento humano. É por isso que, quando você vê alguém na internet elogiando uma proteína em pó, um novo estilo de jeans, ou um golfista profissional segurando um taco que "melhorou seu jogo", de repente fica com vontade de comprar aquele item.

Se você vê algo funcionando para outra pessoa, frequentemente se interessa por aquilo também. Quer perceba ou não, quando alguém está se divertindo, obtendo os resultados que você deseja ou fazendo algo parecer fácil e prazeroso, você é programado para ir na mesma direção. Da mesma forma, quando ouve um amigo elogiando um livro, naturalmente sente vontade de lê-lo.

Se alguém come uma maçã vermelha e crocante no trem, pesquisas mostram que as pessoas ao redor sentem vontade de comer uma também. Se um colega de trabalho faz caminhadas na hora do almoço, provavelmente você sentirá vontade de fazer o mesmo.

O motivo para a influência funcionar é comprovado por décadas de estudos sobre o comportamento humano. Somos criaturas sociais, influenciadas e inspiradas por aqueles à nossa volta. A Dra. Sharot chama isso de "contágio social", um modo refinado de dizer que o comportamento dos outros é contagioso.

Usar isso com pessoas próximas é muito simples: pense na mudança de comportamento que você quer ver e seja o exemplo do que vem pedindo. Para ter ALGUMA possibilidade de influenciá-las na direção do comportamento ou da transformação que você deseja, mostre como ela é acessível. Não dá para pedir que alguém consuma alimentos saudáveis se você não para de falar no croissant que acabou de comer. Porém, você pode influenciar essa pessoa se estiver sempre comendo refeições saudáveis e dizendo o quanto adora esses alimentos.

Você não pode pedir que alguém deixe de lado o telefone quando você está com o seu na mão o tempo todo. Deixe seu aparelho em outro cômodo e estabeleça limites melhores com seus dispositivos.

Dê exemplos do comportamento que você deseja ver acontecer. O que eu adoro nessa pesquisa é que ela é um modo ardiloso de fazer outra pessoa mudar e acreditar que a ideia foi *dela*.

Pense no exemplo do colega de trabalho que faz caminhadas diariamente. Se você vir outra pessoa fazendo isso todo dia durante algumas semanas, esse comportamento vai começar a influenciá-lo subconscientemente. Você vê alguém sair todo dia na hora do almoço, vê quando volta da caminhada e percebe que está de bom humor, tem mais energia e está sorrindo. E vê isso de novo no dia seguinte quando, no momento em que essa pessoa sai pela porta, você está sentado à mesa, comendo um sanduíche e trabalhando no horário do intervalo.

Meia hora depois ele retorna revigorado, energizado e feliz. Você é influenciado pelo exemplo, mesmo que não pense nisso de forma consciente. E adivinha o que acontece se você vir essa cena repetidamente, com o colega parecendo feliz com tal hábito? De repente você olha lá para fora, vê que o dia está lindo e fica com vontade de caminhar na hora do almoço, em vez de trabalhar, como costuma fazer.

Eu adoro o poder da influência: quando você sai pela porta para fazer uma caminhada, acha que a ideia foi sua. Não. Foi a influência de seu colega de trabalho que, de forma mágica, atuou em seu cérebro. E ele nem tinha essa intenção! Só estava indo caminhar e curtindo o momento. Faz sentido, não?

Esse é o poder da influência, e você pode usá-lo para inspirar qualquer pessoa em sua vida. Eis como:

Primeiro, você vai *deixar pra lá*.

Pare de pressionar pela mudança. Aceite que você não pode controlar o comportamento nem as ações dos outros. Os adultos só fazem o que sentem vontade de fazer. Seu trabalho é aceitá-los como são.

Deixa pra lá. E depois: *deixa comigo*.

Use sua influência

Lembre-se: o poder está em sua influência. Portanto, foque o que você pode controlar: seu comportamento. Exemplifique a mudança e faça com que pareça divertida e fácil.

A pesquisa da Dra. Sharot mostra que sua influência é tremendamente eficaz, mas exige paciência porque levará tempo até que ela provoque efeito no cérebro de outra pessoa.

Assim, você precisará dizer *deixa pra lá* muitas vezes enquanto se concentra em seu próprio comportamento e sua atitude. É importante agir sem a expectativa de que o outro vai mudar, porque, se fizer isso esperando que ele mude, vai se ressentir quando a transformação não acontecer.

Concentre-se em você, dê exemplos de comportamento e atitude positiva e espere que a magia de sua influência funcione com alguém. Esteja preparado para esperar seis meses ou mais.

Sei o que você está pensando.

Seis meses?!

Sim. Seis meses. Você pode levar seis meses ou mais indo à academia, fazendo tudo parecer fácil e obtendo resultados incríveis até que outra pessoa se sinta subitamente motivada a se exercitar. Se não quiser esperar tanto, ou se já estiver num impasse frustrante com alguém de quem você gosta, é hora de aprender táticas avançadas na ciência da influência.

O ABC da Mudança

O ABC da Mudança é uma ferramenta criada por mim tento como base os melhores conselhos de especialistas. Eu os organizei numa fórmula simples que você pode usar com qualquer pessoa.

Passo A: peça desculpas e faça perguntas que exijam respostas mais elaboradas.
Passo B: recue e observe o comportamento da pessoa.
Passo C: comemore o progresso enquanto oferece exemplos da mudança.

Vamos examinar esses passos, um a um, mostrando exatamente o que fazer e explicar, por meio da ciência e da Teoria Let Them, por que eles funcionam.

1. Regras Básicas: usando o ABC da Mudança

Se você deseja usar técnicas avançadas, esteja disposto a se preparar com antecedência.

O ABC da Mudança começa com uma conversa que segue uma técnica científica comprovada. Essa conversa é muito diferente de qualquer outra que você já teve sobre o assunto. Você seguirá um método baseado em pesquisas e usado por psicólogos. A fim de garantir que a conversa tenha sucesso, é necessário levá-la a sério e realizar a preparação.

Se o assunto já é debatido há algum tempo, provavelmente você tem um monte de frustrações e emoções reprimidas a respeito dele. Isso é parte do problema, e é por isso que vocês estão num impasse. A preparação e a organização correta da conversa vão acalmar suas emoções e vão ajudar você a ser muito mais eficaz.

A conversa precisa acontecer cara a cara, sem álcool e sem pressão para terminar. Ela não pode ocorrer em local aleatório ou quando você só tem vinte minutos disponíveis para falar ao telefone. Não funciona assim. Na verdade, ela exige uma conexão mais profunda com uma pessoa de quem você gosta sobre um assunto que incomoda você.

Além disso é uma ocasião para se mostrar vulnerável e praticar a compaixão e a curiosidade. Não é um convite para você desabafar ou reclamar sobre como está frustrado e preocupado. O objetivo não é estar "certo", e sim comunicar-se de um modo que neutralize qualquer tensão e crie espaço para a mudança positiva.

O melhor jeito de fazer isso é estar preparado para ouvir a outra pessoa, de coração aberto e sem interrompê-la.

Se você seguir a fórmula, não terá com que se preocupar, porque estará agindo com amor (e ciência). Você consegue.

2. Trabalho preparatório: usando o Método dos 5 Porquês

Antes da conversa você precisa ter muita clareza com relação ao que o está deixando tão chateado, e por que deseja que a pessoa mude. Isso é importante porque, antes de ser sincero com alguém, você precisa ser brutalmente sincero CONSIGO MESMO.

Eis como você pode chegar à verdade com relação a você mesmo. Pegue uma folha em branco, abra um diário ou acesse seu aplicativo de notas no celular.

A ideia é colocar-se acima das emoções e chegar ao verdadeiro motivo para aquilo incomodar tanto. A técnica é chamada de Método dos 5 Porquês, criado por Sakichi Toyoda, fundador das empresas da família Toyota, para ajudar os engenheiros a encontrar a causa fundamental de um problema específico. Hoje esse método é ensinado nas escolas de administração e em programas de engenharia em todo o mundo.

O Método dos 5 Porquês é uma fórmula que usei nos negócios e no casamento para me ajudar a resolver impasses e alcançar percepções profundas sempre que estive diante de um problema que eu sentia que era incapaz de resolver.

Nele você pergunta "por quê?" cinco vezes, até sentir que obteve uma resposta muito mais profunda para o motivo de algo o incomodar tanto.

Eis como você pode usar o método dos 5 Porquês:

Pergunte: *Por que o comportamento dessa pessoa (ou essa situação) me incomoda tanto?* Pense nisso e anote ou diga a resposta em voz alta.

Depois, pergunte de novo:

Por que isso me incomoda?

E de novo: *Por que isso me incomoda?* E de novo: *Por que isso me incomoda?* E, então, pela última vez: *Por que isso me incomoda?*

Aqui vai um exemplo de como isso funcionaria no caso da minha amiga que está incomodada com a saúde do marido. Perguntemos a ela:

Por que esse comportamento/essa situação incomoda você? *Isso me incomoda porque parece que ele não se importa com a própria saúde.*

Por que isso incomoda você? *Ele está dando exemplos pouco saudáveis para nossos filhos.*

Por que isso incomoda você? *É como se ele ignorasse tudo de importante em troca de mais uma cerveja quinze minutos a mais assistindo à TV e um sorvete... além disso, ele está ficando feio.*

Por que isso incomoda você? *Ele é o amor da minha vida, e acho que está sendo egoísta. Não quero que ele tenha um ataque cardíaco quando pode simplesmente levantar do sofá e malhar.*

Por que isso incomoda você? *Morro de medo de perdê-lo antes do tempo.*

Está vendo como funciona? Depois de 5 Porquês, nota-se que o problema é, provavelmente, muito mais profundo do que o fato de ela estar com raiva dele. É por isso que a situação a deixa tão estressada. Vale lembrar: suas respostas serão profundamente pessoais.

Dê a si mesmo permissão para chegar à raiz do problema, mesmo se descobrir algo reprovável a seu respeito. Tendo feito esse exercício com milhares de pessoas, um tema recorrente e que é muito difícil de ver em você mesmo é o julgamento do outro e como o comportamento dele reflete mal em você (ou assim você pensa).

Por exemplo, você pode responder aos 5 Porquês e concluir que o verdadeiro motivo para estar chateado com o fato de a outra pessoa ingerir álcool é você ter uma filha que enfrenta problemas com a bebida. Ou concluir que sente vergonha de estar casada com uma pessoa que não é bem-sucedida.

Qualquer coisa que você descubra através deste método é pessoal e não precisa ser compartilhada com a pessoa. Você até pode, se achar que isso vai ser útil ao se desculpar por pressioná-la, mas o objetivo do exercício é chegar à raiz de sua frustração, e sempre terá a ver com o fato de que seu comportamento faz você sentir que não está no controle.

Permita-se ser sincero. Quando você percebe que tudo tinha a ver com VOCÊ e sua necessidade de controle, é mais fácil abandonar a pressão e *deixar pra lá*. E isso coloca você num terreno firme enquanto começa a conversa usando o ABC da Mudança.

Ele começa assim:

O ABC DA MUDANÇA

Passo A: PEÇA DESCULPAS e FAÇA PERGUNTAS abertas.

Este primeiro passo utiliza uma técnica baseada em evidências para provocar mudanças chamada *entrevista motivacional*, que aprendi com o Dr. K.

O médico diz que esta é uma das únicas maneiras eficazes de ajudar a influenciar a motivação de outra pessoa em direção à mudança, e é a técnica que ele utiliza com seus pacientes.

Minha parte preferida dessa estratégia é que ela se concentra em fazer perguntas mais complexas. O objetivo é levar a pessoa a dizer como ELA se sente e encorajá-la a pensar na desconexão entre o que deseja e seu comportamento atual.

Isso é o oposto da pressão. Em vez de presumir que sabe o que alguém deveria fazer, você faz perguntas que exijam respostas mais elaboradas porque tem curiosidade a respeito do que a pessoa pensa a respeito do próprio comportamento.

O melhor modo de começar essa conversa é desculpando-se. Você pode dizer algo como: "Quero pedir desculpas por julgar e pressionar você. Percebi que nunca perguntei como você se sente em relação a..."

Saúde.

Notas acadêmicas.

Busca de emprego.

Estar solteiro.

Situação de vida.

Casamento.

Problemas com bebida.

Finanças.

Iniciar com um pedido de desculpa dá o tom para uma conversa empática e solidária. Ouça de verdade, aproxime-se e tente descobrir como a pessoa se sente em relação ao problema.

Independentemente do que seja alegado, continue com perguntas complexas baseadas nas respostas que ela acabou de dar.

Para a minha amiga, poderia ser algo do tipo: "Como você está se sentindo em relação à sua saúde?"

Segundo o Dr. K, a pergunta convida a pessoa a experimentar a tensão entre o modo como ela se sente com sua condição e o fato de que não está fazendo qualquer coisa a respeito.

"Cada ação que você adota na vida é individual", diz ele. "Na entrevista motivacional ajudamos as pessoas a entender esse princípio. O que desejamos é encorajá-las a pensar na própria situação."

Então, não importa qual seja a resposta à primeira pergunta, você não vai dividir o que sente a respeito. Só vai devolver com algo como: "Parece que…"

Parece que você está se sentindo bem em relação à sua saúde, não é?

Se a resposta for apenas uma palavra — "É" —, sem problema. Transforme isso em outra pergunta que exija resposta mais elaborada.

O que faz você se sentir bem em relação a ela?

Continue escutando com curiosidade e empatia, e reaja apenas com perguntas complexas que repitam o que a pessoa acabou de dizer.

Parece que você se sente bem com sua saúde porque faz muito tempo que está assim.

Aqui vão algumas perguntas e respostas que o Dr. K recomendou para praticamente qualquer assunto.

Como você se sente em relação a isso?

Parece que você se acostumou com isso.

Quer dizer, você está dizendo que se sente confortável. Para mim, isso soa um pouco como resignação. Você acha que a mudança exigiria trabalho de mais?

O que parece difícil a respeito disso?

Deve ser incrivelmente frustrante eu pegar em seu pé o tempo todo, esperando mais de você.

Pode falar mais um pouco sobre há quanto tempo você se sente assim?

Então você está dizendo que não precisa que eu faça alguma coisa?

Devo lembrá-lo de novo: você só está fazendo perguntas. Suas opiniões são irrelevantes e não importam para essa conversa.

No instante em que você emitir uma opinião, estará pressionando a pessoa, e isso acaba com a eficácia da técnica.

E aqui vai uma pergunta que o Dr. Ablon usa no consultório e que eu adoro: *Já pensou no que VOCÊ pode querer fazer em relação a isso?*

O que eu amo nesse questionamento é que mostra que você não está tentando *fazer a pessoa* realizar algo. Pelo contrário. Você quer trabalhar *com ela* para tentar descobrir uma solução. Ao usar perguntas complexas, você retira a pressão. Isso não é algo poderoso? Faz a pessoa que você ama se sentir no controle da situação — o que gera nela uma sensação de empoderamento.

Por meio de pesquisas e da prática no consultório, foi provado que essa técnica é eficaz para levar as pessoas a admitir para si mesmas que existe uma grande desconexão entre o que elas querem e o comportamento adotado. Além disso, a técnica faz com que sintam autonomia ao abordar a situação.

Este é seu objetivo: fazer a pessoa sentir a tensão entre o comportamento atual e o que ela realmente deseja. Ademais, o Dr. Ablon me falou sobre uma filosofia que quero compartilhar com você: *As pessoas fazem o que é certo quando podem. Não quando querem.* Ao fazer todas essas perguntas que exigem respostas mais elaboradas, você pode descobrir que a pessoa que você ama quer agir do jeito certo, só não acha que consegue no momento. Não é um problema de motivação. O que atrapalha é a falta de crença na capacidade de mudar: ela simplesmente acha que não terá sucesso. Adoro essa conclusão, porque tira você de uma postura de julgamento e leva para a compaixão, criando espaço para a verdadeira conexão e mudança.

Preciso enfatizar: não se sinta desencorajado se receber respostas monossilábicas ou se a pessoa tentar mudar de assunto. O objetivo dessa técnica não é conseguir revelações, mas externar o desconforto que a pessoa sente por dentro, e que talvez não seja expressado para você.

Essa tensão é fundamental, porque, em última instância, torna-se a fonte da motivação para mudar. Enxergar a desconexão entre o que alguém quer e suas ações é o que a estimula a acabar mudando por conta própria.

É por isso que você não pode se intrometer. Você é apenas um veículo para que a pessoa experimente a desconexão, e realizará isso de modo amoroso, empático e curioso. Você só quer saber como a pessoa se sente em relação ao problema.

Essa conversa é essencial para despertar a motivação para a mudança. Assim, deixe que o outro fale. E ouça.

Passo B: DÊ ESPAÇO PARA A PESSOA e observe o COMPORTAMENTO dela.

A partir do momento que você *se desculpou* por seu comportamento e fez as perguntas mais complexas, o que resta é recuar e parar de pressionar.

Não espere que a pessoa parta para a ação, pois ela vai precisar de um tempo. É fundamental dar exemplos de mudança e fazer com que pareça fácil e divertida, enquanto a pessoa descobre sozinha por que esse tema é importante para ela.

Pense no exemplo do colega de trabalho que vai caminhar. Pode ser necessário ver alguém fazendo isso por meses para que você se inspire também. Caso reflita com calma, você vai se dar conta de que, sempre que fica trabalhando no horário do almoço enquanto vê o colega saindo para caminhar, sente a tensão no corpo, sentado ali, sem descanso. Com o tempo, a tensão se transformará em motivação para se mexer.

É por isso que você precisa esperar. Leva um tempo até que a tensão se transforme em motivação. *Deixa pra lá.*

O processo é esse, especialmente com alguém que você ama. Portanto, recue. A pessoa precisa de espaço, tempo e distanciamento da conversa para sentir que não vai ouvir um "eu não disse?". O espaço permite que ela tenha a ideia sozinha. O tempo permite que a tensão vire motivação.

Passo C: CELEBRE o progresso enquanto oferece exemplos de MUDANÇA.

Depois de fazer as perguntas complexas e recuar enquanto oferece exemplos de mudança de comportamento, comemore qualquer progresso visível. Sempre que a pessoa der o menor passo que for, celebre.

A pesquisa da Dra. Sharot mostra que os elogios imediatos são estímulos fundamentais para influenciar a mudança. Por exemplo: se um dia seu marido vai ao porão e sobe na bicicleta ergométrica, isso é incrível. Quando ele voltar, dê um abraço nele. Diga que sente orgulho.

A Dra. Sharot afirma que uma das atitudes mais eficazes nesse processo é dizer como alguém está bonito ou dar um beijo no rosto assim que a pessoa termina de se exercitar ou finaliza a tarefa que for.

Parece piegas, mas funciona.

É simples: as pessoas querem se sentir bem

De acordo com a pesquisa, as recompensas positivas imediatamente depois de a pessoa realizar algo difícil aumentarão a motivação intrínseca ou o desejo de repetir. Reconhecer o esforço funciona como combustível para a pessoa seguir em frente.

O que é difícil se funde com algo realmente prazeroso: a recompensa que você está dando. Lembre-se do que o Dr. K ensinou sobre o cérebro humano: somos programados para ir na direção do que parece prazeroso, fácil e divertido.

Quanto mais minha amiga elogiar, abraçar e admirar o marido depois dos exercícios, mais ele vai associar os exercícios aos elogios, ao desejo e ao fato de a esposa achá-lo lindo. A atenção positiva se transforma no prazer que ele busca e do qual sentia falta durante todo esse tempo.

Isso não é apenas bom senso. É neurociência. Você aprendeu que os seres humanos são programados para buscar os benefícios positivos imediatos. As coisas boas. As comemorações. Com frequência, lidamos com a mudança usando reforços negativos, ameaças, pressão e medo, quando o verdadeiro sucesso está em aceitar, ser empático e demonstrar apoio de modo genuíno e eficaz.

Faz sentido, não? *Claro que faz.*

Os adultos só fazem o que sentem vontade de fazer. O poder está em sua influência positiva. *Deixa pra lá.* E *deixa comigo* o uso da ciência para inspirar a mudança. *Deixa pra lá* ajuda você a transcender as emoções e as dinâmicas ruins, para reforçar a conexão. *Deixa comigo* influencia a mudança de comportamento positiva nas pessoas que você ama.

As pessoas podem mudar imediatamente. Podem mudar em uma semana. Podem mudar em vários meses. Podem levar anos. Talvez não mudem nunca.

E tudo bem.

Mais adiante, discutiremos o que acontece quando você já tentou o ABC da Mudança, recuou durante seis meses e ainda não percebeu uma mudança positiva. Quando isso ocorre, é preciso decidir se você está diante de um obstáculo. Não é justo permanecer num relacionamento em que você reclama constantemente da outra pessoa. Você tem o poder de fazer algo melhor ou aprender a aceitar a realidade como ela é.

A mudança mais importante em qualquer relacionamento é a que você pode controlar: a sua. Você muda o modo como se mostra. Você para de pressionar a pessoa que ama e se torna mais amoroso.

Esse é o seu poder.

No processo, se você atua da maneira correta, não reduz somente o atrito entre você e a pessoa amada. Também melhora seu relacionamento.

Mas e quando os riscos são realmente altos e não é apenas uma questão de a pessoa entrar em forma, ficar um pouco mais motivada no trabalho ou ser mais proativa e ajudar nas tarefas domésticas?

E se a pessoa que você ama estiver indo por um caminho de autodestruição? Você simplesmente *deixa pra lá* e permite que ela continue bebendo? Que fique na cama com depressão? Que desmorone de vez?

Essa pergunta era recorrente enquanto eu pesquisava para este livro. No próximo capítulo, você vai aprender uma abordagem inédita para apoiar alguém que esteja passando por esse tipo de dificuldade, usando a Teoria Let Them e as últimas pesquisas científicas.

De qualquer forma, primeiro vamos resumir como motivar outras pessoas a mudar. Sim, você quer que as pessoas em sua vida mudem, mas a pressão só cria resistência.

A Teoria Let Them encoraja você a aceitar os outros, concentrar-se em seu próprio crescimento e inspirar a mudança através da influência positiva, e não da pressão.

1. **Problema:** a pressão não cria mudança; cria resistência. Você age com a melhor das intenções, mas obtém os piores resultados. Sempre que pressiona uma pessoa, ela se afasta. Você não está somente criando tensão nos relacionamentos, está lutando contra a programação do cérebro e do corpo daquela pessoa. Você acha que a tensão e a frustração se devem ao fato de não ser escutado. Errado. A tensão e a desconexão estão sendo criadas pela pressão que você tem feito.

2. **Verdade:** os adultos só mudam quando sentem vontade. Os seres humanos têm um instinto de sobrevivência inato para controlar todos os aspectos da própria vida. Sempre que uma pessoa sente que está sendo forçada a fazer algo, ela resiste — e você acaba numa batalha inócua pelo controle. Os seres humanos querem aceitação e amor, pois precisam estar no controle dos seus pensamentos e das suas ações e decisões. O seu poder está em sua influência.

3. **Solução:** ao utilizar a Teoria Let Them, você vai aproveitar as leis da influência para desbloquear a motivação intrínseca do outro para influenciá-lo a mudar por conta própria. Com o ABC da Mudança para fazer perguntas complexas,

dar exemplos de mudança de comportamento e comemorar o progresso, você vai poder usar seu poder para influenciar a transformação nos outros. É fundamental criar espaço para que a pessoa acredite que teve a ideia sozinha. E não você.

Quando você diz *deixa pra lá*, está aceitando os outros como são, removendo a tensão e a pressão e permitindo que tenham controle sobre como vivem. Quando diz *deixa comigo*, usa a neurociência a seu favor e desbloqueia seu poder de influência para motivar o outro.

Deixe que adultos sejam adultos e permita que sua influência inspire-os a mudar.

Ajudando uma pessoa que está passando por dificuldades

CAPÍTULO 16

Quanto mais você os resgata, mais eles afundam

Sei o que você pode estar pensando: deixar os adultos serem adultos? E se a pessoa que eu estou tentando mudar tiver um problema sério? O que devo fazer? Simplesmente dizer *deixa pra lá* e vê-la seguir por um caminho de autodestruição? Dizer *deixa pra lá* e observá-la dirigir bêbada?

Claro que não.

Se a pessoa estiver fazendo uma coisa perigosa ou autodestrutiva, você não *deixa pra lá*. Você intervém e faz o que for necessário para ajudar, porque sua reação pode salvar a vida dela — pedindo socorro, chamando a polícia, levando-a para uma clínica de desintoxicação ou conversando com ela durante uma crise até que ela esteja num lugar seguro.

O problema é que a maioria das pessoas em dificuldade esconde a situação. Elas não usam drogas na sua frente; mentem a respeito. Parecem estar bem no trabalho, mas, em segredo, estão lutando contra a depressão.

Parte do desafio com quem está passando por isso é não saber há quanto tempo a situação está daquele jeito. E, quando você se dá conta, a coisa ficou realmente séria ou é tarde demais. Garanto que em sua vida existe pelo menos uma pessoa passando por dificuldades imensas, e você não faz ideia.

Quando elas estão nesse estágio, sentem muita vergonha e entram em negação. Sentem-se um fardo e, com frequência, dizem a si mesmas que estão decepcionando a todos. Por isso, muitas vezes não pedem ajuda e não se abrem a respeito do que está acontecendo.

Ver alguém que você ama lutar contra questões de saúde mental, dor debilitante ou vício é uma das experiências mais desafiadoras da vida. Mais difícil de aceitar é que nem todos estão prontos para melhorar, buscar a sobriedade, dedicar-se ao processo, utilizar as ferramentas disponíveis ou enfrentar problemas. E, infelizmente, nem todos conseguem.

Aprendi isso com o trabalho da psicóloga clínica Nicole LePera. Ela é conhecida pelos milhares de seguidores na internet como a Psicóloga Holística, e seu trabalho me lembra de que a cura é uma jornada profundamente pessoal.

Por mais que você ame alguém, acredite nessa pessoa e seja capaz de fazer tudo a seu alcance para afastar a dor que ela sente, não pode desejar a sobriedade, cura ou saúde mais do que a própria.

Nesta parte do livro, revelaremos como, na tentativa de ajudar, você pode, sem querer, impedir que outros adultos encontrem a própria força para enfrentar as dificuldades. Quanto mais você tenta resgatar uma pessoa de seus problemas, mais ela se afunda. Deixar que alguém enfrente as consequências dos próprios atos é uma parte necessária da cura. A verdade é que as outras pessoas só melhoram quando estão prontas para fazer o que tem que ser feito, e você vai estar pronto muito antes delas. É difícil, mas é a realidade.

Nós vamos usar tudo que você aprendeu até este momento sobre relacionamentos, amizades e natureza humana para mostrar como essas verdades se aplicam até mesmo às situações mais difíceis.

Além disso, você vai aprender uma abordagem inédita para apoiar alguém que esteja passando por dificuldades, baseada na crença de que é possível fazer o trabalho necessário para melhorar.

Contudo, antes de começarmos, um GRANDE aviso: há uma diferença entre apoiar um adulto que esteja passando por dificuldades e apoiar uma criança passando por dificuldades. Ao lidar com uma criança, você é responsável pelo apoio emocional, financeiro e físico.

Com um adulto, esse não é o caso.

A difícil verdade sobre a cura

Como você aprendeu, pressionar alguém a mudar cria resistência à mudança, e sua frustração e seu julgamento só vão piorar a situação. Quanto maiores os riscos, maiores a vergonha e a paralisia.

Os seres humanos só se curam quando estão prontos para isso. Se não se curaram, é porque ainda não chegou a hora. Quando uma pessoa que você ama está passando por uma luta interna, ela não vai melhorar por você, pelos filhos ou pela família. É necessário que queira fazer isso por si mesma.

Talvez você não compreenda. Pode achar que agiria diferente se estivesse em situação semelhante. Não importa. Todas as suas opiniões são julgamentos. E seu julgamento em relação ao outro e o que você acha que ele deveria fazer são parte do problema, porque isso se transforma em pressão.

Você precisa de uma válvula de escape para esse julgamento — um terapeuta, um amigo —, porque apontar o dedo para a pessoa não vai ajudá-la. Em tempos de dificuldade, aceitação é a resposta. *Deixa pra lá.*

As pessoas só se curam quando estão prontas para agir por si mesmas. Essas batalhas são pessoais e difíceis... e só podem ser travadas quando a própria pessoa estiver pronta para lutar. Você não pode obrigá-la a lutar. Não pode forçá-la a ficar sóbria. É impossível. Não pode tornar alguém financeiramente responsável. Não pode fazer com que outra pessoa se cure.

Sim, seu amor e apoio são necessários. Porém, aqui vai a parte difícil: a pessoa que você quer ajudar não precisa ser "resgatada". Vou repetir: quanto mais tenta salvar alguém dos próprios problemas, mais ela se afundará neles. Quanto mais você julgar alguém pelo comportamento, melhor essa pessoa vai se tornar em mentir sobre ele.

É imprescindível aceitar que resgatar alguém não é o mesmo que dar apoio, e facilitar um comportamento autodestrutivo não é o mesmo que dar amor. Há uma linha tênue entre apoio e facilitação.

Facilitar é justificar ou apoiar comportamentos problemáticos de alguém porque acha que o está ajudando. Por exemplo: dar dinheiro a um filho adulto que está gastando de modo irresponsável e não procura um emprego. Ou encobrir um amigo que esteve bebendo na noite anterior, inventar desculpas para a raiva de seu cônjuge ou ignorar um problema para evitar conflito.

Amar alguém exige permitir que essa pessoa aprenda do modo mais difícil. Às vezes, reivindicar seu poder significa não consertar os problemas dos outros nem inventar desculpas pelo comportamento deles.

Quando você facilita a vida do outro com dinheiro, palavras e atos, não estimula a independência — atrapalha a cura. Os especialistas com quem conversei enquanto fazia pesquisa para este livro reiteraram esse fato repetidamente. Por essa razão, vou continuar repetindo isso (para você e para mim).

A Teoria Let Them ensina que ajudar os outros não significa resolver o problema deles — significa dar espaço, apoio e ferramentas para que façam isso sozinhos.

Pense na cura como um jogo de basquete do qual a pessoa que você ama precisa escolher participar. Oferecer apoio é passar a bola para ela. Você pode passá-la repetidamente, mas a escolha de segurá-la e correr pela quadra não é sua. Facilitar é tentar fazê-lo sempre que não o fizerem.

Deixa pra lá: ela pode largar a bola. *Deixa comigo:* vou parar de passar a bola o tempo todo. *Deixa comigo:* vou resistir à ânsia de pegar eu mesmo a bola e correr pela quadra. *Deixa comigo:* vou parar de mentir sobre o que está acontecendo. *Deixa comigo:* vou aceitar que a pessoa não está pronta para mudar.

Eu entendo: poucas coisas no mundo são tão difíceis quanto ver quem amamos sofrer. Não sou insensível. Perdi muita gente que amo para doenças, desesperança e vício. Gostaria que tivessem segurado a bola. Mas, sozinho, desejo algum pode trazê-las de volta ou fazer com que alguém nessa situação tome a decisão de lutar para melhorar.

Tudo que você pode fazer é reconhecer a situação em que se encontra. Se a pessoa não estiver disposta a pegar a bola, você precisa parar de passá-la. Nós dois sabemos que, do fundo do coração, no instante em que ela estiver pronta para fazê-lo, você estará esperando para passá-la.

Os adultos se curam quando estão prontos para fazer o trabalho difícil

Você não pode desejar a sobriedade, a cura, a independência financeira, a ambição ou a felicidade da pessoa mais do que ela mesma. Você estará pronto para que seu ente querido melhore muito antes que ele esteja. E é por isso que precisa ter controle de sua reação à situação. Você não está lidando com alguém capaz de pensar racionalmente ou tomar decisões saudáveis.

Isso é sempre verdade quando se está lidando com uma criança, porque o cérebro dela não está totalmente formado. E é por isso que não podemos permitir que uma criança conduza a própria cura. Segundo especialistas, o cérebro humano só atinge total maturidade por volta dos 25 anos. Legalmente, você é adulto aos 18, mas, pela perspectiva da neurociência, uma pessoa entre 18 e 25 anos ainda precisa de orientação.

Dessa maneira, você precisa ser o adulto da relação, a fim de obter ajuda profissional e conduzir a situação. Com indivíduos acima dos 25 anos é diferente, pois são responsáveis pela própria cura. E também são capazes disso.

De qualquer forma, independentemente da idade da pessoa que esteja passando por esse tipo de dificuldade, é possível que, do ponto de vista neurológico, ela esteja em modo de sobrevivência. Se alguém que você ama estiver passando por uma fase difícil devido à depressão, ao vício ou a uma tragédia, a pessoa está num estado crônico de luta, fuga ou congelamento.

E é por isso que as coisas se tornam dolorosas e complicadas. Você não pode simplesmente tirá-la do modo de sobrevivência. Pode oferecer consolo no momento, dando um abraço, ficando junto enquanto chora, ou ouvindo até que se sinta calma e presente, mas não pode resgatar a pessoa de um estado de estresse crônico. Isso é algo que só ela poderá fazer.

Tudo o que você aprendeu nos capítulos sobre gerenciamento do estresse, influência na mudança de outras pessoas e funcionamento do cérebro se aplica aqui. O Dr. K ensinou que os seres humanos são programados para ir em direção ao que parece mais fácil e mais agradável, e para evitar o que é doloroso e difícil.

Quando você está deprimido, continuar na cama parece mais fácil. Quando está sofrendo, é fácil achar que nunca vai superar. Quando está passando por momentos difíceis, uma bebida alivia a dor.

É por isso que as pessoas que você ama podem enfrentar os mesmos demônios durante anos. Elas adorariam melhorar, mas, provavelmente, duvidam que consigam.

Em momentos nos quais enfrentei uma séria depressão pós-parto ou uma ansiedade paralisante, um dos meus muitos medos era jamais sair daquela situação. É por isso que o processo de cura sempre parecerá pior no início. É por isso que as pessoas o evitam e agem de maneiras que não fazem sentido.

Uma vez ouvi um especialista em vício afirmar que ninguém consegue alcançar a sobriedade, até que estar bêbado seja mais doloroso do que enfrentar aquilo de que está fugindo. Quando ouvi isso, fez total sentido para mim, e acredito que pode ajudar você a sair de uma postura de julgamento e adotar uma atitude de compreensão e compaixão.

A pessoa precisa da dor como combustível para a vontade de mudar.

Isso se aplica a qualquer dificuldade. Ninguém cura um transtorno alimentar até que a restrição seja mais dolorosa do que enfrentar os problemas dos quais está fugindo. Ninguém enfrenta o vício em sexo até que esconder isso seja mais doloroso do que enfrentar a verdade.

Os especialistas com quem conversei me disseram que o sofrimento é parte fundamental da experiência humana e um dos elementos mais essenciais para que alguém escolha melhorar.

Perceba a palavra *escolher*.

Alguém que esteja passando por um ciclo de sofrimento está fugindo dos problemas e entorpecendo a dor. A cura é uma escolha. Isso cria um dilema tanto para você quanto para mim, porque você sempre vai sentir a tensão entre deixar que a pessoa sofra e, ao mesmo tempo, querer desesperadamente afastar a dor que ela está sentindo.

Eu cometi esse erro. Pensei: *Se ao menos eu puder facilitar a vida dela, vou facilitar a mudança, certo?* Errado.

Existe uma diferença gigantesca entre tentar fazer a dor da pessoa passar e oferecer um apoio que permita que ela o faça por contra própria. O difícil é que cada situação é diferente, e você precisará descobrir o que significa apoio para você.

Essas experiências dolorosas também fazem parte do circuito motivacional mencionado pelo Dr. K. Em outras palavras, se for mais fácil evitar o problema, a pessoa jamais vai enfrentá-lo.

"Deixe a pessoa aprender com a vida."

O Dr. Robert Waldinger, psicanalista, psiquiatra e professor dessa mesma área na Harvard Medical School, também comanda o Harvard Study of Adult Development, um dos maiores e mais duradouros estudos sobre a vida adulta. Quando conversamos, ele abordou este ponto especificamente:

> Deixe as pessoas aprenderem com a vida. Não as proteja das consequências das escolhas que fazem. Se alguém disser "Não quero arranjar um emprego", responda: "Certo, mas como você vai pagar o aluguel?" Há uma série de maneiras de ajudar as pessoas a lidar com os desafios da vida sem protegê-las por completo desses desafios. Isso acontece com frequência no contexto do vício com as pessoas que amamos. Devemos deixar que enfrentem a dor de perder um emprego ou um

parceiro devido ao vício em substâncias. Não tente intervir e melhorar a situação. Quando deixamos as pessoas confrontarem as consequências de suas escolhas, elas têm a chance de aprender com isso.

Talvez a pessoa precise passar uma noite na cadeia. Talvez precise perder o emprego ou a família. Talvez você precise tirá-la da faculdade. Talvez ela precise morar com você porque precisa da família por perto. Talvez ela esteja tão afundada nos próprios problemas, que vá morar na rua.

E isso não se aplica somente aos casos extremos, como vício e transtornos mentais graves. Esse mesmo princípio vale para quando a pessoa está apegada a uma fase da vida que já passou, lidando com a ansiedade ou a insegurança.

Luana Marques, psicóloga clínica e professora na Harvard Medical School, me explicou que a esquiva é um mecanismo de enfrentamento muito comum quando alguém é desafiado.

Seu ente querido vai se esquivar de situações, conversas ou mudanças de comportamento que pareçam difíceis. É natural procurar o que parece fácil e evitar o que é difícil. Reconhecer essa realidade é essencial para que você possa lidar com a situação a partir de um método racional e cientificamente embasado.

Pare de evitar o problema

Vou compartilhar um exemplo pessoal, de quando uma de minhas filhas enfrentava esse tipo dificuldade. Naquele momento, eu não soube lidar da melhor forma. Minhas tentativas de aliviar a ansiedade acabaram piorando tudo.

Ainda que este livro trate de relacionamentos adultos, as leis da natureza humana também se aplicam à criação de adolescentes. Lembre-se de que todo pai ou mãe é responsável pelas necessidades físicas, mentais e emocionais de seu filhos.

Quando estava no ensino médio, minha filha passou por uma crise de ansiedade muito assustadora, que durava o dia inteiro e culminava com ela acordando no meio da noite, com medo de ficar sozinha no quarto. Ela então vinha para o meu e o de Chris, e eu cometi o erro de deixá-la dormir em nossa cama nas primeiras noites.

Sempre que eu a autorizava a dormir conosco, achava que estava ajudando a evitar a ansiedade, acreditando que estava facilitando as coisas. No entanto, o que não percebia era que, ao agir assim, fazia com que ela não enfrentasse o que estava por trás da ansiedade.

Toda noite, nossa filha acordava pouco antes da meia-noite e descia até nosso quarto. Eu tentava me levantar para tranquilizá-la, mas mesmo subir a escada sozinha era algo a que se recusava. Com o tempo, eu cedia devido ao cansaço e, depois de várias ocasiões, comecei a arrumar uma cama no chão para ela.

Isso aconteceu toda noite durante seis meses.

Era isso que a Dra. Marques queria dizer ao explicar que "a esquiva é um mecanismo de enfrentamento quando a pessoa está lidando com esse tipo de dificuldade". Minha filha tinha medo de dormir sozinha no quarto dela e evitava fazer isso. Ao permitir que ela ficasse no chão do nosso, eu estava, na verdade, piorando sua ansiedade. Toda vez que eu falava "Você pode dormir no chão do nosso quarto", estava, com minhas ações, enviando a mensagem: "Acho que você não é suficientemente forte para enfrentar isso."

Pode não parecer tão importante, mas, na verdade, foi muito significativo. Nos anos seguintes, a ansiedade piorou muito, porque eu ensinei minha filha a não enfrentar o problema. Acabei reforçando a ideia de que a solução para os sentimentos de ansiedade era fugir deles. Isso apenas alimentou o sentimento e potencializou o impulso de fuga.

Tudo passou a deixá-la ansiosa: ir para a escola, ficar sozinha no carro, dormir na casa de uma amiga, até estudar violão. Qualquer momento corriqueiro de nervosismo se transformava numa crise de ansiedade em que ela "precisava de mim".

Abandonei uma viagem de férias com meu marido e voltei para casa de avião porque ela estava inconsolável, e nossa babá não sabia como lidar com a situação — nem eu sabia. Eu me culpo. Eu sou a mãe e deixei que ambas evitássemos enfrentar aquele contexto difícil. Eu estava tentando resgatá-la, quando, na verdade, ela tinha a força, a capacidade e o poder de enfrentar sua ansiedade e seus medos. Minha filha precisava aprender a ficar bem sempre que estivesse ansiosa ou desconfortável.

Só quando Chris ficou exausto de tudo aquilo foi que nós a levamos a um terapeuta. Foi quando descobrimos que o único modo de uma pessoa se fortalecer é enfrentando o que ela sente ser grande demais para enfrentar. E é exatamente isso que a Teoria Let Them ajudará você a fazer.

A verdade é que não é incomum acordar no meio da noite e se sentir ansioso. Não precisaria virar um sofrimento de seis meses. A ansiedade não precisava se tornar o maior desafio da vida da minha filha na década seguinte. Isso aconteceu porque, na época, eu não tinha as ferramentas que você está aprendendo neste momento.

Você é muito mais capaz do que imagina, e a pessoa que você ama também. Você não pode controlar se alguém se sente dessa maneira. Não pode impedir que acordem no meio da noite e apareçam em seu quarto. Mas sempre pode controlar o que *você* pensa, faz e diz em resposta.

Quando uma pessoa que você ama estiver enfrentando esse tipo de dificuldade, quero que você se visualize oferecendo um abraço acolhedor, incentivando-a a encarar aquilo que está evitando. O Dr. Ablon chama isso de abordagem *com a pessoa.*

Você não pode controlar as reações ansiosas do outro. O seu poder está na reação. Saiba como usar o *deixa comigo* para oferecer esse apoio:

Deixa comigo, vou validar o que ela está sentindo: "Ah, querida, sinto muito por você estar com tanto medo."

Deixa comigo, vou separar minhas emoções das dela: "Ver você tão triste também é difícil para mim."

Deixa comigo, vou confortar a pessoa que eu amo e que está passando por um momento difícil: um abraço sempre tem um efeito maravilhoso.

E, então, *deixa comigo,* vou apoiá-la reafirmando sua capacidade de enfrentar algo que parece difícil.

Depois, permaneça ao lado da pessoa enquanto lida com a dificuldade — no meu caso, isso significava levantar-me no meio da noite, acompanhar minha filha de volta ao quarto dela e ajudá-la a se deitar de novo.

Não vou mentir: nas primeiras noites eu me senti um monstro ao vê-la chorar e implorar para ficar comigo. Senti vontade de desistir da terapia, jogar a toalha e permitir que ela voltasse a dormir no chão do meu quarto. *Quer dizer, algum dia ela vai acabar voltando para a própria cama, não?!*

Mas não voltei atrás. Foram cerca de cinco dias, e não foi fácil vê-la chorando e implorando. Também não foi fácil colocá-la na cama e esperar do lado de fora do quarto até senti-la cair no sono outra vez. Algumas noites, ela acordava mais de uma vez e descia as escadas diversas vezes. E a cada vez eu a acolhia, abraçando-a, e subia de volta com ela para ajudá-la a encarar o que estava evitando.

Perceba as dificuldades das pessoas como uma oportunidade de apoiá-las na descoberta de sua própria força. Se alguém aprende que é fraco demais para enfrentar os obstáculos, jamais vai experimentar o que realmente pode fazer. Se você sempre intervier para resgatar o outro, ele passará a esperar isso sempre que a vida ficar difícil. Contudo, se essa pessoa se enxergar, a cada situação, dia após dia, enfrentando seus medos e desafios da vida com você ao lado, aprenderá que é capaz de fazer por si mesma coisas que vão muito além do que ela imagina.

Pare de resgatar as pessoas de seus problemas e passe a agir como se acreditasse na capacidade delas de enfrentá-los. Suas ações são a forma mais clara e verdadeira de comunicação. Quando você apoia alguém para enfrentar o que o amedronta, seu comportamento demonstra o seguinte pensamento: "Acredito em você. Você é capaz. Estarei ao seu lado enquanto você enfrenta esse problema."

Dar apoio a alguém que esteja passando por momentos difíceis é desafiador e exaustivo. Exige tempo e paciência. É frustrante. Por isso, muita gente acaba optando pela facilidade e tentando resgatar quem ama. É muito mais simples deixar a pessoa dormir no chão, mudar de escola, largar o emprego, ignorar o problema e torcer para que ele desapareça ou — a forma mais comum de facilitação — buscar uma solução fácil e imediata.

Assim, a questão que fica é: como apoiar alguém de modo eficaz?

CAPÍTULO 17

Como apoiar do jeito certo

Já que há tantas dúvidas sobre *como* equilibrar o apoio a alguém sem se tornar o salvador dessa pessoa, quero compartilhar uma sugestão recorrente entre os especialistas com quem conversei.

Quando você apoia um adulto que está passando por um momento difícil, uma das decisões mais importantes é definir em que você gastará dinheiro.

Se você está ajudando financeiramente uma pessoa a fim de auxiliá-la nesse período difícil, tenha total clareza sobre as condições desse apoio.

Se você oferece dinheiro sem critérios, pode acabar ficando ressentido. O dinheiro não é um presente — e amor incondicional não significa apoio financeiro incondicional.

Muitas vezes, amor incondicional implica retirar o apoio financeiro. Isso é muito difícil, principalmente para pais de filhos adultos que estão tendo dificuldades para se bancar, e com frequência essa é a última medida a ser tomada.

No processo de reabilitação existe a expressão *fundo do poço*. Costumamos nos referir ao fundo do poço quando a pessoa está enfrentando uma questão grave. O que raramente dizemos é que você, como alguém que ama essa pessoa, também vai chegar ao fundo do poço em algum momento.

Isso acontece quando você já "tentou de tudo". Nada funciona. Você está sofrendo. Então percebe: eu ainda não tentei parar de financiar a vida dela. Num determinado ponto, você perceberá que, ao pagar o aluguel, as contas e os estudos, ou ao oferecer moradia sem nenhum critério, está facilitando o comportamento autodestrutivo dessa pessoa.

Você se lembra do que o Dr. Waldinger disse? "Não proteja as pessoas das consequências das escolhas que fazem." Chegará um momento em que você decidirá parar de sustentar alguém que se recusa a se esforçar ou obter a ajuda profissional necessária para melhorar.

O Dr. Waldinger — assim como todos os especialistas com quem conversei — mostrou-se inflexível com relação a esse ponto: você deve dar para as pessoas amor, aceitação e compaixão, não dinheiro. Porque, ao financiar qualquer aspecto da vida de alguém que se recusa a fazer um tratamento, que não quer trabalhar, que não frequenta as aulas e que continua a mentir, roubar ou se envolver em comportamentos duvidosos, você se torna parte do problema. Dar dinheiro sem critérios é facilitar o comportamento nocivo.

Mas oferecer dinheiro com condições específicas é uma forma de apoio e pode ser feito da seguinte forma: você pode morar aqui, desde que esteja sóbrio. Eu pago pelo tratamento, desde que você e seu terapeuta concordem em realizar um acompanhamento mensal comigo. Eu cubro a faculdade, desde que você tire notas boas. Eu pago aluguel, conta de celular e prestação do carro, desde que você inicie um tratamento para transtorno alimentar.

O mais difícil é quando a pessoa não concorda com as condições oferecidas. Porque, se ela se recusa a se tratar ou a ir atrás de um emprego, você precisará cortar todo o apoio financeiro, parando de pagar o aluguel ou expulsando-a de casa.

E, quando digo todo o apoio financeiro, é todo mesmo. Você não vai pagar nem a conta de celular da pessoa. Não vai pagar o aluguel dela. Não vai compartilhar seu login para serviços de streaming. Não vai ajudá-la com as compras do mercado ou pagar corridas de Uber. E, sim, talvez você tenha aceitado ser fiador quando ela assinou o contrato de aluguel. Mas agora vai ter que aceitar a possibilidade de a inadimplência dessa pessoa afetar seu score de crédito.

Ela vai odiar você. No início, é quase certo que a situação vai piorar. Contudo, quando ela se recusa a honrar os critérios sob os quais seu apoio foi dado, você precisa agir como o adulto da situação. Fico chocada com a quantidade de pais que sustentam filhos adultos que estão passando por dificuldades como essas.

Deixa pra lá: que eles sofram por conta das dificuldades. *Deixa pra lá:* que eles violem os termos de seu apoio. E, então, *deixa comigo*: corte a ajuda financeira.

Poucas pessoas estão dispostas a agir dessa forma, porque parece cruel. Por isso, é tão comum trazer o dinheiro à tona em casos assim. Mas retirar o apoio financeiro é a única coisa que pode funcionar — é a única solução que lhe restará quando nada mais der certo. Você de fato tem poder. E, talvez, esse seja o gatilho para despertar que seu ente querido precisa.

Se você está lendo isto e seus pais pagam sua terapia, seu aluguel, seus estudos, sua conta de celular ou qualquer outro gasto que você possa vir a ter, tenho uma notícia para você: eles têm o direito de opinar em como você está levando sua vida.

Não é aceitável que você permita que outra pessoa pague suas despesas e fique irritado quando ela opina sobre como você está usando o dinheiro dela. Aceitar que seus pais paguem sua terapia e se recusar a deixar que eles conversem com seu terapeuta é uma forma de manipulação.

Se você já se cansou da intromissão de seus pais em sua vida, comece a pagar suas contas. Enquanto for financeiramente dependente de alguém, pode repetir *deixa pra lá* o quanto quiser. O dinheiro deles compra acesso à sua vida, você goste ou não. Se você quer independência, prove, e conquiste sua emancipação financeira de verdade.

E sejamos sinceros: o verdadeiro motivo pelo qual as opiniões de seus pais causam tamanha frustração está em precisar do dinheiro deles, e você sabe disso. Você não está com raiva deles; está com raiva de si mesmo por não ser financeiramente independente.

Pare de tentar salvar outros adultos

Posso lhe dar um exemplo pessoal de por que é importante parar de tentar salvar as pessoas sem estabelecer condições para isso. Já mencionei que, quando eu tinha pouco mais de quarenta anos, Chris e eu tínhamos uma dívida enorme.

Nossa hipoteca estava atrasada e quase estávamos perdendo a casa por conta de uma dívida de 800 mil dólares. O restaurante dele estava em maus bocados, não havia dinheiro para a folha de pagamento. Chris não recebia um centavo fazia meses. Ao mesmo tempo, eu tinha acabado de perder o emprego, e estávamos lutando para pagar coisas básicas, como compras de supermercado e gasolina.

Foi uma época assustadora. Chris e seu sócio tentavam desesperadamente conseguir um empréstimo para manter a empresa de pé. Lembro que ele chegou a pedir dinheiro emprestado ao irmão, que recusou e acrescentou: "Sinto muito se sem esse dinheiro a empresa tiver que fechar e declarar falência, mas não vou tirar você dessa. Você precisa fazer isso sozinho." Foi duro? Não. Foi sincero. Ele não era responsável pelos problemas empresariais do meu marido. Chris era. E meu cunhado não tinha o dever de recuperar uma empresa que estava nas últimas, tampouco de salvar o irmão dos próprios problemas financeiros. Foi doloroso ouvir isso, mas era a verdade. Algumas semanas depois, Chris chegou ao fundo do poço.

Fazia seis meses que ele não recebia dinheiro do investimento, que funcionava aos trancos e barrancos. Durante anos, o sócio e ele vinham trabalhando sem parar, tentando fazer o negócio vingar. Foi a conversa com o irmão que o ajudou a perceber que precisava sair daquela situação.

A companhia não sustentava dois donos. Além disso, Chris tinha desenvolvido um grande problema com álcool. Bebia para aliviar o estresse e começou a adotar outros comportamentos autodestrutivos. Estava deprimido, ansioso, e sabia que não poderia continuar vivendo daquela maneira. Aquele foi seu fundo do poço.

Se o irmão de Chris tivesse emprestado o dinheiro, só prolongaria aquela situação devastadora. Quando ouviu "não", a única opção do meu marido foi resgatar a si mesmo. Isso é o fundo do poço, e muda a vida do outro para melhor. Porque, quando você finalmente chega lá, conecta-se com algo importante dentro de si mesmo: a decisão de mudar.

Vale ressaltar que meu cunhado se recusou a dar dinheiro, mas isso não significa que não apoiou o irmão. Ele ouviu Chris, validou seus sentimentos, demonstrou compaixão e, no fim, ao recusar o empréstimo, estava dizendo: "Acredito na sua capacidade de achar uma solução."

E adivinhem só? Chis realmente achou uma solução. A resposta certa não era tentar salvar o restaurante, mas fugir daquela situação. A resposta certa era dizer: "Não vou mais fazer isso. Desisto."

O primeiro passo para mudar a vida é entender que ela não está funcionando. É por isso que você precisa deixar que as pessoas enfrentem a própria realidade, em vez de ajudá-las a fugir dela. Seu papel é amá-las, acreditar em sua capacidade para fazer o que tem que ser feito e apoiá-las a uma distância segura, exatamente o que o irmão de Chris fez. Assim como existem milhares de maneiras de resolver um problema, também existem milhares de maneiras de oferecer apoio.

Como criar o melhor ambiente possível para a cura

Um dos meus modos preferidos de oferecer apoio é pensar em como criar um ambiente para ajudar a pessoa a melhorar. O que isso quer dizer? Existem pesquisas sobre o papel que o ambiente representa na saúde mental, espiritual e física. Isso engloba onde você mora, a bagunça ao redor, a comida na geladeira, as pessoas com quem você convive e os compromissos na sua agenda.

Pergunte-se: *Como posso criar um ambiente que facilite a mudança e a recuperação?* Existem muitas maneiras de fazer isso, mas quero começar com um exemplo meu.

O parto da minha primeira filha foi muito complicado, e perdi muito sangue. Ao receber alta e ir para casa, eu estava não só fisicamente destruída, como também estava lidando com uma grave depressão pós-parto.

Fiquei tão mal que não podia ficar sozinha com a bebê nos primeiros quatro meses de vida dela. Eu não conseguia amamentar devido aos medicamentos que tomava. E estava tão exausta que passava a maior parte do dia dormindo ou sentada no sofá como um zumbi.

O que mais lembro é que ninguém me perguntava como poderia ajudar. As pessoas apareciam e criavam um ambiente para minha recuperação sem que eu pedisse.

Minha prima vinha fazer faxina. Meus pais atravessaram o país de carro e ficaram comigo durante semanas. Uma nova amiga, Joanie, que estava grávida na época, me fazia companhia para que Chris pudesse trabalhar. E, enquanto eu cochilava, ela lavava roupa e fazia almoço.

Meus sogros vieram por uma semana e, todos os dias, tinham algo planejado. Sem nem me consultar, diziam: "Hoje vamos à Exposição de Flores de Boston."

E me colocavam no carro junto com a bebê. Mesmo eu estando ainda como um zumbi e num estado de depressão profunda, todos criaram um ambiente em que eu saía de casa e começava a voltar para a vida.

Ninguém me perguntava: "De que ajuda você precisa?" "Quer que eu lave a roupa?" "Quer que eu deixe o jantar hoje à noite?" Todos simplesmente faziam. E essa é uma observação importante sobre quem está enfrentando esse tipo de dificuldade.

Deixar pra lá não quer dizer deixar a pessoa sozinha.

Quando você está sofrendo, não sabe o que quer nem do que precisa. Às vezes, nem sabe que dia é. Já notou que, quando perguntamos como podemos ajudar alguém que está de luto, passando por um término, ou que acabou de sair do hospital, a pessoa frequentemente responde "Está tudo bem, eu estou bem" ou "Não preciso de nada"?

Quando estamos passando por momentos difíceis, não queremos sobrecarregar mais ninguém, porque já nos sentimos um fardo. Era assim que eu me sentia. Assim, *deixa comigo*: vou criar... o ambiente de que a pessoa precisa para melhorar.

Aqui vão alguns exemplos do que você pode fazer: visitar, levar o jantar, ajudar a limpar o apartamento, abastecer a geladeira com alimentos saudáveis, ir até o quarto para abrir a janela e deixar entrar um ar, lavar a roupa, montar uma playlist de músicas animadas, recomendar episódios de podcasts que deem esperança, enviar itens de autocuidado ou comprar um porta-retratos digital, de modo que a pessoa possa se lembrar de momentos felizes e das pessoas que estavam com ela.

Uma de minhas coisas preferidas para fazer, especialmente para mães de primeira viagem, foi sugestão da terapeuta K.C. Davis: leve uma pilha de pratos e copos de papel para que a pessoa não precise lavar a louça enquanto cuida de um recém-nascido.

E, já que estamos nesse assunto, telefone ou mande uma mensagem de texto para a pessoa amiga e diga: "Vou passar aí no sábado e levar as crianças ou o cachorro ao parque, para você ter um tempo para você."

Leve a colega de apartamento para fazer as unhas ou para uma exposição nova no museu, depois de ela ter terminado um relacionamento. Mande uma mensagem de texto por semana para um amigo dizendo: "Estou pensando em você, você não vai passar por isso sozinha. Não precisa me responder, só quero que saiba que estou aqui." Convide sua amiga que acabou de sair de uma internação para fazer uma aula de yoga com você toda quarta-feira de manhã. Melhor ainda, passe para buscá-la.

Você pode criar um ambiente para uma mudança positiva oferecendo terapia, preparando refeições saudáveis ou conversando e se concentrando em perguntas abertas. Percebe como esses exemplos são muito diferentes de oferecer dinheiro para resolver uma situação, facilitar ou salvar a pessoa dos problemas dela? Todos fazem com que a pessoa volte à vida normal dela.

Não dá para saber pelo que outra pessoa está passando, mas você sempre pode escolher que tipo de amigo, ente querido ou familiar deseja ser. Ao longo deste livro, falamos bastante sobre a importância de se apresentar de um modo que faça você se orgulhar de si mesmo.

Quando for preciso ajudar alguém, faça isso sem expectativa. Ajude porque se sente bem em dar uma força àquela amiga que está no hospital, e não porque espera que ela atualize você a todo o tempo a respeito de sua situação. Leve um jantar para aquela outra que acabou de ter um bebê não porque espera um agradecimento, mas porque sabe que teve um gesto de empatia com uma pessoa amada.

Lembre-se de que, quando alguém está passando por dificuldades, é possível que a pessoa esteja sobrecarregada a ponto de não ter energia para manter você atualizado ou agradecer — isso não significa que sua ajuda não esteja fazendo a diferença.

Seu papel é estar presente e ajudar, se necessário. Seja um farol de esperança. Acredite na capacidade do outro de melhorar.

As pessoas evitam a cura porque não acreditam que sejam capazes de encarar a dor da qual estão fugindo. Assim, *deixa pra lá*: elas que tomem emprestada sua fé nelas. Quando a pessoa se sente aceita, amada e apoiada, fica mais fácil acreditar na própria capacidade de retomar a vida.

Assim, vamos resumir como podemos ajudar alguém que está passando por dificuldades. Nesta seção, talvez você tenha percebido que pode estar impedindo outros adultos de lutarem as próprias batalhas. A Teoria Let Them nos ensina que ajudar não é o mesmo que resolver os problemas dos outros, mas dar espaço e oferecer as ferramentas para que eles possam resolvê-los por si mesmos.

1. **Problema:** Salvar as pessoas dos problemas faz com que elas afundem ainda mais. Quando você facilita a vida dos outros com dinheiro, palavras e ações, não incentiva a independência delas. Atrapalha a cura e prolonga o sofrimento, as dívidas e a queda delas. E, consequentemente, a sua também.

2. **Verdade:** a cura só acontece quando a própria pessoa está pronta para botar a mão na massa. Você sempre estará pronto para que o outro se cure antes que ele esteja. Ainda que suas intenções sejam boas, intervir constantemente gera dependência e frustração, e atrapalha a capacidade da pessoa de assumir responsabilidade por si mesma. Você não pode desejar a cura de alguém mais do que ele mesmo.

3. **Solução:** com a Teoria Let Them, você dá espaço e permite que adultos enfrentem e sofram as consequências naturais dos próprios atos. Em vez de tentar agir como um salvador, ofereça apoio com condições. Essa abordagem ajuda a pessoa a assumir responsabilidade, fortalecendo sua crença na capacidade inata de melhorar.

Quando diz *deixa pra lá*, você confia e dá às pessoas o poder de enfrentar suas dificuldades, ao passo que entende que o sofrimento faz parte do processo de crescimento. Quando você diz *deixa comigo*, compromete-se a oferecer apoio sem assumir a responsabilidade pelo outro, criando o ambiente e as ferramentas necessários para que a outra pessoa melhore.

Acredite na capacidade do outro de se curar e construa um ambiente onde a mudança possa acontecer.

Escolhendo o amor que você merece

CAPÍTULO 18

Deixe que as pessoas mostrem quem são de verdade

No fim da vida, quais são as últimas palavras que você gostaria de ouvir?

"Eu te amo."

O amor é a força mais poderosa do mundo. Você merece se sentir amado, ser amado, se apaixonar, expressar amor e experimentar uma das maiores alegrias: estar num relacionamento saudável.

Não importa se está solteiro, divorciado, namorando, noivo, ficando ou casado há anos, acredito que o maior amor de sua vida ainda está por vir. Mesmo os relacionamentos mais sólidos podem se tornar ainda mais profundos e significativos.

Se você está solteiro, sua história de amor não terminou, nem de longe. O amor da sua vida não está no passado, ele está esperando por você no futuro. Tudo o que aconteceu e todos os relacionamentos passados serviram como preparação para o que vai acontecer.

Durante minha pesquisa para este livro, recebi inúmeras perguntas sobre como aplicar a Teoria Let Them no amor. Assim, nos próximos três capítulos vamos abordar namoro e compromisso, e descobrir se um relacionamento é certo para você, como fazer o amor durar e como sobreviver aos términos.

Por fim, falaremos sobre como você vem aceitando menos amor do que merece.

A realidade é que os adultos escolhem quem e como amar, e, às vezes, isso significa que você não vai ser escolhido. O comportamento das pessoas diz a verdade sobre como elas se sentem em relação a você. Muitas vezes, ao correr atrás do amor — ou do potencial que você acredita que ele tem —, você acaba abrindo mão de seus valores. Ao correr atrás do amor, você afasta o relacionamento profundo e significativo que merece.

Por mais extraordinário que seja, o amor também é fonte de muita dor. O desejo de ser amado pode fazer com que você abra mão de seu poder e o entregue de bandeja a outra pessoa.

Talvez um estranho que você conheceu na internet esteja afetando seu humor. Talvez uma pessoa que bloqueou você tenha abalado sua autoestima. Ou talvez seu parceiro esteja diferente e trate você como colega, e isso tenha se tornado algo normal.

Na vida amorosa, é muito fácil cair na armadilha de deixar que o outro — com seus traumas e problemas — faça com que você diminua seus padrões e aceite menos do que quer e merece.

Quando o coração está envolvido, a lógica desaparece. Você pode se pegar justificando maus comportamentos ou criando uma fantasia, em vez de encarar a realidade. Além disso, talvez você se convença a permanecer num relacionamento que não está funcionando simplesmente porque parece melhor do que terminar e enfrentar o desconhecido.

Você merece uma história de amor incrível e jamais deveria aceitar menos do que isso.

Por meio da Teoria Let Them você vai aprender a diferença entre correr atrás do amor e escolher o amor. Vai aprender a identificar com quem realmente vale a pena se comprometer e com quem não vale. Além disso, saberá usar a teoria para criar a parceria mais amorosa, solidária e comprometida que sempre desejou.

O fato é que os melhores relacionamentos evoluem e se transformam com o tempo — e mudar o modo como se apresenta criará uma conexão e a parceria amorosa que você realmente merece.

Então, vamos começar do princípio...
Como encontrar o amor

Namorar hoje em dia pode ser desafiador. Nenhuma das pessoas com quem conversei acha namorar fácil e divertido.

Todos morrem de medo da ideia de se expor em aplicativos de relacionamento e entrar no que parece um ambiente de encontros sexuais tóxicos e superficiais. Então, se você se sente desmotivado, desanimado ou inseguro, saiba que não está sozinho. Isso é comum e está ligado ao impacto dos aplicativos de namoro e das redes sociais, que transformaram o amor e os relacionamentos num jogo, numa indústria e numa competição.

O outro motivo que contribui para a frustração é que muitos conselhos mais parecem truques, dicas e regras para "ganhar alguém", garantir o próximo encontro ou receber o máximo de likes no aplicativo. Isso é o que quero dizer quando afirmo que namorar no mundo atual se tornou uma competição. Esse é o pior modo de lidar com o assunto do amor e dos relacionamentos. Não é um jogo. Não deveríamos tentar enganar alguém para que goste da gente, nem deveríamos seguir regras rígidas sobre quando mandar uma mensagem ou o que dizer.

Você deve ser quem é e deve confiar que, ao agir assim, a pessoa que deseja estar com alguém tão incrível quanto você vai encontrá-lo. Se alguém está oferecendo conselhos a você sobre como "conquistar" pessoas está guiando você para longe de sua essência e para as águas rasas onde encontrará as pessoas erradas. Em vez de pensar que precisa mudar ou fazer algo diferente, vou dizer o que você precisa parar de fazer.

Encontrar o amor tem mais a ver com saber dizer não do que dizer sim. Quando você estabelece padrões elevados para si mesmo e para o tipo de relacionamento que deseja, o namoro se torna um processo de eliminação. A Teoria Let Them vai ajudá-lo a ser verdadeiro consigo mesmo e lhe dará a coragem para deixar os outros revelarem quem realmente são, enquanto você se mantém fiel a si mesmo.

Quando você tem a coragem de ser quem é, assume o controle — porque é você que escolhe quem é digno de receber seu tempo e sua energia e quem não é. Aí está o verdadeiro poder.

Também é necessário coragem para perceber quando alguém não está interessado em você. É preciso ter confiança para lembrar que mandar uma mensagem de texto é fácil, mas, se a pessoa realmente quisesse se encontrar com você, ela estaria fazendo planos.

No momento em que você começa a criar desculpas e hipóteses, está entregando seu poder à outra pessoa. Namorar exige objetividade em relação ao comportamento do outro, e essa é a parte mais difícil. Com a Teoria Let Them você vai aprender a escolher o relacionamento certo em vez de correr atrás dos errados.

O objetivo de namorar não é simplesmente achar "a pessoa certa"

Um dos principais motivos pelos quais o namoro pode ser difícil é não entender seu verdadeiro propósito. Não se trata apenas de encontrar "a pessoa certa". Namorar é uma viagem de autoconhecimento, em que você aprende mais sobre si mesmo e sobre o que deseja e o que não deseja. É por isso que todas as experiências — mesmo as ruins — sempre guardam uma lição importante.

Uma das lições mais importantes é entender que tipo de comportamento você não aceitará e com que tipo de pessoa você quer se relacionar. Se ficar obcecado por encontrar a pessoa certa, deixará de aprender as importantes lições que o namoro tem a ensinar sobre o valor do amor em sua vida.

Você não veio ao mundo para ser o marido ou a esposa de alguém. Está aqui para realizar seus sonhos, contar sua história e criar uma vida incrível, linda e prazerosa.

Ninguém mais pode criar essa vida por você. A pessoa que você escolher para amar vai compartilhar essa vida com você. É por isso que quero que você seja exigente.

Quando estiver namorando, divirta-se e conheça pessoas, mas jamais se esqueça do contexto geral: você está procurando alguém que o ajude a se tornar sua melhor versão e que compartilhe uma vida ao seu lado.

Então, não. O objetivo do namoro não é simplesmente achar "a pessoa certa".

É, na verdade, uma oportunidade de aprender mais sobre você, mantendo-se aberto a diversas experiências que, por fim, levarão você a escolher uma pessoa incrível e ser escolhido.

Uma das dificuldades está em não ter controle sobre sermos ou não escolhidos, muito menos garantir que nosso momento de vida coincida com o do outro.

As pessoas escolhem quem e como amam, e, às vezes, não será você. Mas lembre-se: você também tem o poder de decidir quem amar e como amar. Pode escolher quem merece seu tempo e sua energia e pode escolher como quer ser tratado. No namoro, poder escolher frequentemente significa ir embora quando não está sendo tratado como merece.

Isso nos leva a um ponto essencial: o comportamento das pessoas revela exatamente como elas se sentem em relação a você.

O seu papel não é interpretar ou questionar. É deixar que as pessoas mostrem quem são e como se sentem em relação a você, e aceitar isso. Por sinal, isso se aplica a todos os estágios de um relacionamento.

Os primeiros dias

Quando você se coloca disponível para conhecer pessoas, pode descobrir que há muita gente de quem você "gosta" e por quem sente "interesse". Afinal, existem várias pessoas bonitas, legais e divertidas.

Os primeiros dias podem ser energizantes e animadores... e é por isso que, provavelmente, acaba dizendo "sim" a várias pessoas que acabam se mostrando erradas para você. É muito fácil agir assim quando uma pessoa é bonita, quando você sente um friozinho na barriga, quando não tem algo para fazer no fim de semana, quando se cansou de estar solteiro ou quando tem medo de nunca conhecer alguém.

Namorar é difícil porque a maioria das pessoas tem tanto medo de ficar sozinha, e está tão desesperada para encontrar alguém e viver um conto de fadas que pode acabar não enxergando a realidade da situação em que se encontra.

Quantas vezes você se convenceu de que algo era mais sério do que realmente era? De que o relacionamento tinha potencial? De que encontros recorrentes sob efeito de álcool significavam que a pessoa gostava de você tanto quanto você gostava dela? De que vocês tinham um futuro juntos?

Existe um ditado famoso: "Se uma pessoa gostar de você, você saberá. Se não gostar, você ficará confuso." Esse confuso é perigoso quando você está namorando, porque, se você gosta da pessoa, sua reação automática será convencer-se de que ela gosta de você. *Não* faça isso. *Deixa pra lá*: permita-se ser confundido.

Já notou que as únicas pessoas que deixam você confuso são as que não gostam de você? Enxergue a confusão como ela é de verdade. A pessoa não gosta de você como você deseja. Quando você se convence de que algo está acontecendo, mesmo quando os sinais indicam o contrário, está correndo atrás do amor. Mas, ao fazer isso, você o afasta ainda mais. Correr atrás da pessoa errada sempre leva a lugares errados. Correr atrás do potencial de um relacionamento significa saber que algo não está certo e que você escolheu ignorar a verdade.

E eis como perceber se está correndo atrás:

É você que manda mensagens o tempo todo, liga e procura a pessoa. Você acredita que os encontros sob efeito de álcool estão levando a um lugar especial. Você tenta estar perto da pessoa o tempo todo, esperando que ela se apaixone por você.

Você acredita no que a pessoa diz, mesmo quando o comportamento dela mostra o contrário. Você se convence de que, com o tempo, tudo vai melhorar. Você acha que sabe o que é melhor para a pessoa, e é você. Você só a encontra em bares. Você acredita que pode consertá-la. Você pensa que uma mensagem fará com que ela deseje você também.

Todos esses são exemplos de correr atrás do potencial e optar por não enxergar a realidade. Você não pode ficar obcecado em "fazer dar certo" a ponto de correr atrás de algo que sabe que não está certo. É como pegar um sapato que você acha bonito e tentar calçar, mesmo que seja dois números menor do que o seu. Seu pé não vai encolher de uma hora para a outra. E, assim como o sapato não vai se ajustar para caber no seu pé, essa pessoa não vai se transformar naquilo que você espera. Por isso, é preciso parar de correr atrás.

Quanto mais tempo você perder com a pessoa errada, mais vai levar para encontrar a certa. *Deixa pra lá*: tudo bem ela não responder. *Deixa comigo*: a fila anda.

Pare de correr atrás daquilo que alguém poderia ser. Pare de investir tempo e energia em pessoas que não retribuem. Pare de justificar comportamentos desrespeitosos. Pare de dar seu amor a pessoas que não amam você. Pare de inventar desculpas para aqueles que não estão interessados em você. Pare de correr atrás de quem escolhe não amar você. Coloque um fim nesse jogo.

É, namorar é difícil, mesmo. Sim, suas emoções estão descontroladas. E, sim, dói ser rejeitado.

Sim, o sexo é incrível. Sim, ele é engraçado. Sim, é reconfortante não ser o único solteiro em nosso grupo de amigos. Sim, é ótimo ter alguém que parece interessado. Sim, é legal ter planos para o fim de semana. Sim, haverá ocasiões em que a pessoa parece ser a certa, mas o momento está errado.

Lembre-se: você vai encontrar o relacionamento certo ao dizer "não" aos errados. Quanto mais rápido fizer isso, mais rápido dirá "sim" ao amor de sua vida. A Teoria Let Them revoluciona sua forma de encontrar o amor que merece, porque o obriga a olhar com uma honestidade brutal para a situação que está vivendo, para a pessoa com quem está lidando e para como ela se sente em relação a você.

Acorda. Essa pessoa não gosta de você

A única maneira de conhecer alguém e descobrir seu papel na vida da pessoa é observando como ela age. Esqueça o que diz. Observe suas atitudes. Pode ser difícil, porque, no início, suas emoções e seus hormônios estão à flor da pele, prejudicando sua percepção de como a pessoa trata você.

Uma pergunta que você sempre pode fazer se quiser saber a verdade sobre sua relação amorosa é: *Se sua melhor amiga estivesse sendo tratada assim, o que você diria a ela?*

Um dos princípios fundamentais da Teoria Let Them é que ela lhe revela exatamente a importância que você tem na vida do outro. Entenda: é bem simples. Ou você é uma prioridade ou não é. Não existe meio-termo.

Deixe a pessoa mostrar quem é de verdade.

Se estiver correndo atrás de alguém, jamais conseguirá enxergar que essa pessoa não gosta de você da mesma forma. Se os sinais são confusos, significa que ela NÃO está interessada. Os sinais confusos não são nem um pouco "confusos". Eles mandam uma mensagem clara de que você não é uma prioridade, apenas uma conveniência.

Por exemplo, se a pessoa manda mensagens o tempo todo, mas nunca sugere um encontro, ela não está interessada em algo real. *Deixa pra lá*: ela que mande mensagens. Se a pessoa quer se encontrar com você sempre que está por perto, mas não fala nada depois que vai embora, é porque só está interessada no sexo. *Deixa pra lá:* o problema não é ela. É você. Você não está valorizando seu tempo o suficiente para perceber que isso não vai dar em nada.

Você precisa da parte da teoria que diz *deixa comigo*. *Deixa comigo*: vou acordar e ser honesto comigo mesmo. Quanto mais eu corro atrás dessa pessoa, quanto mais tempo perco enviando mensagens e quanto mais mantenho na cabeça a fantasia de que ela vai acabar percebendo que fomos feitos um para o outro, menos chance terei de conhecer alguém que queira um relacionamento verdadeiro.

Deixa comigo: vou me respeitar o suficiente para admitir que isso não vai dar em nada. Quando uma pessoa estiver enrolando você, *deixa pra lá*. Você tem o poder de cortar essa relação. Você é um participante ativo da situação na qual se encontra, pois permite que a pessoa faça isso. Se você estivesse num relacionamento com amor e respeito, reviraria os olhos caso essa pessoa mandasse uma mensagem propondo um encontro casual! Assim, admita a sua parte no que está dando errado e retome seu poder.

Deixa comigo: vou me lembrar de que não quero namorar alguém que não me escolhe de volta. Um dos sinais mais importantes de um relacionamento saudável é ser mútuo.

Esforço mútuo. Respeito mútuo. Sentimentos mútuos. Atração mútua. Interesse mútuo.

Se você está inventando desculpas para o relacionamento de outra pessoa... pare. *Deixa pra lá*, permita que a própria revele quem ela é de verdade; permita que revele se está se esforçando ou não; permita que revele se gosta de você ou não.

O principal fator que torna um relacionamento confuso é a recusa em enxergar que a pessoa não gosta de você da maneira que você desejaria. Todos já passamos por isso. É doloroso quando você se interessa por alguém e esse sentimento não é recíproco. Mas é impossível controlar quem a outra pessoa escolhe amar.

Não perca tempo tentando caber numa caixinha minúscula, ser uma pessoa diferente ou mudar quem você é, tudo isso para estar num relacionamento com alguém que não ama você. Não faça isso.

No início de um relacionamento, é fácil cair nessa armadilha. É fácil concluir que essa pessoa é a certa para você, mesmo quando há inúmeras bandeiras vermelhas avisando que ela não é. É fácil esperar que as pessoas sintam o mesmo que você. É fácil achar que uma pessoa vai amá-lo se você mudar só mais um pouquinho. É fácil agarrar-se à ideia de ser amado, mesmo se isso não for tão mágico quanto você esperava. É fácil iludir-se e ignorar os sinais óbvios de que alguém não quer um compromisso ou de que "não gosta de rótulos". É fácil entrar num relacionamento insatisfatório só para deixar de ser a "amiga solteira". É fácil no momento, mas, a longo prazo, isso vai partir seu coração.

A angústia emocional, a perda da individualidade, o questionamento constante sobre a situação, o sofrimento com o fato de que a pessoa jamais se compromete... nada disso vale a pena. Vou repetir: se a pessoa gostar de você, você vai saber. Se não gostar, você vai ficar confuso.

Deixa pra lá: que ele não responda às suas mensagens. Que faça promessas quando está bêbado. Que vá embora na manhã seguinte sem dizer tchau e nunca responda ao "Eu adoraria ver você de novo". Que deixe você perplexa e enfurecida, e mande sinais confusos.

O comportamento da pessoa já é uma mensagem clara. *Deixar pra lá* é a parte fácil. A parte difícil é a do *deixa comigo*, porque você não quer enxergar a verdade. *Deixa comigo*: vou enxergar quem é essa pessoa, vou aceitar a verdade no comportamento dela e descobrir que não sou uma prioridade. Pare de correr atrás de pessoas que nitidamente não querem estar com você.

Se elas não se esforçam, não valem o seu esforço.

CAPÍTULO 19

Como levar seu relacionamento ao próximo nível

"**M**as, Mel... ele está me dando a atenção que eu mereço. Sei que ele gosta de mim, ele disse... e está agindo de modo correto comigo... a não ser o mais importante. Ele não quer assumir um compromisso."

Isso é muito comum e pode acontecer de várias maneiras: talvez a pessoa não queira colocar um "rótulo" no relacionamento, ser exclusiva, assumir oficialmente, morar junto, noivar ou se casar.

Primeiro, você precisa se perguntar: *Correr atrás de pessoas que não se comprometem é um padrão de comportamento meu?* Ou só acontece com essa pessoa? Vou abordar esses dois temas separadamente, porque são questões diferentes.

Se você sempre escolhe as pessoas erradas

Se você se pega tentando namorar alguém que não está disponível ou que não quer se comprometer, é possível que não seja coincidência, como você imagina. Provavelmente, você sente atração por pessoas que acha que pode mudar ou conquistar, que estão indisponíveis por se relacionarem com outro ou indisponíveis emocionalmente.

Pergunte-se: você costuma namorar pessoas que nunca se comprometem? Você é a namorada que antecede a esposa? Você namora pessoas em quem não confia totalmente? Namora pessoas ciumentas ou controladoras? Está sempre dormindo com alguém na expectativa de que o encontro se transforme em algo mais? Relaciona-se com pessoas que têm problemas dos quais você quer salvá-las? Namora alguém que trai você ou que você conheceu quando estava traindo? Quando os relacionamentos acabam, você afirma aos amigos que a pessoa era "maluca"?

Se você se identifica com alguma dessas perguntas, é hora de ser sincero: você adora correr atrás. Esse é um padrão de comportamento seu e isso é um problema. O relacionamento está acontecendo, quase sempre, como uma fantasia que você criou, porque você vive no potencial do que poderia ser, e não na realidade do que é.

Esse padrão vai se repetir, a não ser que você o quebre. Pesquisas mostram que as pessoas escolhem, subconscientemente, o mesmo tipo de parceiro para correr atrás, com base em relacionamentos anteriores e experiências da infância.

Um estudo de oito anos feito na Universidade de Alberta mostra que, depois da "fase de lua de mel", o relacionamento tende a adotar os mesmos padrões dos antigos, e que as pessoas costumam levar as mesmas dinâmicas às novas experiências e evitar o enfrentamento dos próprios problemas... o que, por sua vez, cria, de novo, o mesmo funcionamento de relações problemáticas.

Se isso parece verdadeiro em seu caso, você deveria procurar um terapeuta para discutir o passado e chegar à raiz de seus problemas — porque eles não serão resolvidos num relacionamento. Na verdade, se você correr atrás de alguém, continuará espantando o amor saudável. Namorar neste momento só vai piorar a situação.

Você precisa ficar sozinho.

Vou repetir: você precisa ficar sozinho.

Se você quer consertar isso e criar o relacionamento saudável e carinhoso com que sempre sonhou, deve estar disposto a estar sozinho durante o próximo ano, buscar ser feliz e se curar. "Mas, Mel, não quero ficar sozinha e não acho que isso seja um grande problema. Eu só conheci as pessoas erradas. Não sou eu. São elas. Só preciso escolher alguém diferente."

Não! O problema é você. Acabei de pensar — enquanto escrevia isto — que você acharia que é a exceção dessa pesquisa. Você se lembra de quando conheceu a Dra. Sharot, do MIT, que explicou por que não podemos fazer as outras pessoas mudarem? Segundo ela, todo mundo acha que é a exceção. E é isso que está acontecendo com você, aqui e agora.

Se você adota esse padrão de correr atrás do amor, mas nunca estar num relacionamento saudável, você não é a exceção. É o problema. O mais difícil é admitir sua negação de que, de fato, esse é um padrão que você precisa rever, e que entrar em outro relacionamento só vai postergar a resolução do problema.

Você merece uma história de amor incrível, mas não vai criá-la enquanto não descobrir a raiz do motivo para tomar decisões não saudáveis ou escolher quem não se compromete com você.

E eu digo isso com todo carinho.

Bom, vamos falar sobre o uso da Teoria Let Them em situações nas quais você está se encontrando com alguém ou está num relacionamento e quer levá-lo ao próximo nível, mas não tem certeza de como a outra pessoa se sente ou não sabe como puxar o assunto de um compromisso maior sem perder seu poder.

A conversa do compromisso

Em qualquer relacionamento, chega um momento em que você se pergunta para onde ele está caminhando ou se os dois desejam a mesma coisa. No instante em que você começa a se sentir assim, é hora de ter uma conversa.

Nunca se sinta mal por pedir o que você merece. Evite dar sugestões sutis sobre questões importantes, como compromisso. Conversas sinceras são a base para um relacionamento amoroso e saudável.

Não tenha medo: entenda. Se o relacionamento for real, essa conversa vai fortalecer você. Uma conversa sincera só destrói algo que não é verdadeiro.

A maneira como você vai conduzir a conversa foi sugerida por meu amigo Matthew Hussey, um escritor best-seller que, há mais de 17 anos, vem ajudando as pessoas a se sentirem mais confiantes e no controle de seus relacionamentos. O canal dele no YouTube é referência mundial em conselhos amorosos, com mais de meio bilhão de visualizações.

Durante minhas pesquisas para este livro, conversei com Matthew sobre os erros que as pessoas cometem quando querem assumir mais compromisso no relacionamento.

Ele me contou uma história comovente: quando conheceu a esposa, Audrey, estava saindo com outras pessoas; além disso, os dois moravam em cidades diferentes. No início, a relação era casual. Matthew admitiu (com Audrey ao nosso lado) que a estava enrolando. Isso continuou até que ela o chamou para uma conversa, estruturada de um modo muito específico, que o pegou desprevenido.

Audrey não fez com que ele se sentisse mal. Não insistiu sobre o quanto gostava dele nem que estava apaixonada. Na verdade, ela não se concentrou nele, e sim no valor de seu tempo e no que estava buscando.

Ao me contar essa história, Matthew destacou que o maior erro que as pessoas cometem ao tentar levar um relacionamento para o próximo nível é colocar toda a atenção na outra pessoa, e não no valor de seu próprio tempo e do que elas querem. Adivinhe. Deu certo, porque ele parou de sair com outras pessoas e se comprometeu imediatamente com Audrey. Hoje, além de casados, são sócios.

Matthew me contou o que aprendeu com essa experiência e como ensina essa técnica para outras pessoas. E o melhor, você também pode aplicá-la. Faça o seguinte:

Como no ABC da Mudança, não tenha essa conversa num bar, pelo telefone ou quando estiver com pouco tempo, muito menos por mensagem. É importante não entrar nessa conversa esperando que a outra pessoa queira o mesmo que você. Você está procurando esclarecimento, pois sabe que, se a situação não estiver indo a algum lugar, não vai merecer mais seu tempo.

O objetivo não é obter a resposta que você quer, e sim ganhar mais lucidez sobre a situação em que se encontram. Não é um papo para desabafar. É mais para estabelecer o que vale ou não seu tempo. Matthew recomendou a seguinte abordagem, mas adapte-a a seu estilo:

> Adorei passar tempo com você. Eu me conheço e estou procurando um compromisso. Quis ter essa conversa com você porque acho importante entender se temos o mesmo objetivo para o nosso relacionamento. Eu valorizo meu tempo e minha energia, e quero investi-los se a relação for evoluir. Cheguei a esse ponto com você. Tem sido incrível, e adoro estar na sua companhia. Mas só faz sentido insistir nisso se estivermos caminhando na mesma direção. Se você não enxerga do mesmo modo, o relacionamento foi fantástico, está tudo bem. Contudo, preciso optar por investir o tempo que tenho em pessoas que queiram o mesmo que eu.

Uau! Eu gostaria que alguém tivesse me ensinado isso quando namorava. O que me impressionou na abordagem de Matthew e Audrey foi a simplicidade.

Enquanto lia, você não sentiu respeito pela pessoa que estava falando? Pelo fato de valorizar o próprio tempo e energia? Percebeu que ela foi elogiosa com quem estava namorando?

Sem culpar, sem fazer acusações nem drama. Apenas dois adultos que se divertiram juntos e, naquele momento, um deles está sendo claro sobre o que deseja na vida.

Você não respeita essa atitude? Eu respeito. Você não gostaria de valorizar seu tempo assim? Claro que sim! E não quer estar com uma pessoa incrível que também valorize o próprio tempo?

E você notou a expectativa zero? A porta está escancarada para o outro dizer "não".

Essa é a parte difícil: às vezes, as pessoas que você escolhe não vão escolher você. Vai ser horrível. Você vai se sentir desmoralizado. Tudo bem.

O negócio é o seguinte: mesmo que a resposta seja "não", você ainda tem o poder de decidir o que fazer com isso.

Se a pessoa disser: não quero morar com você; não quero ser seu namorado ou sua namorada; não quero namoro a distância; não quero me casar; não quero ter filhos; não vou me mudar para sua cidade... a pessoa lhe deu tudo o que tinha para dar. E é isso.

Deixa pra lá.

Como minha amiga e escritora best-seller, a pastora Sarah Jakes Roberts, gosta de dizer: "Você está disposto a aceitar migalhas ou quer uma refeição cinco estrelas?"

Se você opta por continuar num relacionamento depois de a pessoa deixar claro que não quer as mesmas coisas que você, a decisão é sua. Porém, se continua investindo energia mesmo depois de a pessoa não se comprometer, o próximo telefonema que fizer deveria ser para seu terapeuta, porque algo mais sério está acontecendo.

Como sua amiga, preciso perguntar: por que você quer estar com alguém que não se compromete? Por que deseja permanecer com alguém que não compartilha dos mesmos objetivos que você?

Sim, pode ser assustador ficar sozinho. Sim, é desanimador saber que mais seis meses se passaram. Sim, é tentador aceitar migalhas em vez de voltar à soltcirice.

Você pode achar que nunca vai encontrar o amor. Pode achar que nunca vai encontrar uma pessoa tão inteligente, divertida, bonita, legal e boa de cama. Mas você está tremendamente enganado.

Não aceite migalhas.

Tenha coragem. Você encontra a pessoa certa ao dizer "não" às erradas. *Deixa pra lá*: que o outro revele quem é e em que pé vocês estão. Depois você precisa se concentrar na segunda parte da Teoria Let Them: *deixa comigo*.

Deixa comigo: vou terminar um relacionamento com alguém que não se compromete.

Deixa comigo: vou confiar que este é mais um passo na direção de escolher o amor que eu mereço.

Deixa comigo: vou parar de correr atrás do potencial desse relacionamento e encarar a realidade.

Deixa comigo: vou acreditar que acabo de dar mais um passo na direção da pessoa certa.

Deixa comigo: vou recuperar meu poder, porque o amor da minha vida vai estar ali, quando eu virar a esquina.

CAPÍTULO 20

Todo fim é um lindo início

Durante minha pesquisa para este livro, um assunto era recorrente: como saber quando os problemas que a pessoa está enfrentando num relacionamento podem ser resolvidos ou precisam ser aceitos.

Até que ponto pensar demais, frustrar-se e discutir é normal ou sinal de que alguma coisa está errada? Quando devo *deixar pra lá* e quando preciso admitir a verdade dolorosa de que o relacionamento não é mais para mim?

Casada há quase trinta anos, posso dizer que a troca e o comprometimento mútuos são fundamentais para um relacionamento bem-sucedido. Ninguém é perfeito, relação alguma é perfeita, e tudo muda com o tempo.

Num relacionamento longo, haverá fases incríveis e outras extremamente difíceis. Contudo, todo casal saudável tinha duas coisas importantes:

Primeiro, os dois queriam que o relacionamento funcionasse. E ambos estavam dispostos a se esforçar para melhorá-lo. Segundo, as questões que criaram problemas não exigiram que uma das pessoas abrisse mão de seus sonhos ou valores.

Assim, se você está imaginando que tem o relacionamento certo, isso é bom, porque significa que quer ficar com uma pessoa que vai despertar o que há de melhor em você e trabalhar a seu lado para criar uma vida plena.

Uma das coisas mais difíceis pelas quais já passei foi estar com uma pessoa que é boa e saber que, no fundo, ela não é a certa para mim.

Ou, em outras situações, estar com uma pessoa boa e saber que eu estava mal da cabeça e não era a certa para ela — na verdade, eu nem deveria estar num relacionamento. (Estou pensando nos pedidos de desculpas que fiz a meus namorados da universidade. Aos vinte e poucos anos, eu não estava muito bem. E eu me comportava de um modo do qual me arrependo profundamente.)

Admitir que um relacionamento não está funcionando é uma das coisas mais difíceis, ainda mais se você estiver apaixonado pela pessoa. Com frequência, o problema não é tão óbvio. No fundo, você apenas sente que, por trás da rotina familiar e do dia a dia, algo não está certo.

Ame a pessoa, não o potencial dela

Quando surgirem dúvidas se o relacionamento em que você está é o certo, pergunte-se: *Você consegue aceitar essa pessoa como ela é e a fase em que ela está, e ainda amá-la?*

O que eu quero dizer com isso é: você ama seu namorado, sua namorada, sua esposa, seu marido ou seu companheiro no estado atual em que se encontram? Ou você ama quem ele ou ela já foi ou quem gostaria que se tornasse?

Mesmo que existam características específicas que o incomodem, no fim das contas talvez elas não representem empecilhos reais. Pode ser algo que você precisa aprender a aceitar, e esse é um trabalho que você vai precisar fazer para que o relacionamento prospere.

Deixa pra lá.

Por exemplo, talvez você consiga lidar com o fato de que a pessoa começou a fumar cigarro eletrônico, não se cuida, é desleixada, não faz planos, o sexo, quando acontece, é tedioso, e nunca é diferente — como se mudar para outra cidade ou viajar para outro país nas férias.

Ainda assim, você a ama? Porque a realidade é que... talvez ela nunca mude.

Lembre-se de uma das ideias fundamentais deste livro: as pessoas só fazem o que querem fazer. Sim, você pode influenciá-las, mas, se continuar esperando que mude e ela não mudar, isso apenas enfraquece seu amor e gera ressentimento.

O que percebi em casais é que, quanto mais tempo ficam juntos, mais as pessoas querem que seu parceiro seja como elas. Isso não é justo. Por isso, seja sincero. Você deseja que o outro seja igual a você, ou será que alguma de suas necessidades fundamentais não está sendo atendida? Essa reflexão é crucial, porque, com base nas leis da natureza humana, você deve presumir que a pessoa não mudará.

Deixa pra lá. Em vez de ficar se ressentindo e criticando o outro pelas costas, seja a pessoa madura da relação. Pare de tentar transformar seu parceiro em alguém como você e o aceite como ele é — ou tenha a conversa amorosa e produtiva sobre sua necessidade e o motivo para isso o estar incomodando.

Talvez a pessoa nem saiba que você está chateado, talvez não entenda como você se sente com relação a algo, ou não saiba como aquilo é importante para você. Ou talvez saiba, mas você criou um impasse.

Assim, antes de passar mais um ano refletindo demais e se questionando se essa pessoa é a certa para você, tenha a conversa, aplique a ciência, depois dê um espaço a ela e espere. Você aprendeu a fazer isso usando o ABC da Mudança e o poder de sua influência:

1: PEÇA DESCULPAS e FAÇA PERGUNTAS abertas.

2: DÊ ESPAÇO para a pessoa e observe o COMPORTAMENTO dela.

3: CELEBRE o progresso enquanto oferece exemplos da MUDANÇA.

Quando usar o *deixa comigo* para influenciar alguém, faça isso com a esperança de que uma mudança ocorra, porque você o ama e deseja o melhor para o outro. Você quer que o relacionamento funcione, e isso é importante. Mas jamais faça isso com a expectativa de que algo vá mudar.

Mesmo quando você aplica a ciência para influenciar o outro, ele ainda é dono de si mesmo e está no controle para pensar, dizer e fazer o que quiser. Espere pelo menos seis meses sem energia negativa enquanto continua a dar exemplos de mudanças positivas e celebra qualquer progresso que perceber.

Deixa pra lá: que eles façam o que querem.

Por que seis meses? Porque é tempo suficiente para que sua energia se transforme e a outra pessoa comece a se sentir inspirada a mudar, acreditando que a ideia foi dela.

Lembre-se do exemplo de minha amiga e do marido. O problema de saúde dele vinha incomodando-a há algum tempo e, ainda que ela o ame, isso a fez questionar: será que ele é a pessoa certa? Será que posso estar casada com uma pessoa que não se cuida?

Assim, minha amiga tem usado a Teoria Let Them para responder a essa pergunta. Está *deixando pra lá* e, nesse meio-tempo, faz caminhadas todas as manhãs, tem se mostrado positiva e feliz, vem elogiando-o e abraçando-o e é afetuosa sempre que ele se exercita.

Neste momento, é preciso esperar. Uma das partes mais difíceis de esperar e *deixar pra lá* é a hora em que a pessoa amada reclama das consequências naturais do próprio comportamento.

Por exemplo, ela reclama de quanto dinheiro gastou com cigarros eletrônicos (mas continua fumando), ou de como odeia o emprego (mas não procurou um novo), ou de como se sente deprimida (mas se recusa a fazer terapia).

Minha amiga contou que, recentemente, o marido estava reclamando de estar tão sem fôlego ao jogar bola com os amigos que precisou fazer uma pausa.

Quando isso acontece, nossa tendência é querer tranquilizar a pessoa. Não faça isso. Deixe a reclamação no ar. Não reaja.

Deixa pra lá. Não diga uma palavra sequer. A pessoa precisa processar os próprios sentimentos. A ciência precisa fazer o trabalho para você. A pessoa precisa sentir as consequências dos próprios atos. *Deixa pra lá.*

Depois use o *deixa comigo*, aplicando a ciência. Faça uma pergunta aberta. "Isso incomoda você?" "Você quer fazer algo a respeito?"

Como você já aprendeu com o Dr. K, essas perguntas são o que os pesquisadores chamam de *entrevista motivacional*. Elas ajudam a pessoa a refletir sobre o conflito entre o que ela realmente deseja mudar na vida e seu comportamento atual, e o que ela não está disposta a mudar.

A decisão de romper

Mas... o que acontece se você seguir o ABC da Mudança, esperar pacientemente durante seis meses, e tudo continuar igual?

Isso significa que seu parceiro talvez não queira mudar. O comportamento dele diz isso. Nesse caso, você tem uma escolha a fazer. Porque, no fim, você sempre tem o poder de focar a sua reação. Você seguiu os três passos. Neste momento, vamos passar para os próximos: o D e o E.

Passo D: DECIDA se isso é um verdadeiro IMPEDIMENTO

Se, depois de seis meses, a pessoa não mudou ou não tentou mudar, presuma que ela não fará isso. Sinto muito por ter que dizer: ela não está pronta. Não quer mudar. Fazer isso por você não é o suficiente. Não é prioridade dela, ou talvez haja algo mais profundo acontecendo, algo que a impeça de mudar.

Ou talvez ela simplesmente seja assim, e tudo bem. O comportamento dela é a resposta, que ficou bem clara.

Deixa pra lá. Nem todo mundo quer mudar. Às vezes, o maior ato de amor que você pode fazer é parar de tentar consertar, começar a aceitar, ser mais carinhoso e se concentrar no que pode controlar.

E o que você pode controlar é a escolha de amar a pessoa como ela é. Sei que não é justo. Sei que é decepcionante. Sei que é frustrante e, às vezes, até devastador ver uma pessoa não mudar por você. *Deixa pra lá.*

Chegou a hora de aplicar a segunda parte da Teoria Let Them: *deixa comigo*. É o momento de decidir se isso é um impedimento para VOCÊ. Lembre-se: você sempre pode escolher quem e como você ama.

Você tem o poder de decidir se isso é um verdadeiro impedimento, isto é, algo com o qual você não pode viver pelo resto da vida. Você pode descobrir isso do seguinte modo:

Pergunte-se: *Você conseguiria ficar com essa pessoa pelo resto da vida se ela não mudasse?*

Sendo a resposta sim ou não, vá para o Passo E, porque algo precisa mudar para que o relacionamento de vocês evolua.

Passo E: PARE de reclamar ou TERMINE o relacionamento

Você chegou ao ponto em que entendeu que a pessoa não vai mudar. Está num impasse e precisa decidir se consegue viver com isso ou não. Precisa escolher se vai parar de pegar no pé da pessoa ou terminar o relacionamento.

Você consegue parar de reclamar do problema? Consegue parar de punir a si mesmo, de jogar isso na cara da pessoa, de agir de modo passivo-agressivo e alugar os amigos com suas queixas?

Se escolher ficar com a pessoa, você deve a ela e a si mesmo aceitá-la exatamente como ela é. Veja o meu casamento. Há momentos em que meu TDAH deixa Chris exasperado, e eu entendo. Em boa parte do tempo sou um desastre.

Deixo os pratos na pia ou acumulo alguns em minha mesa de trabalho, perco as chaves e largo as coisas amontoadas em meu lado da pia do banheiro. Sempre que vamos a algum lugar, eu me atraso.

Em geral, Chris fica sentado no carro e me espera pacientemente enquanto eu corro pela casa de um lado para o outro, procurando alguma coisa que não consigo encontrar… e isso é apenas a ponta do iceberg desorganizado que é Mel Robbins.

Ao longo dos anos, meu marido me fez refletir. Tivemos conversas intermináveis sobre eu sempre esquecer de jogar os lenços de papel no lixo, deixando-os na bancada. ("Isso é nojento, Mel.") Ou sobre ele ficar frustrado quando me distraio olhando o Instagram. ("Você está me ouvindo?")

Sei que meu comportamento dá a ele a impressão de que não respeito seu tempo nem me importo com o impacto de meu caos sobre ele.

Tentei mudar. Quero mudar. Trabalho nisso. No entanto, a mudança ainda não aconteceu. Eu me atraso. Perco tudo. Faço bagunça em casa e não arrumo. Odeio isso em mim. Gostaria de estalar os dedos e mudar essa característica minha.

Chris é pontual, organizado, calmo e previsível. Sempre foi. Sempre vai ser. Ele gostaria que eu fosse mais como ele. A vida dele seria mais fácil, e isso o faria se sentir mais apoiado e respeitado por mim.

Mas os relacionamentos têm a ver com aprender a amar alguém pelo que a pessoa é, não pelo que você gostaria que ela fosse. Quando você começar a usar a Teoria Let Them, vai aprender a enxergar as pessoas como elas são. Então, perceberá que é você quem precisa decidir o que consegue aceitar e o que não consegue. É assim que você mantém o poder: ele está sempre em como você reage.

Ao mesmo tempo, à medida que abre mão das características superficiais que nunca vão mudar, começa a compreender as características mais profundas que talvez não esteja dando o devido valor. Apesar de haver coisas que me chateiam em Chris, as qualidades que mais valorizo em meu marido são a gentileza, a confiabilidade e a tranquilidade. Eu não sabia que precisava disso num relacionamento. Ele, por outro lado, valoriza meu entusiasmo, minha lealdade feroz e meu senso de humor.

Por mais que meu comportamento o frustre, não é um verdadeiro impedimento. Chris decidiu que todas as outras coisas que eu ofereço como companheira superam as irritações causadas pelo meu TDAH.

Meu marido aceitou o fato de que serei assim pelo resto da vida. E aprendeu a rir disso e a conviver com essas características. *Deixa pra lá:* Mel pode ser... Mel.

É por isso que a Teoria Let Them fortaleceu meu casamento. Ela me ensinou a aceitar Chris como ele é e a parar de reclamar do não é... e vice-versa.

Você encontrará a mesma clareza em seus relacionamentos. Para minha amiga e o marido dela pode significar que, quando ela acordar para pedalar com a bicicleta ergométrica no porão, deixará que ele continue dormindo. E que ficará em silêncio em vez de bater a porta do quarto, como costumava fazer.

Cito esse exemplo porque amar uma pessoa como ela é vai além de parar com as reclamações. Por meio de seu comportamento, você demonstra esse amor. Você segue com gentileza e consideração.

Você é mesmo compatível com seu parceiro?

Antes, eu fiz a seguinte pergunta: *Você conseguiria ficar com essa pessoa pelo resto da vida se ela não mudasse?*

E se sua resposta for "não sei" ou "não"?

Se não consegue parar de reclamar, você não consegue aceitá-la e amá-la como ela é.

Isso não é muito gentil e amoroso de sua parte. E, se você não consegue parar de bater a porta de manhã ou de agir de modo passivo-agressivo quando a pessoa se atrasa mais uma vez, isso também não é gentil.

Encerrar um relacionamento é uma decisão pessoal, e só você pode tomá-la. No caso de minha amiga e do marido, não é uma decisão difícil. Os hábitos pouco saudáveis dele não são um verdadeiro impedimento. Nem de longe. Ela o ama.

Minha amiga sabe que, para fazer o relacionamento funcionar, precisa se esforçar mais para aceitá-lo e mudar/o modo como ela lida com a relação. Precisa ter mais compaixão e gentileza. Pode continuar tentando influenciá-lo, mas as expectativas precisam ir embora, assim como qualquer reclamação. Isso tem a ver com ela, não com ele.

E, como o marido não está mudando quem é, minha amiga precisa mudar quem ela tem sido, para que o relacionamento evolua.

No entanto, as maiores dificuldades aparecem quando usam a Teoria Let Them para decidir se estão com a pessoa certa. Há uma diferença entre estar comprometido e ser compatível com alguém.

É muito comum apaixonar-se e ter o que parece ser o relacionamento mais incrível de toda a vida — mas, com o tempo, os dois começam a seguir caminhos diferentes, desejar coisas diferentes e percebem que mudaram.

Quando isso acontece, é difícil, porque significa que vocês se desapaixonaram. Simplesmente não combinam como antes. Eu sempre digo que são necessárias duas coisas para um relacionamento durar:

1. Ambos querem que o relacionamento dê certo e estão dispostos a trabalhar para melhorá-lo.

2. As questões que geram conflitos não exigem que nenhum dos dois abra mão de seus sonhos ou valores.

Talvez você esteja numa situação em que ambos querem que o relacionamento dê certo e estão dispostos a se esforçar. Porém, quando o problema é a compatibilidade, não importa o quanto vocês tentem, há uma grande chance de que o relacionamento não vá pra frente.

Aceitar isso pode ser uma das coisas mais difíceis. E, no fim, é uma escolha muito pessoal.

Digamos que você está apaixonada por uma pessoa que veio de outro país e quer se mudar de volta para lá, enquanto você sempre se viu morando perto da família.

Ou algo que acontece muito: um quer filhos, e o outro, não.

Vocês podem conversar a respeito. Podem brigar por causa disso. Você entende o motivo de seu companheiro querer voltar para seu país de origem, e ele entende por que você não quer acompanhá-lo. Vocês discutiram os prós e os contras de ter filhos, mas chegaram a um acordo sobre o futuro. Repetiram este ciclo várias vezes. No passado, você disse: "Não precisamos decidir isso agora."

Mas a hora chegou, e os dois estão num impasse.

A outra pessoa quer se mudar. Você não.

Você quer filhos. A pessoa, não.

Vocês têm um compromisso um com o outro, mas talvez não sejam compatíveis neste momento.

Como saber se esse é um impedimento verdadeiro?

Eis uma alternativa: vamos analisar a situação em que você está em um relacionamento com alguém que sempre quis voltar a morar em Londres. E você sempre se imaginou vivendo perto da família no seu país.

Você se pergunta: *Vou me arrepender mais por ter terminado ou por me mudar para Londres? Se eu concordar em me mudar, vou me ressentir do outro ao optar por deixar minha família e meus amigos para trás?*

As duas escolhas representam alguma perda.

Uma exige abrir mão de um sonho que você sempre teve: morar perto da família. A outra exige abrir mão da pessoa que, até este momento, é o amor da sua vida.

E, por sinal, seu parceiro está diante do mesmo dilema, porque também não quer ceder. Sua opinião não vai mudar. Vai morar em Londres, com ou sem você. *Deixa pra lá.*

Deixa comigo: estou disposta a abrir mão desse relacionamento?

O fato é que 69% dos problemas em um relacionamento não são solucionáveis. Essa estatística tem como base quarenta anos de pesquisas científicas realizadas pelos doutores John e Julie Gottman, os mais famosos pesquisadores de relacionamentos do mundo (por coincidência, eles são casados).

Eles descobriram que os principais problemas que levam os casais a brigar são motivos que nunca vão mudar: a pessoa estar sempre atrasada, não ser tão ambiciosa, passar o fim de semana na frente da TV, ter passatempos diferentes dos seus, ser bagunceira, não querer sair de casa ou ter opiniões políticas diferentes das suas.

Esses são apenas exemplos dos 69% de problemas em um relacionamento que não são solucionáveis. Por isso é preciso descobrir o que você valoriza em nível mais profundo. Existe algo que você possa ceder com relação ao seu parceiro?

Para algumas pessoas, mudar-se para outro país não seria uma grande questão. Elas adorariam ter a oportunidade de morar fora com o amor de suas vidas.

As pesquisas dos doutores John e Julie Gottman indicam que, se vocês vivem brigando pelas mesmas coisas e sentindo como se andassem em círculos, provavelmente isso se deve a uma diferença forte entre sua personalidade, suas esperanças e seus sonhos.

Em outras palavras, vocês valorizam coisas diferentes e têm visões diferentes de como querem viver o dia a dia e das experiências que desejam ter na vida. Segundo John e Julie Gottman, quase todos os impasses no relacionamento vêm de "sonhos não realizados".

Pense no casal que está brigando por causa da mudança para Londres, ou no que discorda sobre ter filhos. São questões importantes. É por isso que você não pode abrir mão do que acredita. É algo que está ligado a uma visão mais complexa que você tem da vida. Será necessário tomar uma decisão muito pessoal.

Mudar-se para outro país parece uma coisa sobre a qual vale a pena ceder. Mas se você sempre quis ter filhos, vai se arrepender de ter desperdiçado uma década com alguém e acordar um dia com mais de quarenta anos, percebendo que aquele era um desejo que não vai se concretizar.

Pergunte-se: *Para manter esse relacionamento eu preciso desistir de um sonho?* Porque, de acordo com os Gottman, se for o caso, isso é um problema.

Será que existe alguém melhor?

Ao longo da minha pesquisa, também notei que muitas pessoas em relacionamentos longos se perguntam: *Será que existe alguém melhor por aí?*

A resposta é que você jamais saberá.

Pessoalmente, acredito que essa preocupação é algo que a cultura do namoro, as redes sociais e as comédias românticas implantaram em sua cabeça. Todo mundo tem problemas do passado. Todo mundo carrega uma bagagem. E, quanto mais envelhecemos, maior ela fica.

A maioria das pessoas não enfrentou determinada situação. Só você sabe se não aprecia o que está à frente ou se enxerga tudo na sua vida como estando meio vazio. Talvez você ache que a grama do vizinho é sempre mais verde.

Mas a verdade é que a grama é mais verde se você a rega.

Isso me leva de volta às duas coisas necessárias para que um relacionamento de longo prazo funcione:

1. Ambos querem que o relacionamento dê certo e estão dispostos a trabalhar para melhorá-lo.

2. As questões que geram conflitos não exigem que nenhum dos dois abra mão de seus sonhos ou valores.

Chega um momento em que você simplesmente precisa escolher. E isso pode significar escolher o que está bem à frente.

Casada há quase trinta anos, garanto que todos os casais já passaram por momentos difíceis e assustadores em seus relacionamentos. Entre aqueles que escolheram ficar juntos e trabalhar para superar os problemas, as dificuldades e os desafios, nenhum dos dois se arrepende de ter persistido.

No entanto, conheço muitas pessoas que se divorciaram e sentem um arrependimento incômodo por não ter insistido mais um pouco para fazer o casamento dar certo e não ter tido a coragem de enfrentar os problemas mais cedo.

Talvez, se tivessem tido as conversas mais difíceis e feito terapia, as coisas fossem diferentes. Porque, mesmo que isso não os tivesse mantido juntos, poderia ter tornado o processo de separação — e depois, também, com o envolvimento de filhos — muito mais fácil.

Terminar um relacionamento é uma escolha pessoal e complexa, especialmente se você quer que ele funcione. Às vezes, é necessário acreditar naquela intuição profunda de que algo não está certo.

Você sabe disso. Só estava com medo de admitir. Em algumas ocasiões, é essencial acabar com as coisas antes que elas acabem com você. Você sabe quais são seus sonhos, e merece e precisa de relacionamentos que o ajudem a alcançá-los. Se continuar com alguém que não compartilha das mesmas esperanças e dos mesmos sonhos, isso deixará os dois infelizes.

Entenda, para mim é fácil escrever isso num livro. É fácil dizer *deixa pra lá*. Mas nada é fácil quando se trata de terminar com alguém que você ainda ama.

Mais do que nunca, você vai agradecer à Teoria Let Them por ajudá-lo a passar por isso.

Sobrevivendo a um coração partido

Quero falar diretamente com você ou com alguém que você ama que está com o coração partido.

Tudo o que vou compartilhar vem da experiência pessoal e da orientação direta da mulher mais inteligente que eu conheço: a psicóloga Anne Davin.

Quando minha filha Sawyer e eu estávamos trabalhando nesta parte do livro, o rapaz que ela namorava havia dois anos terminou o relacionamento. E, quando digo namorado, me refiro ao homem com quem minha filha achava que iria se casar. Não estou brincando. Quando isso aconteceu, Sawyer ficou arrasada. Foi um choro sem fim. Ela não saía do quarto e passou dias sem tomar banho. Ficou com vontade de rasgar tudo o que escrevemos na parte sobre amor, a que você acabou de ler. Acho que as palavras exatas dela foram: "Que se foda a Teoria Let Them. O que eu faço agora? Simplesmente *deixo pra lá*? Deixo ele ir embora? Deixo ele terminar comigo? Deixo ele dormir com outras pessoas? Deixo ele se apaixonar por outra pessoa? Odeio esse conselho."

Estou compartilhando isso porque escrevemos esta parte do livro enquanto Sawyer vivia esse término e lidava com a situação em tempo real. E o que você vai ler descreve o que ela sentiu e o que fez para superá-lo. O conselho combina a Teoria Let Them com o conhecimento, as pesquisas e os protocolos da psicóloga Anne Davin. E funciona. Tendo esse contexto em mente, quero que saiba o seguinte:

Este será um dos momentos mais difíceis pelos quais você passará na vida. E você vai superá-lo.

A pior coisa que alguém pode lhe dizer quando um relacionamento chega ao fim é que você deve se concentrar em "se amar". É o pior conselho do mundo, porque, quando está com o coração partido, você se odeia.

Você começa a questionar tudo. Se algum dia vai encontrar o amor de novo. Se sua vida voltará a ser como era. Você deseja o que tinha. Parece que seu coração está em pedacinhos, e realmente está.

O que você está sentindo é luto. A vida que você achava que teria morreu. Assim como acontece com a experiência de perder um ente querido, você experimenta todos os estágios do luto quando está com o coração partido. E isso vai consumir você. Por dias, semanas, até anos, você vai pensar na pessoa.

O dia todo, todo dia, você vai lutar contra a vontade de mandar uma mensagem, telefonar ou ouvir áudios antigos, olhar as fotos, vasculhar as redes sociais para ver aonde ela foi e com quem.

Conversei sobre isso com minha terapeuta, Anne, que explicou:

> Um término dói muito porque tudo relacionado ao outro está entrelaçado com o seu sistema nervoso. Esse alguém foi parte de você, e você foi parte dele durante muito tempo. É por isso que você ainda pode sentir sua presença e escutar sua voz. Você se acostumou a conversar com a pessoa todos os dias, e, naturalmente, deseja isso. Sim, você sente falta dela, mas seu sistema nervoso também, além de como ela se entrelaçou com sua experiência de vida. Isso é normal.

Anne explicou o aspecto neurológico, fisiológico e neuroquímico da experiência de ter o coração partido. Quando você anda na rua ou dirige seu carro, é como se a pessoa estivesse ao seu lado. Quando pensa em algo, quase pode ouvir o que ela diria de volta. Se uma coisa boa acontece, você sente vontade de compartilhá-la com a pessoa. Se alguma coisa muda em sua família, você sente vontade de contar a ela.

Não é somente seu coração que está partido, são todos esses padrões da sua vida. Os circuitos do seu corpo, o sistema nervoso, os pensamentos que ocupam sua mente. São as imagens no seu coração, as músicas que você escutava. Quando está se arrumando para trabalhar, quando se deita para dormir e acorda sozinho de manhã, a pessoa ainda estará em seus pensamentos.

Você vai viver com medo e esperança de trombar com a pessoa. Vai olhar a vida dela se desenrolar em imagens vindas de longe. Vai temer o dia em que saberá que ela conheceu outra pessoa. A parte mais difícil de um término é ter que passar por ele. E o mais desafiador para todos que amam você é que eles precisam *deixar pra lá*: você tem que passar por isso.

Não é possível evitar. Você sente a dor em cada célula do corpo porque precisa desaprender como era estar com essa pessoa e aprender a viver de novo sem ela. Por isso muita gente se agarra por tanto tempo a relacionamentos ruins.

Deixar pra lá não vai tornar o término mais fácil nem fazer com que não seja doloroso.

Anne tem uma regra prática para lidar com um coração partido: nenhum contato por trinta dias. O motivo é que qualquer notícia — uma foto, a voz da pessoa — vai ativar os padrões antigos em seu sistema nervoso e vai obrigar você a dar um passo para trás no processo de desaprender a viver sem ela.

Essa é a parte difícil. Você estará no auge da dor por pelo menos três meses, tempo de luto por um término até que você comece a se sentir um pouco melhor, segundo pesquisas.

Após 11 semanas, 71% das pessoas se sentem mais leves. Falo isso como uma forma de conforto de que, sim, tudo vai melhorar. Pode ser em 11 dias. Pode ser em 11 semanas. Pode demorar um pouco mais. Mas vai melhorar.

Durante todo o processo, a Teoria Let Them ajudará você a aprender e a sair disso mais forte, mais conectado consigo mesmo e com o que deseja e merece ter na vida. Porém, enquanto estiver passando por essa fase, o importante é permitir-se vivê-la. *Deixa comigo*.

Vou sentir o luto. Vou chorar na cama durante dias. Vou contar a história do término várias vezes. Vou resistir à tentação de ligar ou mandar mensagem. Vou ficar num estado depressivo.

Toda essa dor é uma resposta emocionalmente saudável ao coração partido. Quando você estiver pronto, existem algumas práticas que, com base em pesquisas, ajudarão a aceitar que o relacionamento terminou e que é hora de juntar os cacos e seguir em frente.

Seguem algumas recomendações para acalmar seu sistema nervoso e superar esse término de modo mais saudável. Lembre-se: não é o tempo que cura, e sim o que você faz com ele.

1. Retire todos os gatilhos ambientais

Tire todos as lembranças visíveis — lembrancinhas, camisetas, fotos — e os coloque fora do seu campo de visão. Os indícios da pessoa estão gravados tão profundamente em seu corpo e em sua mente que ver objetos o faz lembrar-se do passado e impede você de seguir em frente. Não é preciso queimar os pertences. Basta colocar tudo numa caixa e abri-la quando tiver tempo, espaço e distanciamento de todas essas emoções.

Não se esqueça de pedir que sua família e seus amigos próximos façam o mesmo. É um processo de desaprendizado para todos. Ainda me lembro da sensação de abrir o aplicativo de nosso porta-retrato digital e apertar "pausa" em todas as fotos de Sawyer com o namorado. Cada imagem era um lembrete poderoso de que o futuro que todos nós esperávamos tinha ido embora.

A Teoria Let Them me ajudou a abrir mão do controle, a confiar na capacidade de nossa filha para superar a dor e a me concentrar em dar mais apoio a ela.

2. Faça uma pequena reforma em seu quarto

É provável que vocês tenham passado muito tempo juntos no quarto. Fazer uma reforma no ambiente pode ajudar a sinalizar o início de um novo capítulo da sua vida. Pinte uma parede ou coloque aquele papel de parede removível e estiloso. Compre lençóis e edredom novos. Mude os móveis de lugar; isso ajuda de verdade.

3. Entre em contato com familiares, irmãos, colegas de trabalho

Existe um vazio deixado por essa pessoa, e ele precisa ser preenchido. Você vai precisar de apoio, então peça. Não há do que se envergonhar. Todo mundo já passou por um término e as pessoas sabem como pode ser doloroso. Peça a essas pessoas que mantenham contato com você nos próximos meses e convide-as para um passeio ou um jantar.

4. Preencha sua agenda

Procure eventos na área onde você mora e compre ingressos para exposições ou visite um amigo fora da cidade. Entre em contato com pessoas próximas e faça planos, para que você não se depare com uma agenda vazia. A distração realmente ajuda. Nada é pior para um término do que uma cabeça vazia. Se você não se ocupar com outras coisas, vai acabar pensando na pessoa.

5. Faça algo que você sempre quis fazer

Pode ser uma trilha, um triatlo para o qual nunca conseguiu treinar, um curso que sempre quis fazer ou aulas para aprender a tocar violão — esse é o momento perfeito. Escolha esse desafio e se dedique a algo que lhe traga orgulho. Não existe sentimento melhor do que o de fazer ou aprender algo novo.

6. Faça a seguinte pergunta até se cansar:

"Se você soubesse que o amor de sua vida está na próxima esquina, e que esse término está deixando você um passo mais perto de conhecê-lo, como seriam suas noites e seus fins de semana enquanto estivesse solteiro?"

Um dos maiores medos que as pessoas têm após um rompimento é o de ficar sozinhas para sempre, ou de nunca encontrar uma pessoa tão boa quanto a que foi embora. Isso não é verdade. Agir com intenção a respeito de como vai passar esse período de solteirice sinaliza ao cérebro que você acredita que não ficará sozinho para sempre — e que é melhor aproveitar esse tempo ao máximo.

Outro ponto importante: não caia na tentação da vingança.

É um grande erro usar um término como desculpa para perder peso, ficar sarado ou se tornar mais atraente na esperança de recuperar o ex ou esfregar na cara dele como você está incrível. Não faça isso. Significa que você continua correndo atrás da pessoa e que ela ainda faz parte de sua motivação diária.

Se você quer ir à academia e voltar a ficar em forma por um desejo seu, fantástico. Se quer se cuidar e passar a ter hábitos mais saudáveis, perfeito. Mas não faça isso por quem quer que seja. Faça por você.

Acima de tudo... dê tempo ao tempo.

Não é o tempo que cura as feridas, e sim o que você faz com ele. Não importa o quanto você se ocupe ou o quanto comece a se sentir melhor, vai demorar para processar tudo o que aconteceu. Permita que demore... porque vai demorar. Com frequência, leva MUITO tempo. Se você continuar acordando todos os dias e dando um passo de cada vez, chegará a hora em que vai se levantar e perceber que não está apenas se sentindo melhor — você está, de fato, melhor.

Você é o amor da sua vida

Enquanto você lida com os desafios do amor, do coração partido e de tudo o que há entre uma coisa e outra, é essencial parar e reconhecer uma verdade fundamental: um relacionamento não faz você merecer amor. O que faz isso é sua existência. Desde o dia em que nasceu até o último dia de sua vida, você vai estar com uma pessoa e uma pessoa apenas: você. Você é o único amor da sua vida.

Ao longo deste livro, nós voltamos a atenção para relacionamentos com outras pessoas — como parar de transformar os outros em problemas e como tornar as relações fontes de alegria e conexão. Mas existe um relacionamento que sustenta todos os outros: o que você tem consigo.

Quer esteja solteiro, namorando, casado, quer esteja se curando de um término, o poder de criar relacionamentos incríveis está dentro de você. A Teoria Let Them ensinou a permitir que os outros sejam quem são e a reivindicar seu poder ao escolher como se apresenta. Chegou a hora de aplicar tudo o que aprendeu no relacionamento mais importante da sua vida: aquele que tem consigo mesmo.

Deixa pra lá: que os outros sejam eles mesmos, de modo que eu possa finalmente dizer *deixa comigo*, vou ser quem eu sou.

Você descobriu que outras pessoas podem ser fontes imensas de felicidade, saúde, apoio, amor e conexão. Você merece tudo isso e muito mais. Merece relacionamentos que o elevam, nutrem a alma e refletem o amor e o respeito que sente por si mesmo. Porém, o mais importante é: o alicerce desses relacionamentos incríveis começa no relacionamento que tem consigo mesmo.

Você respeita seus limites? Oferece a si mesmo a compaixão e a gentileza que dá às pessoas que ama? Permite-se correr atrás de seus sonhos sem a aprovação dos outros?

Você é a única pessoa com quem, com certeza, passará o resto da vida. Isso não é um clichê; é uma realidade. Então, que tipo de relacionamento quer ter consigo mesmo? Não estou dizendo que você precisa se amar de forma superficial, e sim que tem uma escolha: priorizar suas necessidades, seus desejos e sua felicidade.

Não se trata de se tornar egocêntrico ou se isolar dos outros. Trata-se de reconhecer que o amor, o respeito e os cuidados que dedica a si mesmo estabelecem o padrão para todos os outros relacionamentos de sua vida. Quando para de buscar validação externa e começa a se respeitar, envia ao mundo uma mensagem poderosa sobre como deve ser tratado.

Você não precisa da permissão de mais ninguém para ser feliz, seguir suas paixões, se expressar ou viver a vida com a qual sempre sonhou.

A única permissão de que precisa é a sua. Você passou tempo demais esperando que os outros lhe dessem o que mais deseja — seja amor, aceitação ou aprovação. A verdade é que tudo o que está procurando começa com você.

A Teoria Let Them é mais do que apenas uma ferramenta para se relacionar melhor com os outros; é um guia para você se tratar com o amor, o respeito e a gentileza que merece. *Deixa pra lá*: os outros podem ser quem são. O mais importante é ser quem você realmente é.

Deixa comigo: vou priorizar minha própria felicidade.

Deixa comigo: vou perseguir meus sonhos com paixão.

Deixa comigo: vou estabelecer limites que protejam minha paz.

Deixa comigo: vou me amar o suficiente para ir embora quando algo não estiver mais dando certo.

Não se trata de esperar que o companheiro, o amigo ou a oportunidade certos apareçam. Trata-se de reconhecer que você é a fonte de sua própria felicidade, realização e alegria. Quando aceita isso, todo o resto se encaixa.

Por isso, enquanto vira a página e segue em frente, lembre-se: você é o amor da sua vida. A vida que você cria — cheia de relacionamentos significativos, alegrias e realizações — começa com o modo como escolhe se amar. *Deixa comigo*.

———————

Vamos encerrar com uma reflexão: o poder de criar a vida e o amor que você merece sempre esteve dentro de você. Nesta seção sobre o amor, você aprendeu a se mostrar para si mesmo e a escolher o amor que é seu por direito.

Até aqui talvez você tenha aceitado menos amor do que merece, tanto de outras pessoas quanto de si mesmo. A Teoria Let Them lhe dá o poder de reconhecer seu valor, abrir mão das pessoas que não tratam você bem e se concentrar em encontrar alguém que realmente o mereça.

1. **Problema:** você está aceitando menos amor do que merece, tanto dos outros quanto de si mesmo. Corre atrás de pessoas que não se comprometem, dedica tempo a quem não valoriza você ou se recusa a aceitar a pessoa com quem está e a aprender a amá-la como é. O outro não tem poder sobre seus relacionamentos, esse poder é seu. Chegou a hora de agir de um modo diferente.

2. **Verdade:** os relacionamentos envolvem aprender a amar uma pessoa como ela é, e não como você gostaria que ela fosse. Nos namoros, isso significa deixar as pessoas revelarem quem são por meio do comportamento. Nas relações mais duradouras, isso envolve aceitar o outro como ele é e não pressioná-lo por não ser quem você quer que ele seja. Também significa ter as conversas difíceis e tomar as decisões difíceis quando você perceber que a pessoa não pode ser quem você quer que ela seja.

3. **Solução:** ao aplicar a Teoria Let Them, você vai perceber que criar relacionamentos saudáveis é sua responsabilidade e que seu poder está em aceitar as pessoas como elas são e mudar o modo como você se mostra. É nesse momento que você se abre para atrair o amor que merece e se mostrar de modo diferente nos relacionamentos atuais, tornando possíveis conexões mais profundas. Bem-vindo à sua metamorfose.

Quando você diz *deixa pra lá*, você aceita os outros como são e reconhece o comportamento deles como verdade. Quando diz *deixa comigo*, escolhe de que forma o amor se manifesta em sua vida.

Pare de correr atrás do amor e comece a escolhê-lo.

CONCLUSÃO

Sua era *deixa comigo* chegou

Nós passamos boa parte deste livro falando sobre as opiniões e emoções dos outros, como o que nos irrita, frustra ou decepciona. Contudo, este livro não é sobre os outros. É sobre você.

Se você acredita que é sobre eles, então não entendeu nada. Se ainda acha que o problema são as outras pessoas, é hora de voltar para o início e ler o livro de novo. A realidade é simples: *você* tem o poder. E é *você* que está abrindo mão dele.

Imagine-se sob um céu que muda constantemente — às vezes está límpido; em outras ocasiões, nublado ou trovejante. Você já perdeu muito tempo e energia tentando manter esse céu claro, desejando que as nuvens sumissem, esperando um brilho interminável do sol. Porém, o céu não se importa com o que você quer. Ele fará o que bem entende, independentemente da sua vontade.

Quando você enfim percebe que a beleza do céu não diminui com a presença de nuvens ou tempestades, tem uma virada de chave. É justamente essa variedade e imprevisibilidade que o torna verdadeiramente magnífico. As tempestades ressaltam a calma, as nuvens salientam a preciosidade do sol. O mesmo acontece na sua vida.

Você tem tentado controlar o incontrolável, impondo suas expectativas ao mundo. E se, em vez disso, você se concentrasse em como reage ao que o mundo coloca em seu caminho? Afinal, ninguém consegue controlar o clima, mas é possível controlar o impacto que ele tem sobre você.

Não importa o que aconteça ao seu redor, você tem o poder de decidir como os acontecimentos vão afetá-lo.

Você decide se o comentário de uma pessoa querida vai afetar sua autoestima ou entrar por um ouvido e sair pelo outro. Você decide se os encontros ruins que teve vão fazê-lo baixar os seus padrões ou ficar ainda mais exigente. Você decide se o sucesso de outra pessoa o faz desistir ou o inspira a se esforçar ainda mais.

É simples. Você tem o poder.

Quando você entende isso, é como se estivesse entendendo a verdadeira natureza do céu. As nuvens que antes frustravam você passam a ser vistas como parte de uma obra-prima maior, em constante transformação. As tempestades que lhe davam medo passam a ser momentos de poder e beleza, ensinando sobre resiliência e força. Você começa a perceber que é a imprevisibilidade do céu que o torna tão magnífico, tão fascinante.

Pense por um momento. O céu vai fazer o que sempre fez: nuvens se formam, tempestades chegam e o sol decide quando vai raiar. Não é possível controlar o céu, mas é possível controlar suas ações em resposta a ele. Você pode andar com um guarda-chuva, dançar na chuva, ir atrás do sol quando precisar.

As pessoas e as situações ao seu redor são como o clima. A verdade é que você jamais poderá controlar os outros: como pensam, como agem, se amam você, a velocidade com que o atendem no supermercado.

Então, por que você daria a eles algum tipo de poder sobre a sua vida?

Por que abriria mão de algo tão precioso como confiança, paz de espírito, felicidade e sonhos, em prol dos caprichos e vontades das pessoas ao seu redor?

Se você não usa o *deixa pra lá*, está permitindo que as preocupações, ações, inseguranças e opiniões alheias impactem sua vida. Se não pratica o *deixa comigo*, está deixando por conta do acaso as coisas que você quer conquistar.

Pergunte-se, mas pergunte-se de verdade: se toda a energia que você gasta resistindo à realidade — querendo que as filas andem mais rápido, que as pessoas respondam às suas mensagens, que seu chefe reconheça seu valor, que você tenha mais amigos, que as pessoas gostem de você, que sua família apoie sua mudança de carreira —, se todos esses pensamentos, sentimentos e momentos preciosos de seu dia fossem dedicados a algo importante para si mesmo, onde você estaria? Quem você seria? O que já teria alcançado?

ESSE é o preço que se paga por não usar o *deixa pra lá*.

Pense em todas as oportunidades que já deixou passar — nas pessoas a quem gostaria de ter se apresentado, na carreira que queria ter seguido, na música, na comédia de stand-up, no livro que nunca escreveu, na foto que não postou, na viagem que não tirou do papel, na frase que teve medo de dizer, na pessoa que teve medo de amar.

ESSE é o preço que se paga por não praticar o *deixa comigo*.

Você pode realmente pagar esse preço? Eu sei que não posso.

Todos gostamos de pensar em desculpas para justificar por que as pessoas que têm o que queremos são diferentes de nós: nasceram em famílias ricas. São mais bonitas. A vida delas é mais fácil. Elas têm sorte.

Sinto muito, mas tudo isso é desculpa esfarrapada. Não existe diferença entre você e as pessoas que estão alcançando coisas extraordinárias. Elas não são especiais.

Mas há algo que, com certeza, elas já entenderam: não deixam o mundo descarrilar seus sonhos. Aprenderam a se orientar sob o céu, a aceitar o clima como é e a continuar indo atrás de seus objetivos, independentemente dos obstáculos. Em determinado momento, elas ficaram fartas de se preocupar com o que os outros pensavam e se obrigaram a trabalhar.

Elas acordam todos os dias e, por meio de suas ações, provam que são valiosas e merecedoras da visão que têm para suas vidas.

A cada dia que você deixa o medo da opinião de outra pessoa, o estresse com as amizades ou a preocupação com a reação de alguém impedirem que você dê o telefonema, preencha o formulário de inscrição, trabalhe no plano de negócios, comece a dieta ou se esforce, você impede seu avanço. Está roubando seu próprio potencial. Está parado enquanto a vida segue ao seu redor.

Pare de desperdiçar espaço em sua mente com um milhão de coisas insignificantes, sem importância. É hora de usar cada instante do dia para se dedicar a todas as coisas incríveis que você sabe que é capaz de realizar.

Pare de deixar o medo do que as pessoas pensam paralisar você. Está na hora de correr atrás dos seus sonhos de forma ousada, implacável, sem desculpas.

Pare de pisar em ovos por medo das emoções dos outros. Está na hora de manter a todo custo sua paz interior.

Pare de se abater com o sucesso dos outros. Está na hora de trabalhar.

Pare de tornar sua vida social responsabilidade de todos. Está na hora de fazer os amigos mais incríveis que você já teve.

Pare de tentar mudar pessoas que não querem mudar. Está na hora de deixar que adultos sejam adultos.

Pare de tentar salvar quem está enfrentando dificuldades. Está na hora de permitir que os outros se curem da maneira deles.

Pare de desperdiçar seu tempo tentando fazer com que as pessoas amem você. Está na hora de escolher o amor que você merece.

Chegou o momento de reivindicar seu poder e sua vida.

A Teoria Let Them é a chave para recuperar esse poder.

Você pode ter a vida que sempre quis. Pode ser milionário.

Pode viver a linda história de amor com que sempre sonhou. Pode ter uma carreira desafiadora e cheia de realizações.

A questão é: VOCÊ vai se permitir viver tudo isso?

Porque ninguém mais pode impedi-lo. Tudo está em suas mãos.

A parte mais importante da Teoria Let Them é entender que você é responsável pela própria felicidade. Você é responsável pela energia que emana e pelo modo como se apresenta. Você é responsável por acordar todos os dias e trabalhar para progredir no que importa. Você é responsável por definir o que é importante para você. Você é responsável por dizer a verdade, mesmo quando isso é muito difícil. Você é responsável por bancar sua vida. Ninguém lhe deve qualquer coisa, mas você deve tudo a si mesmo.

Se você não está onde quer estar, tenho uma boa notícia: não é sua culpa. Assim como eu, você vem entregando involuntariamente seu poder aos outros. E aí vai uma notícia ainda melhor: no instante em que decidir mudar, você pode mudar tudo.

Você desperdiçou tempo de mais preocupando-se com os sentimentos dos outros, com o que achavam, com o que estavam fazendo. Dessa maneira, deixe este livro ser seu chamado para despertar: você é quem manda.

Essa percepção não é uma condenação, é uma libertação.

Não é ótimo saber que os outros não podem afetar você? Não é libertador saber que eles podem dizer o que quiserem — podem zombar, duvidar, ser as pessoas mais bem-sucedidas do planeta, e você permanece inabalável?

Não é incrível que VOCÊ possa controlar o que pensa, diz e faz?

Não é incrível que VOCÊ possa escolher onde vai investir seu tempo e sua energia, ao que vai dizer "sim" e ao que vai dizer "não"?

Retomar seu poder significa reivindicar a responsabilidade por sua vida. Significa exigir mais de si mesmo, porque o tempo está passando e você desperdiçou o suficiente dele se preocupando com coisas sem importância. Significa focar o que pode controlar, e não dedicar um único segundo ao que não pode.

Pense de novo no céu. Não importa o estado dele, não importa se ele mudar, você decide sua reação a isso. Você escolhe como reagir, como agir, como viver. As nuvens, as tempestades, a luz do sol — todas essas coisas têm seu lugar, mas não definem você. Você se define.

Não vou mentir: não será fácil. Não é como se, no instante em que começar a adotar o *deixa pra lá*, você vá conseguir tudo o que sempre quis. Qualquer pessoa que prometa isso está mentindo.

Contudo, no momento em que recuperar seu poder, terá certeza de que tudo isso é apenas questão de tempo. A carreira, o parceiro, os amigos, o corpo, os objetivos — tudo está sob seu controle.

Agora que chegamos ao finalzinho, estou muito animada para dar as boas-vindas à sua era *deixa comigo*.

Deixa comigo: vou começar.

Deixa comigo: vou me arriscar.

Deixa comigo: vou escrever o livro.

Deixa comigo: vou ser honesto com relação ao que eu quero.

Deixa comigo: vou ficar na melhor forma de toda a minha vida.

Deixa comigo: vou me candidatar ao emprego dos sonhos.

Deixa comigo: vou parar de dar atenção a quem não retribui.

Deixa comigo: vou cultivar uma vida melhor. Uma vida da qual me orgulhe. Que me faça feliz. Uma vida na qual uso minha energia preciosa para curtir cada momento.

Este livro mostrou que você sempre teve o controle. Sempre esteve no comando. Sempre teve o poder. Chegou a hora de recuperá-lo.

Quero que saiba que, seja qual for seu grande sonho, por mais louco, improvável ou até absurdo que pareça, eu acredito nele. Se você não acredita em si mesmo, *deixa comigo*: eu acredito. *Deixa comigo*: eu sei que você consegue alcançá-lo.

Se não sabe por onde começar, *deixa comigo*: vou ajudá-lo a dar o primeiro passo. Para o caso de ninguém mais ter lhe falado isto, quero ter a certeza de dizer: eu amo você, acredito em você, acredito na sua capacidade de desbloquear toda a magia e a alegria que sua vida incrível tem a oferecer.

Bastam duas palavras simples:

Deixa comigo.

APÊNDICE A

Como aplicar a Teoria Let Them na criação de filhos

Uma das perguntas que mais recebo é: como usar a Teoria Let Them na criação dos filhos. Vamos falar a verdade: se você os deixasse fazer o que quisessem, eles provavelmente tomariam sorvete em todas as refeições e não fariam nem o dever de casa, nem as tarefas domésticas. Contudo, como mãe de três, descobri que, quando permitimos que os filhos sejam quem são, o relacionamento se torna mais profundo de maneiras inimagináveis.

Ainda que o foco deste livro seja os adultos, a Teoria Let Them também é uma ferramenta poderosa na criação de filhos de todas as idades. Trata-se de conectar, apoiar e orientar, não controlar. No fim das contas, seu papel como responsável é guiar os filhos para se tornarem quem devem ser. Em outras palavras, *deixar que sejam quem são*.

Isso é importante demais, por isso procurei o Dr. Stuart Ablon para me ajudar a criar este pequeno guia sobre como aplicar a Teoria Let Them como figura parental, orientador, cuidador, professor ou avô.

O Dr. Stuart Ablon é um psicólogo premiado que comanda o programa Think:Kids no Hospital Geral de Massachusetts. Além disso, é professor de psiquiatria infantil e adolescente na Harvard Medical School, além de um dos principais especialistas em mudança comportamental. Autor de quatro livros, ele compartilha uma abordagem revolucionária, porém prática, para entender e resolver comportamentos desafiadores e, ao mesmo tempo, desenvolver as habilidades necessárias para proteger a saúde mental.

Junto com o Dr. Ablon, elaborei um guia bônus especial, cheio de dicas práticas para usar a Teoria Let Them na criação dos filhos. Afinal, quem não quer ter um relacionamento incrível com eles?

Faça o download no QR Code abaixo:

APÊNDICE B

Como aplicar a Teoria Let Them em equipes

A o longo dos anos, tive a oportunidade de trabalhar com algumas das maiores empresas do mundo, como Starbucks, JPMorgan--Chase, Headspace, Audible e Ulta Beauty, entre outras.

E o que mais me perguntam é: *Como posso motivar minha equipe?*

As pesquisas são claras: esteja você liderando uma equipe executiva ou o turno da noite num armazém, treinando um novo colaborador ou gerenciando um time infantil de futebol, a resposta é a mesma. Tudo se resume a como *você* se posiciona nesse papel. O denominador comum de boas equipes é um bom líder. Não são os orçamentos, as vantagens nem o talento — é a pessoa que lidera a equipe. Um bom líder pode destravar o potencial, aumentar o engajamento e fazer com que a equipe seja implacável. E um líder ruim? Ele faz o contrário: cerceia a criatividade, destrói a confiança e cria ambientes tóxicos onde ninguém pode prosperar.

E quais são as características de um bom líder? É aí que entra a Teoria Let Them.

Você pode estar pensando: é verdade. Porém, há uma grande diferença entre orientar sua equipe e controlar cada movimento dela. Quando você microgerencia, sufoca a inovação, corrói a confiança e impede o crescimento da equipe. Em outras palavras, um líder controlador é um líder ruim.

A Teoria Let Them é a chave para encontrar o equilíbrio. Tem a ver com dar poder à equipe e fornecer a estrutura necessária para que ela alcance o sucesso. Tem a ver com abrir mão do controle, sem abandonar a responsabilidade. E tudo começa com você.

Para tornar este guia o melhor possível, trouxe uma pessoa com vasta experiência em organizações de classe mundial e uma sólida trajetória de liderança em algumas das empresas de capital aberto mais consolidadas, para me ajudar a escrever este capítulo: David Gerbitz. David é ex-diretor de operações da SiriusXM & Pandora Media e ocupou cargos de liderança na Amazon, na Microsoft, no Yahoo e no Qurate Retail Group.

Além disso, ele é meu orientador! Trabalhamos juntos no ano passado e, sem dúvida, acredito que todo líder, não importa quão experiente, pode se beneficiar de ter um mentor — e eu não sou exceção. David é extraordinário no que faz, não somente por causa da vasta experiência em liderança operacional e executiva, mas também por seu profundo entendimento do que é ser um líder.

Por isso, pedi que fosse coautor deste guia. Nós organizamos esses conceitos porque compartilhamos uma paixão e uma crença de que líderes melhores criam um mundo melhor. E, ao escolher liderar utilizando o conceito de *deixa pra lá*, você não está apenas criando uma equipe melhor — está se tornando uma versão melhor de si mesmo.

Faça o download no QR Code abaixo:

Deixa comigo:
Agradecimentos

Aos milhões de fãs do *Mel Robbins Podcast* e a todos nas redes sociais que me seguem ou compartilharam conteúdo da "moça de óculos", obrigada! Sem vocês, eu não poderia fazer o que mais amo. Vocês são o motivo para a existência deste livro. O apoio, a paixão, o amor e (claro) as tatuagens me inspiraram a fazer algo que eu jurei que nunca mais faria: escrever outro livro. Obrigada por fazerem parte desta jornada incrível. Obrigada por me ajudarem a criar o que acredito ser o trabalho mais importante que já fiz. Uma coisa é certa: eu escrevi esta obra para vocês, e ela é tanto sua quanto minha. Mal posso esperar para ver como o livro ajudará a melhorar sua vida e seus relacionamentos. Vocês merecem mais amor, propósito, alegria e paz, e a Teoria Let Them vai ajudá-los a alcançar isso.

A todos os especialistas que participaram do *Mel Robbins Podcast* e das páginas deste livro, obrigada por pegarem aviões e viajarem até Boston para passar um tempo comigo. Aprendi demais com cada um de vocês. Estejam suas pesquisas citadas diretamente neste livro ou não, saibam: conhecer, conversar e aprender com vocês moldou cada palavra e me ajudou a melhorar minha vida. Em nome de todos que vão ler este livro e de cada ouvinte do *Mel Robbins Podcast* em 194 países, obrigada. Obrigada por seu trabalho; obrigada por compartilhar sua sabedoria conosco.

Sawyer, minha filha brilhante, coconspiradora, copesquisadora, coautora e copilota. Você jurou que *nunca* trabalharia para sua mãe, e cá estamos. Todos os dias agradeço por você ter dito "sim" quando perguntei "Você pode me ajudar com um 'pequeno projeto de pesquisa'... chamado Teoria Let Them?" você mergulhou de cabeça e jamais voltou à superfície para respirar. Não somente ser sua mãe, mas conhecê-la como colega de trabalho foi uma das experiências mais gratificantes da minha vida. Amo você profundamente e amo cada momento de trabalho juntas, mesmo sabendo que você precisa dizer *deixa pra lá, deixa pra lá, deixa pra lá* (com relação a mim) o tempo todo.

Tracey, meu braço direito, meu cérebro direito, terminadora de frases e extraordinária produtora executiva. Onde eu estaria sem você? Perdida no mar. Você manteve esse navio flutuando. Sua melhor qualidade? Nunca vi você franzir o cenho ou ter uma atitude negativa; obrigada por sempre trazer o sol. Depois de oito anos, sinto uma gratidão enorme por sua mão calma e firme mostrando o caminho nessa aventura insana.

Susie, obrigada por trazer diversão e narrativa ao processo de escrita. Você me tornou uma escritora melhor. Sua contribuição deu profundidade e sensibilidade a este projeto, e seu trabalho é uma parte inegável do coração deste livro. Você é incrível, e, sem sua presença, esta obra não estaria onde está. Fico feliz demais por ela ter nos unido e fico empolgada em saber que essa parceria só está começando.

Juna Gjata, você chegou como um furacão, impressionando-me com sua incrível habilidade de escrita. Sua capacidade de definir a linguagem, a força e a energia deste livro foi notável. Você foi essencial para tornar esta história poderosa. Adoro o modo como você pensa!

Deixa comigo: Agradecimentos **301**

Lynne, sabe aquela sensação de quando alguém aparece na sua vida e você percebe o que estava faltando? Era você, Lynne. Você preencheu uma lacuna em minha vida, e somente depois de trabalharmos juntas percebo o que é o verdadeiro apoio e a excelência. Você estabeleceu um padrão incrivelmente alto. Não creio que eu pudesse fazer esse trabalho sem você. Só uma coisa: por favor, largue o telefone e desligue o laptop... pare de trabalhar... e curta o fim de semana! Eu não vou a lugar algum, nem você. Descanse um pouco enquanto pode. <3

Cindy, nossa *rockstar* usando Crocs cor-de-rosa e batom combinando, com o melhor sotaque de Boston que alguém já ouviu: adoro quem você é do fundo do meu coração. Desde o momento em que você entrou em nossa vida, trouxe alegria e muitas risadas. Nunca pensei que, aos 56 anos, eu encontraria uma "mãezona" na vida real — você sabe, aquele incrível ser humano que cuida de toda uma sororidade é você. Você poderia ser chamada de Cindy Robbins, e, neste ponto, Yolo e Homie ficam mais empolgados ao ver você do que ao me ver.

Amy e Jessie, a incrível dupla aqui em Vermont. A princípio, nós nos ligamos porque ODIÁVAMOS morar neste lugar e não tínhamos ideia do que faríamos nesta cidade rural. Vir para cá não foi coincidência; foi sincronicidade. Nos últimos quatro anos, rimos, choramos e atravessamos cada obstáculo — com um mergulho gelado e um blefe de cada vez (incrível Amy!). E, no caminho, conseguimos lançar o "podcast de crescimento mais rápido" do planeta, de cima de nossa garagem no meio de lugar nenhum. Existe algo mágico em conhecer algumas de nossas pessoas quando somos mais velhos. Vocês são duas das minhas. Tenho a sensação de que o próximo capítulo será o mais divino e épico. O mais surpreendente é que nós passamos a adorar morar aqui.

Melody, nossa editora, copidesque e colega fashionista de óculos estilosos, obrigada por administrar com graça meus muitos, muitos adiamentos noturnos de última hora. Você sempre se disponibilizou com um sorriso e se certificou de que este livro estivesse polido e perfeito. Eu lhe devo uma montanha de café e gratidão sem fim.

Marc, você já sabe o quanto adoro você. Não só tornou este livro possível, como garantiu que sua mensagem chegasse a leitores de todo o mundo, com traduções em idiomas que vão muito além das fronteiras dos Estados Unidos. Você é o melhor, um gênio na arte de fechar contratos e me ajudar a ser a primeira escritora a fazer as "coisas" que fazemos, do modo especial como fazemos (é altamente secreto, pessoal) — sou grata para sempre. ;)

Christine, minha cunhada, sócia, amiga e fã de cães pastores-australianos, além de melhor amiga, obrigada por ser minha rocha. Desculpe ter desmoronado tantas vezes por causa deste livro. Fico até sem graça com todas as mensagens intensas e os desabafos tarde da noite. Ninguém no planeta precisa, mais do que eu, da parte que fala sobre administrar emoções. Obrigada por ser tão gentil. Obrigada por guiar nossa empresa desde uma start-up sem controle até uma organização de classe mundial e potência global em desenvolvimento pessoal. Sinto um orgulho enorme de você. Sinto orgulho de ser sua sócia. Sinto orgulho do que construímos juntas. Eu não conseguiria fazer isso sem saber que você está sempre me apoiando e que está focada em buscar o melhor pra nós. Acordo todos os dias e digo a mim mesma: *Dá para acreditar que esse é o nosso trabalho?* Sempre escuto você dizendo no fundo da minha mente: nós somos umas espertalhonas mágicas.

Chris, obrigada por sempre acampar durante as semanas de maratona de escrita de *Deixa pra lá*. Um livro não pode ser encadernado sem

Deixa comigo: Agradecimentos   **303**

uma lombada firme, e você foi isso para mim. Você manteve nossa família unida, e o que mais gosto na vida é vivê-la com você.

Kendall e Oakley, considerando tudo o que vocês ouviram sobre o quão exaustivo foi este processo, imagino que estejam gratos por estarem na faculdade e em Los Angeles enquanto Sawyer e eu quebrávamos a cabeça para terminar este livro. Vocês sempre me apoiaram para correr atrás de meus sonhos e saibam que não importa o que escolham fazer da vida, eu os apoiarei a cada passo.

Mamãe, acho que você merece o crédito por ter me ensinado a *deixar pra lá* desde pequena. Enquanto escrevia este livro, eu me peguei pensando naquela almofada em ponto de cruz que você bordou com o ditado: *Cresça e apareça!* Hahaha! **Papai**, obrigada por, junto à mamãe, serem meus maiores apoiadores e sempre estarem presentes quando precisei. Sei que sentem orgulho de mim, mas quero que saibam: também sinto orgulho de vocês, do casamento e da vida que construíram.

Anne, obrigada por me ensinar a ser uma mulher completa. Não há palavras para descrever o impacto que você teve em minha vida, em meu casamento e em minha capacidade de desbloquear todo o meu potencial. Amo você.

David, sempre que preciso de conselho, perspectiva, orientação, uma risada ou um gim-tônica fantástico, ligo para você. Obrigada por me ensinar a ser uma boa líder e uma amiga ainda melhor. Christine e eu não poderíamos fazer nada disso sem você, e, sinceramente, nem íamos querer! Amo você.

Pete, você acertou em cheio na capa do livro. É tudo o que eu sonhei e mais. Tenho certeza de que eu fui um baita pé no saco com todo o caos e pedidos em cima da hora. Obrigada por sua criatividade — o resultado é incrível, e espero que você sinta tanto orgulho dele quanto eu.

Julie, o que posso dizer? O miolo deste livro está limpo, leve e preciso. Você fez tudo se encaixar, e estou empolgada com o resultado. Obrigada pelo trabalho duro e pela dedicação!

Lindsay, é difícil pôr em palavras o quanto valorizo seu apoio, mesmo quando eu não estava lançando um livro novo. Você me colocou no *Today Show* e continua me enviando oportunidades de divulgação. Sua inteligência e dedicação são inspiradoras, e espero continuar nessa batalha a seu lado.

A toda minha equipe, obrigada por darem a mim e a Sawyer o espaço para escrever este livro, ao mesmo tempo que produziam dois episódios de podcast por semana, um programa de mentoria on-line de seis meses, palestras e projetos para nossos parceiros na Audible, na Ulta Beauty... e muito mais! Vocês são a *melhor equipe* do planeta. Nada disso seria possível sem sua dedicação e seu trabalho.

Aos tatuadores e às pessoas que compartilharam histórias por meio da arte, vocês são a verdadeira inspiração deste livro. Ver o conceito do *deixa pra lá* ganhar vida tem sido uma experiência que me deixa humilde e empolgada. Tudo começou com vocês, e sou grata pela chance de dividir com o mundo seus desenhos lindos e cheios de significado.

A Patty, Reid, Diane, Lizzi, Arya-Mehr, Marlene, Betsy, Kathleen e toda a equipe da Hay House, adoro nossa parceria. Vocês fazem tanta coisa, que eu nem sei o que poderia listar. Assim, a absolutamente todos que apoiaram, venderam, divulgaram e leram este livro: é necessária uma comunidade inteira para fazer isso. E é uma honra fazer parte da de vocês.

Aos parceiros na Audible, *uau*! Já são *sete anos* juntos. Mal posso acreditar no quanto realizamos. Mesmo enquanto escrevo os agradecimentos pela parceria no audiolivro de *Deixa pra lá*, estamos unidos pesquisando o tema de nossa sétima produção original para a Audible. Sinto-me honrada em fazer parte de sua missão global capaz de mudar vidas. Que venham as próximas sete produções originais da Audible. Adoro vocês, pessoal!

À equipe da Align PR, vocês foram a primeira agência de divulgação que contratei, e valeu a pena. Fico fascinada com o modo como vocês pensam, atuam e se destacam em seu trabalho. Sinto orgulho de trabalhar com os melhores: *vocês*.

Bibliografia

Coloquei tudo neste livro: meu coração, minha alma e anos de aprendizado com os melhores especialistas do mundo. A Teoria Let Them se baseia em pesquisas que estão sempre evoluindo, assim como você e eu. O que compartilho aqui é um início poderoso, mas sempre haverá mais a explorar. O comportamento humano e as relações entre as pessoas são fascinantes, e, à medida que novas ideias surgem, nosso entendimento se aprofunda.

Listei as fontes em ordem alfabética por um motivo simples: quero que você se concentre na visão geral, sem se perder num mar de citações.

A teoria não se apoia em um único estudo, e sim na fusão, na união das ideias mais poderosas da psicologia, da neurociência e do comportamento humano. Como escrevi na introdução, este não é um livro didático nem um artigo acadêmico, mas um guia. As fontes citadas nas próximas páginas são apenas um vislumbre dos trabalhos incríveis que moldaram a Teoria Let Them. Sua jornada não termina aqui — ela está só começando.

ABBOTT, Alison. "New Theory of Dopamine's Role in Learning Could Help Explain Addiction". *Nature*, 9 de agosto de 2018.

ABLON, J. Stuart. *Changeable: How Collaborative Problem Solving Changes Lives at Home, at School, and at Work*. Nova York: Random House, 2018.

ABLON, J. Stuart; POLLASTRI, Alisha R. *The School Discipline Fix: Changing Behavior Using the Collaborative Problem Solving Approach*. Nova York: W. W. Norton & Company, 2018.

ALTER, Adam. *Anatomy of a Breakthrough: How to Get Unstuck When It Matters Most.* Nova York: Simon & Schuster, 2023.

AMABILE, Teresa; KRAMER, Steven. *The Progress Principle: Using Small Wins to Ignite Joy, Engagement, and Creativity at Work.* Boston: Harvard Business Review Press, 2011.

AMATI, Valeria *et al.* "Social Relations and Life Satisfaction: The Role of Friends". *Genus*, 74, n° 1, 1–18, 2018.

ARON, Arthur; ARON, Elaine N. "The Importance of Love and Commitment in Close Relationships". *Psychology of Relationships*, 45, 150–172, 2012.

AURÉLIO, Marco. *Meditações.* Tradução de Edson Bini. Campinas: Edipro, 2019..

BANDURA, Albert. "On the Functional Properties of Perceived Self-Efficacy Revisited". *Journal of Management*, 38, n° 1, 9–44, 2012.

BARRON, Helen C. *et al.* "Unmasking Latent Inhibitory Connections in Human Cortex to Reveal Dormant Cortical Memories". *Neuron*, 107, n° 2, 2020.

BAUMEISTER, Roy F.; LEARY, Mark R. "The Need to Belong: Desire for Interpersonal Attachments as a Fundamental Human Motivation". *Psychological Bulletin*, 117, n° 3, 497–529, 1995.

BEN-SHARAR, Tal. *Seja mais feliz, aconteça o que acontecer: Como cultivar a esperança e o propósito em tempos difíceis.* Tradução de Érika Nogueira. Rio de Janeiro: Editora Principium, 2022.

BILYEU, Lisa. *Radical Confidence: 11 Lessons on How to Get the Relationship, Career, and Life You Want.* Nova York: Simon and Schuster, 2024.

BOLTE, Annette; GOSCHKE, Thomas; KUHL, Julius. "Emotion and Intuition". *Psychological Science*, 14, n° 5, 416–421, 2003.

BRACH, Tara. *Aceitação radical: Como despertar o amor que cura o medo e a vergonha dentro de nós.* Tradução de Ivo Korytowski. Rio de Janeiro: Sextante, 2021.

BREHM, Jack W.; SELF, Elizabeth A. "The Intensity of Motivation". *Annual Review of Psychology*, 40, n° 1, 109–131, 2019.

BROWN, Brené. *A coragem de ser imperfeito: como aceitar a própria vulnerabilidade, vencer a vergonha e ousar ser quem você é.* Tradução de Joel Macedo. Rio de Janeiro: Sextante, 2016.

BROWN, Brené. *Eu achava que isso só acontecia comigo: como combater a cultura da vergonha e recuperar o poder e a coragem.* Rio de Janeiro: Sextante, 2019.

BRYANT, Erin. "Dopamine Affects How Brain Decides Whether Goal Is Worth Effort". *NIH Research Matters*, 17 de abril de 2017.

BUUNK, Bram P.; GIBBONS, Frederick X. "Social Comparison: The End of a Theory and the Emergence of a Field". *Organizational Behavior and Human Decision Processes*, 102, n° 1, 3–21, 2007.

BUUNK, Bram P.; GIBBONS, Frederick X. "Social Comparison: The End of a Theory and the Emergence of a Field". *Perspectives on Psychological Science*, 9, n° 3, 234–252, 2014.

CHRISTAKIS, Nicholas A.; FOWLER, James H. *Connected: The Surprising Power of Our Social Networks and How They Shape Our Lives.* Nova York: Little, Brown, 2011.

CLARK, C.; GREENBERG, J. "Fear of Rejection and Sensitivity to Social Feedback: Implications for Mental Health". *Clinical Psychology Review*, 84, 101945, 2021.

CLARK, Margaret S.; LEMAY, Edward P. "Close Relationships and Well-Being: The Role of Compassionate Goals". *Social and Personality Psychology Compass*, 4, nº 5, 289–301, 2010.

COLLINS, R. L. "For Better or Worse: The Impact of Upward Social Comparison on Self-Evaluations". *Psychological Bulletin*, 119, nº 1, 51–69, 1996.

CONTI, Paul. *Trauma: A epidemia invisível*. Rio de Janeiro: Sextante, 2022.

CORCORAN, Katja; MUSSWEILER, Thomas. "Social Comparison and Rumination: Insights into the Motivational Impact of Others' Success". *Journal of Personality and Social Psychology*, 103, nº 4, 712–727, 2012.

CRUM, Alia J.; PHILIPS, Derek J. "Self-Fulfilling Prophecies, Placebo Effects, and the Social-Psychological Creation of Reality". *In:* DELAMATER, John (ed.). *Handbook of Social Psychology*. 2ª ed. Berlim: Springer, 2015.

CRUM, Alia J.; LANGER, Ellen J. "Mindset Matters: Exercise and the Placebo Effect". *Psychological Science*, 18, nº 2, 165–171, 2010.

CSIKSZENTMIHALYI, Mihaly. *Flow: The Psychology of Optimal Experience*. Nova York: Harper & Row, 1990.

DAMASIO, Antonio R. *O erro de Descartes: Emoção, razão e o cérebro humano*. Tradução de Dora Vicente e Georgina Segurado. São Paulo: Companhia das Letras, 2012.

DAMOUR, Lisa. *Descomplicadas: Guiando meninas adolescentes pelas sete etapas até a vida adulta*. Tradução de Fabienne W. Mercês. Rio de Janeiro: Bicicleta Amarela, 2019.

DAMOUR, Lisa. *The Emotional Lives of Teenagers: Raising Connected, Capable, and Compassionate Adolescents*. Londres: Atlantic Books, 2023.

DAMOUR, Lisa. *Under Pressure: Confronting the Epidemic of Stress and Anxiety in Girls*. Londres: Atlantic Books, 2019.

DAVIDSON, Richard J.; BEGLEY, Sharon. *O estilo emocional do cérebro*. Tradução de Diego Alfaro. Rio de Janeiro: Sextante, 2013.

DAY, Kristen; CARREON, Corinne; STUMP, Caitlin. "The Influence of the Physical Environment on Health Behavior: Implications for Cancer Survivorship". *Public Health Reports*, 126, 112–121, 2011.

DEMIR, Melikşah *et al.* "Friendships, Psychological Well-Being, and Happiness: A Study on the Role of Socialization Goals in Emerging Adulthood". *Journal of Happiness Studies*, 16, nº 6, 1559–1574, 2015.

DIJKSHUIS, Ap *et al.* "The Mechanisms of Social Comparison in Success and Failure Contexts". *Journal of Experimental Social Psychology*, 46, nº 6, 923–929, 2010.

DUHIGG, Charles. *O poder do hábito: Por que fazemos o que fazemos na vida e nos negócios*. Tradução de Rafael Mantovani. Rio de Janeiro: Objetiva, 2012.

DUNBAR, Robin I. M. *How Many Friends Does One Person Need? Dunbar's Number and Other Evolutionary Quirks*. Cambridge: Harvard University Press, 2010.

DUNNING, David. "The Dunning-Kruger Effect: On Being Ignorant of One's Own Ignorance". *Advances in Experimental Social Psychology*, v. 44, 247–296, 2011.

DURVASULA, Ramani. *Despertar: Como superar um relacionamento com uma pessoa narcisista*. Tradução de Sandra Pina. Rio de Janeiro: HarperCollins, 2024.

DURVASULA, Ramani S. PhD. *"Don't You Know Who I Am?": How to Stay Sane in an Era of Narcissism, Entitlement, and Incivility*. Nova York: Post Hill Press, 2019.

DURVASULA, Ramani. *It's Not You*. Nova York: Post Hill Press, 2024.

DWECK, Carol S. *Mindset: A nova psicologia do sucesso*. Tradução de S. Duarte. Rio de Janeiro: Objetiva, 2017.

EAGLEMAN, David. *Livewired: The Inside Story of the Ever-Changing Brain*. Nova York: Pantheon Books, 2020.

EKMAN, Paul. "What Scientists Who Study Emotion Agree About". *Perspectives on Psychological Science*, 11, nº 1, 31–34, 2016.

EPSTEIN, Mark. *Pensamentos sem pensador: Psicoterapia pela perspectiva budista*. Tradução de Mark Epstein. Rio de Janeiro: Gryphus Editora, 2018.

EVANS, Gary W. "The Built Environment and Mental Health". *Annual Review of Public Health*, 29, nº 1, 403–416, 2011.

"Exercising to Relax". *Harvard Health Publishing*, fevereiro de 2011.

FERRISS, Timothy. *Ferramentas dos titãs: As estratégias, hábitos e rotinas de bilionários, celebridades e atletas de elite*. Tradução de Bruno Casotti. Rio de Janeiro: Intrínseca, 2018.

FESTINGER, Leon. "A Theory of Social Comparison Processes: Retrospective and Contemporary Perspectives". *Organizational Behavior and Human Decision Processes*, 123, nº 2, 100–121, 2012.

FINKEL, Eli J.; BAUMEISTER, Roy F. "Attachment and Marriage: New Developments in the Science of Close Relationships". *Advances in Experimental Social Psychology*, 42, 1–50, 2010.

FIORI, Katherine L. *et al.* "Friendship Quality in Late Adulthood: The Role of Positive and Negative Social Exchanges in Well-Being". *Journal of Aging and Health*, 32, nº 3–4, 163–176, 2020.

FISHBACH, Ayelet; FINKELSTEIN, Stacey R. "How Positive and Negative Feedback Motivate Goal Pursuit". *Social and Personality Psychology Compass*, 6, nº 5, 359–366, 2012.

FISHER, Jefferson. *The Next Conversation*. Nova York: Penguin Random House, 2025.

FOGG, B.J. *Micro-hábitos: As pequenas mudanças que mudam tudo*. Tradução de Bruno Fiuza e Roberta Clapp. Rio de Janeiro: HarperCollins, 2020.

FORD, Michael E.; NICHOLS, Clyde W. "A Framework for Explaining Social Cognitive Influences on Behavior". *Advances in Experimental Social Psychology*, v. 52, 193–246, 2015.

FRANKL, Viktor E. *Em busca de sentido: Um psicólogo no campo de concentração*. Petrópolis: Editora Vozes, 1991.

GALLAGHER, Winifred. *Rapt: Attention and the Focused Life*. Nova York: Penguin Books, 2009.

GALLO, Amy; ACHOR, Shawn Achor; GIELAN, Michelle; VALCOUR, Monique. "How Your Morning Mood Affects Your Whole Workday". *Harvard Business Review*. Harvard Business School Publishing, 5 de outubro de 2016.

GARRET, Neil; SHAROT, Tali. "Updating Beliefs Under Perceived Threat". *Affective Brain Lab*, agosto de 2018.

GARRET, Neil *et al.* "Updating Beliefs Under Perceived Threat". *Nature Neuroscience*, 22, n° 12, 2066–2074, 2019.

GRANT, Heidi; DWECK, Carol S. "Clarifying Achievement Goals and Their Impact". *Journal of Personality and Social Psychology*, 85, n° 3, 541–553, 2009.

GREITEMEYER, Tobias. "Effects of Exposure to Others' Opinions on Social Influence: Mechanisms of Conformity, Compliance, and Obedience". *Psychological Bulletin* 135, n° 6, 895–915, 2009.

GILBERT, Paul. *The Compassionate Mind: A New Approach to Facing Challenges*. Londres: Constable & Robinson, 2009.

GILBERT, Paul. *The Compassionate Mind Workbook*. Londres: Robinson, 2010.

GOLDSTEIN, Joseph. *One Dharma: The Emerging Western Buddhism*. Nova York: HarperCollins, 2003.

GOTTMAN, John M. *The Relationship Cure: A 5 Step Guide to Strengthening Your Marriage, Family, and Friendships*. Nova York: Harmony Books, 2002.

GOTTMAN, John; GOTTMAN, Julie; ABRAMS, Doug. *Oito conversas para uma vida inteira de amor*. Tradução de Livia de Almeida. Rio de Janeiro: Sextante, 2023.

GOTTMAN, John M.; SILVER, Nan. *Sete princípios para o casamento dar certo*. Rio de Janeiro: Objetiva, 2000.

GREENFIELDBOYCE, Nell. "The Human Brain Never Stops Growing Neurons, a New Study Claims". *PBS NewsHour*, 25 de março de 2019.

GRENNY, Joseph. "4 Things to Do Before a Tough Conversation". *Harvard Business Review*, 22 de janeiro de 2019.

GROSS, James J.; THOMPSON, Ross A. "Emotion Regulation: Conceptual Foundations". *In:* GROSS, James J. (coord.). *Handbook of Emotion Regulation*. 2ª ed. Nova York: Guilford Press, 2014. 3–24.

GUELL, Xavier; LESLIE, A.; David G.; SCHMAHMANN, Jeremy D. "Functional Topography of the Human Cerebellum: A Meta-Analysis of Neuroimaging Studies". *NeuroImage*, 124, 107–118, 2016.

HALL, Jeffrey A. "How Many Hours Does It Take to Make a Friend?" *Journal of Social and Personal Relationships*, 36, n° 4, 1278–1296, 2019.

HAMM, Jill V.; FAIRCLOTH, Beverly S. "The Role of Friendship in Adolescents' Sense of School Belonging". *New Directions for Child and Adolescent Development*, 2015, n° 148, 61–78, 2015.

HARTUP, Willard W.; STEVENS, Nancy. "Friendships and Adaptation Across the Life Span". *Current Directions in Psychological Science*, 8, n° 3, 76–79, 2011.

HAYES, Steven C.; STROSAHL, Kirk D.; WILSON, Kelly G. *Terapia de Aceitação e Compromisso: O processo e a prática da mudança consciente*. Tradução de Mônica Valentim Sandra Maria Mallmann da Rosa. Porto Alegre: Artmed, 2021.

HECKHAUSEN, Jutta. "Developmental Regulation in Adulthood: Age-Normative and Sociocultural Constraints as Adaptive Challenges". *Psychology and Aging*, 27, n° 4, 937–950, 2012.

HECKHAUSEN, Jutta; HECKHAUSEN, Heinz. *Motivation and Action*. Cambridge: Cambridge University Press, 2009.

HILL, Sarah E. e BUSS, David M. "Envy and Status in Social Groups: An Evolutionary Perspective on Competition and Collaboration". *Evolutionary Psychology*, 8, n° 3, 345–368, 2010.

"How to Strengthen Relationships Between Parents and Adult Children". *American Psychological Association*, 18 de maio de 2023.

HUSSEY, Matthew. *Adeus, dedo podre: Como parar de se iludir, encarar a realidade e ser feliz*. Tradução de Kícila Ferreguetti. São Paulo: Latitude, 2024.

HYUN, Jinshil; SLIWINSKI, Martin J.; SMYTH, Joshua M. "Waking Up on the Wrong Side of the Bed: The Effects of Stress Anticipation on Working Memory in Daily Life". *The Journals of Gerontology: Series B*, 2018.

INSEL, Thomas R. "The NIMH Research Domain Criteria (RDoC) Project: Precision Medicine for Psychiatry". *American Journal of Psychiatry*, 171, n° 4, 395–397, 2014.

JOHNSON, M. D.; NEYER, Franz J. "(Eventual) Stability and Change Across Partnerships". *Journal of Family Psychology*, 33, n° 6, 711–721, 2019.

JOHNSON, Colleen L.; TROLL, Lillian E. "Friends and Aging: The Interplay of Intimacy and Distance". *Generations*, 36, n° 1, 32–39, 2012.

KABAT-ZINN, Jon. *Aonde quer que você vá, é você que está lá*. Tradução de Alves Calado. Rio de Janeiro: Objetiva, 2020.

KABAT-ZINN, Jon. *Viver a catástrofe total: Como utilizar a sabedoria do corpo e da mente para enfrentar o estresse, a dor e a doença*. Tradução de Márcia Epstein. São Paulo: Palas Athena, 2009.

KAHNEMANN, Daniel. *Rápido e devagar: Duas formas de pensar*. Tradução de Cássio de Arantes Leite. Rio de Janeiro: Objetiva, 2012.

KANFER, Ruth; CHEN, Gilad. "Motivation in Organizational Behavior: Insights and Directions". *Organizational Behavior and Human Decision Processes*, 136, 121–133, 2016.

KANOJIA, Alok. *How to Raise a Healthy Gamer: Break Bad Screen Habits, End Power Struggles, and Transform Your Relationship with Your Kids*. Londres: Pan Macmillan, 2024.

KAPLAN, Rachel; KAPLAN, Stephen. *The Experience of Nature: A Psychological Perspective*. Ann Arbor: University of Michigan Press, 2011.

KING III, Martin Luther; KING, Arndrea W.; KIELBURGER, Marc; KIELBURGER, Craig. *What Is My Legacy?: Realizing a New Dream of Connection, Love and Fulfillment*. Flashpoint, 2025.

KOOB, George F.; VOLKOW, Nora D. "Neurobiology of Addiction: A Neurocircuitry Analysis". *The Lancet Psychiatry*, 3, n° 8, 760–773, 2018.

KROSS, Ethan; AYDUK, Ozlem. "Self-Distancing: Theory, Research, and Current Directions". *Advances in Experimental Social Psychology*, 55, 81–136, 2017.

KURT-NELSON, Zeb *et al.* "Computational Approaches to Neuroscience: Modeling Belief Updating Under Threat". *PLoS Computational Biology*, 15, nº 2, 2019.

LA GUARDIA, Jennifer G.; RYAN, Richard M. *Self-Determination Theory: Basic Psychological Needs in Motivation, Development, and Wellness*. Nova York: Guilford Press, 2013.

LAVY, Shiri; LITTMAN-OVADIA, Hadassah. "The Effect of Love on Personal Growth and Self--Perception in Relationships". *Journal of Positive Psychology*, 6, nº 3, 209–216, 2011.

LEARY, Mark R.; BAUMEISTER, Roy F. "The Nature and Function of Self-Esteem: Sociometer Theory". *Advances in Experimental Social Psychology*, v. 32, Elsevier, 1–62, 2012.

LEARY, Mark R.; BAUMEISTER, Roy F. "The Nature and Function of Self-Esteem: Sociometer Theory". *In:* ZANNA, Mark P. *Advances in Experimental Social Psychology*, v. 32. Nova York: Academic Press, 1–62, 1995.

LEDOUX, Joseph. *O cérebro emocional*. Rio de Janeiro: Objetiva, 1998.

LEPERA, Nicole. *How to Do the Work: Recognize Your Patterns, Heal from Your Past, + Create Your Self.* Londres: Hachette, 2021.

LEPERA, Nicole. *How to Meet Your Self: The Workbook for Self-Discovery*. Londres: Hachette, 2022.

LEVINE, Peter A.; MATÉ, Gabor. *In an Unspoken Voice: How the Body Releases Trauma and Restores Goodness*. Berkeley: North Atlantic Books, 2010.

LEVITT, Mary J. *et al.* "Close Relationships Across the Life Span". *Wiley Interdisciplinary Reviews: Cognitive Science*, 2, nº 1, 1–12, 2011.

LEWINE, Howard E. M. D. "Understanding the Stress Response". *Harvard Health*. Harvard Medical School, 6 de julho de 2020.

LUTHAR, Suniya S.; KUMAR, Natasha L. "Friendship Quality, Social Skills, and Resilience in Adolescence". *Child Development*, 89, nº 3, 876–890, 2018.

LYONS, Scott. *Addicted to Drama: Healing Dependency on Crisis and Chaos in Yourself and Others*. Nova York: Hachette Go, 2023.

LYUBOMIRSKY, Sonja *et al.* "Why Are Some People Happier Than Others? The Role of Cognitive and Motivational Processes in Well-Being". *American Psychologist*, 56, nº 3, 239–249, 2011.

MADDUX, James E. *Self-Efficacy, Adaptation, and Adjustment: Theory, Research, and Application*. Primavera de 2013.

MARSH, Herbert W.; PARKER, John W. "Determinants of Student Self-Concept: Is It Better to Be a Relatively Large Fish in a Small Pond Even If You Don't Learn to Swim as Well?" *Journal of Personality and Social Psychology*, 47, nº 1, 213–231, 1984.

MARQUES, Luana. *Viver com ousadia: uma abordagem científica para reprogramar a maneira como você lida com o desconforto e o estresse.* Tradução de Beatriz Medina. São Paulo: Sextante, 2023.

MATÉ, Gabor. *When the Body Says No: Understanding the Stress-Disease Connection*. John Wiley & Sons, 2011.

MATÉ, Gabor. *Vício, o reino dos fantasmas famintos: Uma abordagem científica e compassiva sobre a dependência, suas origens e os caminhos para a recuperação.* Tradução de Carolina Simmer. Rio de Janeiro: Sextante, 2024.

MATÉ, Gabor; MATÉ, Daniel. *O mito do normal: Trauma, saúde e cura em um mundo doente.* Tradução de Fernanda Abreu. Rio de Janeiro: Sextante, 2023.

MEAD, Margaret *apud* ANSHEN, Ruth Nanda (coord.). *The World Ahead: An Anthropologist Anticipates the Future,* 24. Nova York: Berghahn Books, 2000.

MCGONIGAL, Kelly. *The Willpower Instinct.* Nova York: Avery, 2012.

MCPHERSON, Miller; SMITH-LOVIN, Lynn; BRASHEARS, Matthew E. "Social Isolation in America: Changes in Core Discussion Networks Over Two Decades". *American Sociological Review,* 74, nº 3, 353–375, 2009.

MILLER, William R.; ROLLNICK, Stephen. *Entrevista motivacional: Preparando as pessoas para a mudança de comportamentos adictivos.* Porto Alegre: Artmed, 2001.

MIKULINCER, Mario; SHAVER, Phillip R. *Attachment in Adulthood: Structure, Dynamics, and Change.* 2ª ed. Nova York: Guilford Press, 2016.

MINEO, Liz. "Over Nearly 80 Years, Harvard Study Has Been Showing How to Live a Healthy and Happy Life". *Harvard Gazette,* 11 de abril de 2017.

MORA, Florentina; SEGOVIA, Sergio; DEL ARCO, José R. "Aging, Stress, and the Hippocampus". *Aging Research Reviews,* 11, nº 2 (abril), 123–129, 2012.

MORIN, Alexandre J. S.; MAÏANO, Christophe. "The Social Comparison Process and Its Implications for Goal Pursuit and Achievement Motivation". *Social and Personality Psychology Compass,* 5, nº 6, 359–374, 2011.

MURRAY, Sandra L.; HOLMES, John G. *Interdependent Minds: The Dynamics of Close Relationships.* Nova York: Guilford Press, 2013.

MURRAY, Sandra L.; DERRICK, Jennifer L. "The Power of Reassurance: How Emotional Security Impacts Commitment in Relationships". *Journal of Personality and Social Psychology,* 100, nº 4, 575–592, 2011.

MUSSWEILER, Thomas. "Comparison Processes in Social Judgment: Mechanisms and Consequences". *Psychological Review,* 109, nº 3, 472–489, 2012.

NEFF, Kristin D. *Self-Compassion: The Proven Power of Being Kind to Yourself.* Nova York: HarperCollins, 2011.

NERURKAR, Aditi. *The 5 Resets: Rewire Your Brain and Body for Less Stress and More Resilience.* Londres: HarperCollins, 2024.

NORBURY, Agnes; DOLAN, Raymond J. "Anticipatory Neural Activity Predicts Attenuated Learning in Perceived Threat". *Nature Neuroscience,* 22, nº 3, 437–448, 2019.

OETTINGEN, Gabriele; MAYER, Doris; SEVINCER, A. Timur; STEPHENS, Elizabeth J.; PAK, Hyeon-ju; HAGENAH, Meike. "Mental Contrasting and Goal Commitment: The Mediating Role of Energization". *Personality and Social Psychology Bulletin,* 35, nº 5, 608–22, 2009.

Bibliografia **315**

OETTINGEN, Gabriele; PAK, Hyeon-ju; SCHNETTER, Karoline. "Self-Regulation of Goal-Setting: Turning Free Fantasies about the Future into Binding Goals". *Journal of Personality and Social Psychology* 80, nº 5, 736–753, 2001.

OLIVER, Mary. "The Summer Day". *In:* OLIVER, Mary. *New and Selected Poems.* Boston: Beacon Press, 1992.

OSWALD, Debra L.; CLARK, Elizabeth M. "Best Friends Forever? High School Best Friendships and Adult Friendship Development". *Journal of Adolescence*, 84, 153–165, 2020.

PILAT, Dan; SEKOUL, Krastev, M. D. "Why Do We Take Mental Shortcuts?". *The Decision Lab*, 27 de janeiro de 2021.

PLATT, Michael L. *et al.* "Beyond Utility: Social and Biological Roots of Decision-Making in the Brain". *Nature Neuroscience* 19, nº 10, 1303–1310, 2016.

PORGES, Stephen W. *The Polyvagal Theory: Neurophysiological Foundations of Emotions, Attachment, Communication, and Self-Regulation.* Nova York: W. W. Norton & Company, 2011.

REEVE, Johnmarshall. *Understanding Motivation and Emotion.* 7ª ed. Nova York: John Wiley & Sons, 2018.

REIS, Harry T.; GABLE, Susan L. "Social Support and the Regulation of Personal Relationships". *Advances in Experimental Social Psychology*, 52, 201–245, 2015.

ROBBINS, Mel. Entrevista com Aditi Nerurkar. *The Mel Robbins Podcast*, áudio do podcast, 23 de maio de 2024.

ROBBINS, Mel. Entrevista com Alok Kanojia. *The Mel Robbins Podcast*, áudio do podcast, 5 de junho de 2024.

ROBBINS, Mel. Entrevista com Alok Kanojia. *The Mel Robbins Podcast*, áudio do podcast, 2 de setembro de 2024.

ROBBINS, Mel. Entrevista com Gabor Maté. *The Mel Robbins Podcast*, áudio do podcast, 21 de novembro de 2024.

ROBBINS, Mel. Entrevista com J. Stuart Ablon. *The Mel Robbins Podcast*, áudio do podcast, 16 de dezembro de 2024.

ROBBINS, Mel. Entrevista com Jefferson Fisher. *The Mel Robbins Podcast*, áudio do podcast, 26 de setembro de 2024.

ROBBINS, Mel. Entrevista com Lisa Bilyeu. *The Mel Robbins Podcast*, áudio do podcast, 28 de março de 2024.

ROBBINS, Mel. Entrevista com Lisa Damour. *The Mel Robbins Podcast*, áudio do podcast, 18 de maio de 2023.

ROBBINS, Mel. Entrevista com Luana Marques. *The Mel Robbins Podcast*, áudio do podcast, 20 de julho de 2023.

ROBBINS, Mel. Entrevista com Matthew Hussey. *The Mel Robbins Podcast*, áudio do podcast, 27 de maio de 2024.

ROBBINS, Mel. Entrevista com Ramani Durvasula. *The Mel Robbins Podcast*, áudio do podcast, 15 de fevereiro de 2024.

ROBBINS, Mel. Entrevista com Robert Waldinger. *The Mel Robbins Podcast*, áudio do podcast, 4 de abril de 2024.

ROBBINS, Mel. Entrevista com Sarah Jakes Roberts. *The Mel Robbins Podcast*, áudio do podcast, 25 de julho de 2024.

ROBBINS, Mel. *O poder dos cinco segundos*. Tradução de Ivar Panazzolo Junior. São Paulo: Astral Cultural, 2019.

ROBBINS, Mel. *Um único hábito pode mudar sua vida*. Tradução de Débora Chaves. Rio de Janeiro: Sextante, 2022.

ROBERTS, Sarah Jakes. *Power Moves: Ignite Your Confidence and Become a Force*. Nashville: Thomas Nelson, 2024.

RUSBULT, Caryl E.; VAN LANGE, Paul A. M. "Why Do Relationships Persist? The Role of Investment in Long-Term Commitment". *Psychological Science*, 22, nº 7, 135–140, 2010.

RYAN, Richard M.; DECI, Edward L. "Promoting Self-Determined Relationships and Well-Being". *Educational Psychologist*, 44, nº 2, 73–85, 2009.

SANGWAN, Neha. *Powered by Me: From Burned Out to Fully Charged at Work and in Life*. Nova York: Simon & Schuster, 2023.

SAPOLSKY, Robert M. *Why Zebras Don't Get Ulcers*. Nova York: Henry Holt and Co., 2004.

SCHORE, Allan N. *Affect Regulation and the Repair of the Self*. Nova York: W. W. Norton & Company, 2003.

SCHWARTZ, Barry. *O paradoxo da escolha: Por que mais é menos*. São Paulo: A Girafa, 2004.

SELIGMAN, Martin. *Felicidade autêntica: Use a psicologia positiva para alcançar todo seu potencial*. Tradução de Neuza Capelo. Rio de Janeiro: Objetiva, 2019.

SELIGMAN, Martin E. P. *Florescer: Uma nova compreensão da felicidade e do bem-estar*. Tradução de Cristina Paixão Lopes. Rio de Janeiro: Objetiva, 2011.

SIEGEL, Daniel J. *A mente em desenvolvimento: Como os relacionamentos e o cérebro interagem para moldar quem somos*. 2ª ed. São Paulo: nVersos, 2024.

"Self-Acceptance Could Be the Key to a Happier Life, Yet It's the Happy Habit Many People Practice the Least". *ScienceDaily*, University of Hertfordshire, 7 de março de 2014.

SÊNECA. *Cartas de um estoico*. Tradução de Alexandre Pires Vieira. São Paulo: Montecristo, 2021.

SHAPIRO, Ron. "How to Have Difficult Conversations Without Burning Bridges". *Harvard Business Review*, 15 de maio de 2023.

SHAROT, Tali. *A mente influente: O que o cérebro nos revela sobre nosso poder de mudar os outros*. Tradução de Ana Beatriz Rodrigues. Rio de Janeiro: Rocco, 2018.

SHAROT, Tali. *O viés otimista: Por que somos programados para ver o mundo pelo lado positivo*. Tradução de Ana Beatriz Rodrigues. Rio de Janeiro: Rocco, 2016.

SHAROT, Tali; SUNSTEIN, Cass R. *Olhe de novo: O poder de perceber o que sempre esteve ao seu redor*. Tradução de Cláudia Mello Belhassof. Rio de Janeiro: Intrínseca, 2025.

SMITH, James M.; CHRISTAKIS, Nicholas A. "Social Networks and Health". *Annual Review of Sociology*, 3, 435–457, 2016.

SPRECHER, Susan; REGAN, Pamela C. "The Importance of Friendship in Romantic Relationships". *Social and Personality Psychology Compass*, 8, nº 8, 412–425, 2014.

SPRECHER, Susan; REGAN, Pamela C. "The Importance of Reciprocity and Self-Respect in Romantic Relationships". *Personal Relationships*, 8, nº 4, 419–435, 2014.

SWART, Tara. "Impact of Cortisol on Social Stress and Health". *Journal of Neuroscience Research*, 129, nº 2, 304–15, 2023.

SWART, Tara. *The Source: The Secrets of the Universe, the Science of the Brain*. Londres: Vermilion, 2019.

TANNEN, Deborah. *You Just Don't Understand: Women and Men in Conversation*. Nova York: HarperCollins, 2011.

TAYLOR, Jill B. *A cientista que curou seu próprio cérebro*. Rio de Janeiro: Agir, 2013.

TAYLOR, Jill B. *Whole Brain Living: The Anatomy of Choice and the Four Characters That Drive Our Life*. Nova York: Hay House, 2021.

TESSER, Abraham; SMITH, Richard H. "The Meaning of Success: The Social Psychology of Competition and Achievement". *Annual Review of Psychology*, 65, 519–546, 2014.

TOLLE, Eckhart. *O poder do agora: Um guia para a iluminação espiritual*. Tradução de Iva Sofia Gonçalves Lima. Rio de Janeiro: Sextante, 2000.

TSABARY, Shefali. *The Conscious Parent: Transforming Ourselves, Empowering Our Children*. Vancouver: Namaste Publishing, 2010.

ULRICH, Roger S. "Evidence-Based Health-Care Architecture". *The Lancet*, 370, nº 9597, 139–140, 2011.

UPDEGRAFF, John A.; TAYLOR, Shelley E. "From Vulnerability to Growth: The Influence of Successful Others on Personal Growth in the Face of Challenge". *Journal of Personality and Social Psychology*, 102, nº 5, 936–948, 2013.

VAILLANT, George E. "Involuntary Coping Mechanisms: A Psychodynamic Perspective". *Harvard Review of Psychiatry*, 19, nº 3, 148–152, 2011.

VAN BAVEL, Jay J.; PACKER, Dominic J. "The Power of Us: Intergroup Situations and Group-Based Persuasion". *Social and Personality Psychology Compass*, 10, nº 8, 409–420, 2016.

VAN DER KOLK, Bessel. *O corpo guarda as marcas: Cérebro, mente e corpo na cura do trauma*. Tradução de Donaldson M. Garschagen. Rio de Janeiro: Sextante, 2020.

VAN DER KOLK, Bessel; MCFARLANE, Alexander C.; WESAETH, Lars. *Traumatic Stress: The Effects of Overwhelming Experience on Mind, Body, and Society*. Nova York: Guilford Press, 2007.

VAN DIJK, Wilco W.; ZEELENBERG, Marcel. "The Paradox of Envy: Comparing Ourselves with Better-Off Others May Cause Personal Growth". *Journal of Personality and Social Psychology*, 86, nº 2, 192–203, 2014.

VOGERL, E. A.; ROSE, J. P.; ROBERTS, L. R.; ECKLES, K. "Social Comparison, Social Media, and Self-Esteem". *Psychology of Popular Media Culture*, 3, nº 4, 206–222, 2014.

VOHS, Kathleen D. *et al.* "Decision Fatigue Exhausts Self-Regulatory Resources—But So Does Accommodating to Unrealistic Social Expectations". *Journal of Personality and Social Psychology*, 104, nº 6, 940–950, 2014.

VOHS, Kathleen D.; BAUMEISTER, Roy F. *Handbook of Self-Regulation: Research, Theory, and Applications*. 2ª ed. Nova York: Guilford Publications, 2016.

WALDINGER, Robert; SCHULZ, Marc. *Uma boa vida: Como viver com mais significado e realização*. Tradução de Livia de Almeida. Rio de Janeiro: Sextante, 2023.

WHITE, Katherine; LEHMAN, Darrin R. "Culture and Social Comparison Seeking: The Role of Self-Motives". *Personality and Social Psychology Bulletin*, 31, nº 2, 232–242, 2025.

WILLIS, Judy. "The Neuroscience behind Stress and Learning". *Nature Partner Journal Science of Learning*. Nature Publishing Group, 16 de outubro de 2016.

WILLIS, Judy. "What You Should Know About Your Brain". *Educational Leadership*, 67, nº 4, janeiro de 2010.

WISEMAN, Richard. *The Luck Factor*. Nova York: Miramax Books, 2003.

WOOD, Alex M. *et al.* "The Role of Gratitude in the Development of Social Support, Stress, and Depression: Two Longitudinal Studies". *Journal of Research in Personality* 45, nº 4, 466–474, 2011.

WOOD, Joanne V.; TESSER, Abraham. "Ruminating on Unchangeable Success: Downward Social Comparison and Self-Improvement Strategies". *European Journal of Social Psychology*, 41, nº 4, 387–396, 2011.

WRZUS, Cornelia *et al.* "Social Network Changes and Life Events Across the Life Span: A Meta--Analysis". *Psychological Bulletin*, 139, nº 1, 53–80, 2013.

ZAKI, Jamil. "Empathy: A Motivated Account". *Psychological Bulletin*, 140, nº 6, 1608–1647, 2014.

ZAKI, Jamil. *The War for Kindness: Building Empathy in a Fractured World*. Nova York: Crown Publishing, 2019.

Onde acompanhar meu trabalho

Se você amou este livro, vai adorar também:

1. Newsletter

Uma das newsletters mais populares do mundo. Toda semana, a edição mais recente chega para mais de dois milhões de pessoas. É pessoal, inspiradora e repleta das melhores ideias e de conselhos úteis.

Assine gratuitamente em **melrobbins.com/newsletter**.

2. *The Mel Robbins Podcast*

Segundo a revista *Time*, "ele dá aos ouvintes um motivo para acreditar em si mesmos". O *Mel Robbins Podcast* é um dos mais bem-avaliados no mundo. Novos episódios são lançados semanalmente e estão disponíveis em todas as plataformas ou em **youtube.com/melrobbins**.

3. Redes sociais

Entre em contato comigo diariamente nas redes sociais, por meio do usuário **@melrobbins**.

Saiba mais em melrobbins.com.

Este livro foi composto na tipografia Adobe Garamond Pro,
em corpo 12/16, e impresso em papel off-white no Sistema
Cameron da Divisão Gráfica da Distribuidora Record.